Begegnungen mit dem Göttlichen

Dan Millman
Doug Childers

Begegnungen mit dem Göttlichen

Wahre Geschichten von Wundern, die unser Leben verändern

aus dem Englischen von
Marion Zerbst

Ansata

Die Originalausgabe erschien unter dem Titel »Divine Interventions. True Stories of Mystery and Miracles That Change Lives« bei Daybreak Books, an Imprint of Rodale Books, Emmaus, Pennsylvania.

Der Ansata Verlag ist ein Unternehmen der Econ Ullstein List Verlag GmbH & Co. KG, München

ISBN 3-7787-7163-9

Umschlaggestaltung: Ateet Frankl, München
Gesetzt aus der Sabon bei Franzis print & media GmbH, München
Druck und Bindung: GGP Media GmbH, Pößneck

»Ich habe ein Erlebnis gehabt. Ich kann es nicht beweisen … Ich kann es nicht einmal erklären; aber alles, was ich als menschliches Wesen weiß, alles, was ich bin, sagt mir, daß es tatsächlich passiert ist. Ich habe ein wunderbares Geschenk erhalten, das mich für immer verändert hat …«

Dr. Ellie Arroway, gespielt von Jodie Foster in dem Film *Contact* (nach dem Buch von Carl Sagan)

Dieses Buch ist in Liebe allen Menschen gewidmet, deren Leben vom Göttlichen berührt wurde – die etwas gesehen und gefühlt haben, es aber nicht beweisen können.

Inhalt

Einführung

Auf dieser Welt gibt es drei Geheimnisse:
die Luft für die Vögel; das Wasser für die Fische;
und die Menschen für sich selbst.
HILLEL

Dieses Buch verdankt seine Existenz dem Eingreifen einer göttlichen Macht in das Leben seiner beiden Autoren: Eines Nachts im Sommer 1966 hatte ein junger Kunstturner namens Dan Millman einen Motorradunfall, der sein Bein zerschmetterte und seinen Traum von den Olympischen Spielen zunichte machte. Zwölf Jahre später wurde ein junger Schriftsteller namens Doug Childers in einer dunklen Straße in San Francisco von zwei Rowdys angegriffen, von denen einer mit einem Metallrohr bewaffnet war. Diese einschneidenden Ereignisse haben das Leben beider Männer verändert.

Das Leben ist ein Geheimnis. Damals wußten Dan und Doug noch nichts voneinander und ahnten natürlich auch nicht, daß ihre Wege sich Jahre später kreuzen würden, geschweige denn, daß sie die besten Freunde werden und gemeinsam dieses Buch schreiben würden. Sie hatten auch keine Ahnung davon, daß ein göttlicher Faden diese Wendepunkte in ihrem eigenen Leben mit der inneren Wandlung unzähliger anderer Menschen verband. All diese Geschichten – die sich zwar in ihren Einzelheiten stark voneinander unterscheiden, denen aber das gleiche Geheimnis zugrunde liegt – zeigen die vielen Formen und Facetten göttlicher Fügung.

Für dieses Buch möchten wir den Begriff »göttliches Eingreifen« oder »göttliche Fügung« als eine außergewöhnliche Führung, Offenbarung oder Gnade definieren, die das Leben eines Menschen verändert, indem es ihn zu einem höheren Weg, einer mutigen Entscheidung, einem genialen Werk oder zu der Berufung hinführt, sein Leben in den Dienst dieser Welt zu stellen.

Der wahre Beweis für solche göttlichen Fügungen – so spirituell sie uns auch erscheinen mögen – liegt nicht in den dramatischen Begebenheiten selbst, sondern in den Früchten, die daraus erwachsen. Ob sie nun wie der Blitz einschlagen oder ganz langsam und allmählich Wurzeln fassen: Diese göttlichen »Weckrufe« eröffnen Tore zu einer höheren Realität; sie erweitern unser Bewußtsein und führen uns zu innerem Wachstum, Weisheit und Ganzheit; sie heilen Wunden, verleihen uns ungewöhnliche Fähigkeiten, setzen außerordentliche kreative und spirituelle Kräfte frei; und schließlich befreien sie uns von der Angst vor dem Tod und geben unserem Leben einen neuen Sinn. Sogar den Lauf der Geschichte haben sie häufig verändert.

Was auch immer man von diesen Phänomenen selbst halten mag: Ihre Resultate sind ebenso rätselhaft wie real.

Eine Brücke zwischen Glaube, Religion und Verstand

In jedem von uns wohnen zwei Seelen: der Gläubige und der Skeptiker. Vor die Wahl zwischen diesen nur scheinbaren Gegensätzen gestellt, entscheidet der Weise sich für alle beide, denn er sieht, daß sie notwendige Bestandteile des Ganzen sind. Nur durch beide Blickwinkel – Glaube und Verstand – können wir die transzendenten Wahrheiten erkennen, die letztlich zu unserer Befreiung führen. Deshalb möchten wir nun Gläubige ebenso wie Skeptiker dazu einladen, in diesen Geschichten Beweise für Phänomene zu finden, die zeitlos und universal sind. Sie beschreiben die innere Wandlung von Menschen unterschiedlichster Glaubensrichtungen: Christen, Moslems, Buddhisten, Juden, Mormonen, amerikanischen Ureinwohnern und anderen. In diesem Buch erfahren Sie, wie selbst Atheisten einer namenlosen Macht begegneten, die in ihnen einen neuen Glauben erweckte.

Ob Sie nun glauben, daß aus diesen Geschichten die liebevolle Gnade Gottes spricht, oder Sie es einfach nur für Wechselfälle des Schicksals halten – Sie werden darin sowohl spirituelle Botschaften als auch handfeste Tatsachen finden. Wir betrachten es nicht als unsere Aufgabe, die Realität göttlicher Fügungen zu beweisen oder auf einer bestimmten spirituellen Weltsicht zu beharren. Die Geschichten sollen vielmehr für sich sprechen.

Bei unseren Nachforschungen und der Auswahl der Geschichten haben wir Begebenheiten, die ganz offensichtlich in den Bereich der Fiktion oder Fantasie gehören, ebenso ausgeklammert wie Erlebnisse, die man leicht als Zufall, Autosuggestion oder bloßes Wunschdenken abtun könnte. Oft haben wir viele verschiedene Quellen geprüft, um die Glaubwürdigkeit der beschriebenen Ereignisse und Phänomene zu untermauern, so gut wir konnten. Doch selbst historische Berichte basieren lediglich auf Wahrnehmungen und Erinnerungen und sind somit letztendlich unbeweisbar – keine Aussage kann die absolute Wahrheit für sich beanspruchen.

Und doch sind gerade einige der »unglaublichsten« Geschichten in diesem Buch am besten belegt. Solche Berichte von außergewöhnlichen Phänomenen – Levitationen, Wunderheilungen, Erscheinungen von Engeln und Geistern, die Zehntausende von Menschen miterlebten, ja sogar »Verwandlungen« ohne sichtbare Ursache – erinnern uns an das Geheimnis, das unserer Welt und unserem Leben zugrunde liegt.

Dabei sollte doch die Tatsache, daß sich das Leben der betreffenden Menschen durch solche Phänomene von Grund auf verändert hat, alle Zweifel an ihrer Existenz aufwiegen. Oder hat ein Erlebnis nur dann Gültigkeit, wenn andere genau das gleiche erlebt haben wie wir? Ist eine Erscheinung nur dann echt, wenn sie sich in einer äußeren, greifbaren, konkreten Form manifestiert – wenn sie Substanz hat? Wieviel Substanz hat das Licht? Wie greifbar ist die Liebe? Kann man überhaupt an der Echtheit der Engel zweifeln, die uns in Visionen erscheinen, wenn sie unser Herz und unser Denken verwandeln und unser Leben in neue Bahnen lenken?

Unser Universum beinhaltet viele Realitäten, und jede folgt ihren eigenen Gesetzen. Vielleicht ist das »Übernatürliche« in Wirklichkeit etwas ganz Natürliches. Vielleicht sind in unseren Körper, unseren Geist und unsere Psyche bestimmte Mechanismen »eingebaut« – göttliche Fähigkeiten, die wir noch gar nicht richtig verstehen und welche diese Spontanheilungen, Visionen, Levitationen und Erleuchtungen erklären. Vielleicht muß uns das gesamte Ausmaß unserer Fähigkeiten und unserer göttlichen Bestimmung erst noch offenbart werden – in jener Zukunft, für die wir geboren wurden.

Die tieferen Fragen des Lebens

Diejenigen, die an der Realität göttlicher Fügungen zweifeln, mögen jetzt fragen: »Warum hilft Gott offenbar nur wenigen Menschen, warum beantwortet er nur manche Gebete, während er andere ignoriert? Warum wird ein Mensch gerettet oder geheilt, während ein anderer untergeht? Warum scheint das Böse manchmal über das Gute zu triumphieren?« Diese Zweifler werden vielleicht darauf hinweisen, daß auf jeden Menschen, der auf wundersame Weise geheilt wurde, Hunderte kommen, die an ihrer Krankheit starben. Auf jeden Pilger, der etwas zu essen bekam, kommen Millionen, die hungern müssen. Ist die Gnade – oder Gott – willkürlich oder launenhaft? Oder liegt in unserem Leiden ein Sinn und in unserem Unglück ein spiritueller Zweck?

Manche Menschen betrachten das Leiden als Strafe Gottes für Verstöße gegen die Moral; andere sehen darin einen notwendigen Bestandteil der Erziehung und Entwicklung unserer Seele. Um einen Sinn in dem Leid und Unglück zu finden, das Sie selbst erlebt haben, erinnern Sie sich doch einmal an die Zeit, bevor das alles passiert ist, und dann betrachten Sie sich so, wie Sie jetzt sind: Die Kämpfe, die Sie zu bestehen hatten, haben Sie stärker, weiser, vielleicht auch mitfühlender werden lassen. Vielleicht erkennen Sie in Ihrem eigenen Leben (und in einigen der nun folgenden Geschichten), daß der Weg zum Himmel oft durch die Hölle führt – und daß wir uns manchmal erst mit der Dunkelheit auseinandersetzen müssen, ehe wir das Licht erblicken können.

Göttliche Fügungen wirken außerhalb der begrenzten Perspektive unserer persönlichen Wünsche und Sehnsüchte. Wir können um Heilung bitten, aber wir können nicht bestimmen, in welcher Form sie uns zuteil werden wird. Die erhoffte physische Regeneration bleibt vielleicht aus, während tiefere Wunden auf emotionaler oder spiritueller Ebene geheilt werden. Der Schmerz kann unseren Geist läutern und unserer eigentlichen Bestimmung dienen. Wir wissen nun mal nicht immer, was für das höchste Wohl unserer Seele das beste ist.

Wie alle wahren Geheimnisse liefern göttliche Fügungen uns keine endgültigen Antworten auf die tieferen Fragen des Lebens. Statt dessen geben sie uns Hoffnung und wecken Ehrfurcht und Staunen in uns. Solche außergewöhnlichen Ereignisse erinnern uns daran, daß in unserer Welt und unserem Leben eine göttliche Macht am Werk ist – so nah wie unser nächster Herzschlag, unser nächster Atemzug.

Begleiten Sie uns also nun auf unserem Spaziergang durch eine Galerie lebendiger Porträts, die den Kontakt der Menschheit mit einer zeitlosen Macht zeigen, die immer wieder unsere Fantasie bewegt und unsere Seelen erweckt – einer Macht, die alles nährt, was lebt, die Schulmädchen zu Heiligen und Könige zu Weisen macht und unser Alltagsleben in das außergewöhnlichste aller Abenteuer verwandelt.

Dan Millman
Doug Childers
Winter 1999

Wahre Geschichten von Wundern, die unser Leben verändern

Gott hat Männer und Frauen erfunden,
weil Gott Geschichten liebt.
ANONYMER VERFASSER

Es gibt mehr Dinge im Himmel und auf Erden,
Horatio, als eure Schulweisheit sich träumt.
WILLIAM SHAKESPEARE, HAMLET

Einer der Gründe, warum die Religion heute keine Bedeutung mehr zu haben scheint, liegt darin, daß viele Menschen nicht mehr das Gefühl haben, daß wir vom Unsichtbaren umgeben sind.
KAREN ARMSTRONG, *Geschichte des Glaubens*

Man kann nicht umhin, Staunen und Ehrfurcht zu empfinden, wenn man das wunderbare Gefüge der Realität betrachtet. Es genügt, wenn man sich darum bemüht, jeden Tag ein kleines bißchen von diesem Geheimnis zu begreifen.
NACH ALBERT EINSTEIN

Ein einziges Ereignis kann in uns einen fremden Menschen erwecken, den wir vorher nicht gekannt haben.
ANTOINE DE SAINT-EXUPÉRY

Kapitulation in den Flammen:

Ein Geschenk des Infernos

Einen Tag bevor das Haus abbrannte, in dem Valerie Vener schlief, hatte sie mit ihrer Zimmergenossin vom College auf der Veranda gesessen und darüber diskutiert, was wohl die schlimmste Todesart sei. Ihre Zimmergenossin fürchtete sich besonders vor dem Ertrinken. Für Valerie war ein Tod in den Flammen das Grauenvollste, was sie sich vorstellen konnte.

Am nächsten Abend – der Vollmondnacht des 15. Juli 1981 – wollten die beiden auf eine Party gehen. Aber weil sie sehr müde war, überlegte Valerie es sich im letzten Augenblick anders, ging um acht Uhr zu Bett und schlief sofort ein. Später stellte die Feuerwehr fest, daß der Brand gegen halb zehn direkt unter ihr in einem Wohnzimmer ausgebrochen sein mußte, das durch Plüschmöbel, Perserteppiche und zwei vom Boden bis zur Decke mit Schallplatten angefüllte Regalwände recht gut vom Rest des Hauses isoliert war.

Hier schwelte das Feuer etwa eine halbe Stunde lang, heizte den Raum auf wie einen Backofen und brachte die Schallplatten zum Schmelzen, bis der ganze Raum von dichtem, schwarzem, giftigem Rauch erfüllt war. Das Feuer breitete sich schließlich auf das darunterliegende Geschoß aus, und mit ihm gelangten die giftigen Dämpfe ins ganze Haus – auch das obere Stockwerk, in dem Valerie schlief. Gegen Viertel nach zehn erwachte sie von der drückenden Hitze und einem höllischen Gestank.

Von unheimlicher Dunkelheit umgeben, saß sie aufrecht im Bett, ganz benommen von dem Sauerstoffmangel und der Hitze und betäubt von den giftigen Dämpfen, die sie mindestens eine halbe Stunde lang eingeatmet hatte. Das wenige Licht, das in ihr Zimmer fiel, erhellte ein ätherisches Reich voll rauchigen Dunsts.

»Es war wie im Traum«, erinnert Valerie sich. »Die Zeit war stehengeblieben. Meine Gedanken waren kristallklar; aber gleichzeitig fühlte ich mich völlig verwirrt. Meine Umgebung war so unwirklich. Die normalen Gesetze der Physik schienen keine Gültigkeit mehr zu besitzen. Eigentlich hätte ich in Panik geraten müssen – der Geruch, die ungewöhnliche Hitze und die Dunkelheit ... Doch das einzige, was ich mir vorstellen konnte, war, daß eine meiner Mitbewohnerinnen wohl versehentlich einen Topf auf der brennenden Herdplatte hatte stehenlassen.«

Valerie sprang aus dem Bett und lief zur Tür, um laut zu rufen; doch dann blieb sie wie angewurzelt stehen, denn ganz in ihrer Nähe schwebten mehrere große, ovale Rauchwolken. Sie wirkten wie pulsierende, lebendige Wesen – in ihrem Inneren befand sich eine Art Kreislaufsystem aus wirbelndem Rauch; Möbiussche Bänder bewegten sich spiralförmig auf und ab wie in einem in sich geschlossenen Energiekreislauf. »Sie waren atemberaubend schön«, erinnert Valerie sich. Sie blieb vor einer dieser Rauchwolken stehen und betrachtete sie. Noch immer fragte sie sich gar nicht, was der Rauch in ihrem Zimmer eigentlich zu bedeuten hatte – bis der überwältigende Gestank und die Schmerzen beim Atmen sie vorübergehend in die Realität zurückholten.

Valerie drückte mit beiden Händen gegen die Tür, die bereits einen Spalt offen stand. Die Tür fühlte sich schwer an, als leiste irgendeine Kraft von außen Widerstand. Als Valerie in den Korridor spähte, sah sie nichts als undurchdringliche Finsternis. Zum ersten Mal mischte sich Angst in ihren traumähnlichen Zustand. Ihr war immer noch nicht klar, daß das Haus brannte – sie wußte nur, daß irgend etwas entsetzlich schiefgegangen sein mußte. Sie trat in den Flur hinaus, der so dunkel war, daß sie nicht einmal ihre eigenen Hände sehen konnte, die sie instinktiv vors Gesicht hob, um sich vor der glühenden Hitze zu schützen. Dann nahm sie ein gedämpftes, donnerndes Dröhnen war, das von unten kam und wie das Heranrollen eines Zuges aus der Ferne klang.

Sie tastete sich den Korridor entlang zur Treppe, wo ihr das nächste Hindernis mit spürbarer Kraft Einhalt gebot. Es war ein Schwall sengender Hitze, emporgesogen von einem geöffneten Fenster, das wie ein Schornstein wirkte. Inzwischen stand das ganze Erdgeschoß in Flammen. (Später berichtete die Feuerwehr, daß in dem Haus Temperaturen zwischen 600 und 900 Grad Celsius geherrscht hatten.)

In ihrem durch die giftigen Dämpfe verursachten toxischen Schock klammerte Valerie sich immer noch an den Gedanken, daß wohl ein Topf auf der heißen Herdplatte stehen müsse. Wieder versuchte sie zu rufen, brachte aber nur ein rasselndes Krächzen heraus. Bei jedem Atemzug erzeugten ihr der widerwärtige Gestank und die infernalische Hitze Blasen in Nase und Hals. Als sie endlich auf der obersten Treppenstufe angelangt war und das Dunkel hinter sich gelassen hatte, zuckte ihr eine riesige Flamme entgegen. Da war sie mit einem Schlag hellwach. Plötzlich war ihr alles klar. In panischer Angst tastete Valerie nach dem Telefon im Korridor, nahm den Hörer ab und wählte die Null.

Die Vermittlung meldete sich.

»Ich bin in der South Forest Avenue 524!« keuchte Valerie. »South Forest Avenue 524! An der Ecke zur Universität! Das Haus brennt! Und ich bin in dem Haus! South Forest Avenue 524!«

»Entschuldigen Sie bitte, ich muß Sie erst weiterverbinden. Es kann einen Augenblick dauern!«

Valerie ließ den Hörer fallen. Sie wußte nicht, daß sie gleich mit der Feuerwehr verbunden würde – nur daß das Haus abbrannte und sie in der Warteschleife hing. Sie rannte in ihr Zimmer zurück und überlegte, ob sie aus dem Fenster klettern sollte. Wenn sie sich vom Fenstersims herunterließ und dann sprang, wären es ungefähr sechs Meter bis auf die Straße. Durch ihre jahrelange Profi-Tanzausbildung und ihr tägliches Training (sie schwamm jeden Tag drei Kilometer) hatte sie das

Gefühl, diesen Sturz ohne ernsthafte Verletzungen überstehen zu können. Und: Alles war besser, als zu verbrennen!

Sie erreichte das Fenster, doch als sie versuchte, die Jalousie hochzuziehen, brach die Fensterscheibe entzwei. Sofort schlug ihr von unten mit erschütternder Macht und Endgültigkeit eine tosende Feuerwand entgegen, nur ein paar Zentimeter von ihrem Gesicht entfernt, und schnitt ihr den Fluchtweg ab. Jetzt war sie in der Gewalt des Feuers, den Flammen hilflos ausgeliefert.

Da hörte sie von der Straße her Stimmen – Schreien, Lachen, aufgeregte Rufe. In ihrem Zustand – von einer Mauer aus Feuer eingesperrt – verstärkte der Klang menschlicher Stimmen außerhalb ihrer Reichweite ihr Gefühl der Hilflosigkeit und Isolation nur noch. Dann hörte sie vom Inneren des Hauses her einen Schrei. »Valerie! Komm runter! Geh immer meiner Stimme nach! Immer meiner Stimme nach!« Sie rannte den Korridor entlang zur Treppe, ging eine Stufe hinunter und taumelte rückwärts: Ein Kraftfeld aufsteigender Hitze versengte ihr die Augenbrauen und verbrannte ein paar Zentimeter ihres Haars.

»Komm raus!« hörte sie eine Frau kreischen. »Die Mauern stürzen ein! Komm raus!«

»Nein!« schrie ein Mann. »Ich kann sie rausholen! Sie ist da oben!«

»Komm raus! Komm jetzt endlich raus!« schrie die Frau wieder mit schriller Stimme.

Dann begannen Mauern und Boden zu zittern, und die Stimmen verstummten.

Valerie war dort oben eingeschlossen, und niemand holte sie heraus. Als sie sich umdrehte, sah sie Flammen unter den Türen der beiden anderen Schlafzimmer hervorzüngeln. Sie taumelte zurück, stand wieder auf der Türschwelle und starrte auf das Feuer in ihrem Zimmer – es schien ein boshaftes Eigenleben zu besitzen. Sie beobachtete, wie ihre Pflanzen innerhalb von Sekunden zusammenschrumpelten und starben. Die Hitze hatte ihre Lebenskraft verzehrt.

Überall sprangen Flammenblüten auf, verschlangen die Vorhänge und schnellten kreuz und quer durchs Zimmer, als verfolgten sie eine bestimmte Absicht. Sie tanzten über ihr Bett, begruben ihre Aufzeichnungen und Gedichte unter sich, die sie unter einem Bücherregal aufgestapelt hatte, und setzten ihre Bilder in Brand, bis sie verkohlt von den Wänden hingen.

»Das Feuer verschlang all meine persönlichen Schätze, einen nach dem anderen«, erinnert sie sich. »Mein ganzes Leben fiel vor meinen Augen den Flammen zum Opfer.« Das Haus – mittlerweile ein glühender Ofen – bebte, und überall knackte und krachte es im Gebälk. Valerie rang nach Atem, denn das Feuer verbrauchte schnell den wenigen Sauerstoff, der in dem Raum noch geblieben war. Die Hitze versengte ihre Lungen. Das Zimmer brannte jetzt lichterloh – orangerote Flammen züngelten an den Wänden, der Decke entlang und unter den Türen hervor, umzingelten sie von allen Seiten. Es gab keinen Ausweg, keine Rettung. Valerie wußte, daß sie sterben mußte.

»Binnen Sekunden«, erzählt sie später, »steigerte sich meine Angst – die Qual der Isolation und Verlassenheit, die panische Furcht vor dem Tod – bis zur Unerträglichkeit. Mir wurde klar, daß diese tief in meinem Inneren verwurzelten Gefühle in meinem Leben stets eine allgegenwärtige Macht besessen hatten – eine Macht, die ich bis dahin aus Furcht verdrängt hatte. Doch in diesem außergewöhnlichen Moment blieb mir nichts anderes übrig, als mich mit meinem unvermeidlichen Tod abzufinden.

Mit dieser Kapitulation veränderte sich plötzlich meine gesamte Wahrnehmung. Plötzlich war mir, als hätte ich noch nie etwas Schöneres gesehen als das Innere eines Feuers. Selbst die Geräusche faszinierten mich – die Flammen tanzten und donnerten, und ihre Spitzen flatterten wie Tausende von Vogelflügeln. Dieses Feuer besaß ein ganz wunderbares Eigenleben. Fast belustigte es mich, daß ich vor einem so großartigen Phänomen solch panische Angst gehabt hatte. Und dabei hatte sich nichts verändert – außer meinem Standpunkt. Das war das Ergebnis meiner Kapitulation.«

Ganz versunken in diese Schönheit, stellte Valerie plötzlich fest, daß sie unbeteiligt auf ihren Körper hinabschaute, der zusammengekrümmt vor ihrer Schlafzimmertür lag. Als sei das etwas ganz Natürliches, ließ sie weiterhin alles widerstandslos mit sich geschehen, während sich ihr Bewußtsein immer mehr erweiterte. Sie sah draußen eine große Menschenmenge und viele Feuerwehrautos – zuerst bewegte sie sich durch einen goldenen Raum, dann schwebte sie in ein wunderbares, beglückendes Blau hinein, und schließlich war sie von einem unbeschreiblichen weißen Leuchten umgeben.

Minuten später waren die Feuerwehrleute in den ersten Stock des Hauses vorgedrungen, nachdem sie die Flammen mit ihren Wasserspritzen eingedämmt hatten. Sie fanden Valerie in dem rauchgeschwärzten Korridor und trugen sie nach draußen. Sie atmete nicht mehr, und auch ihr Puls war zum Stillstand gekommen. Von den drei Rettungssanitätern, die sie wiederzubeleben versuchten, gaben zwei schließlich auf und erklärten, sie sei an Rauchvergiftung gestorben. Valerie schwebte noch immer in ihrem weißen Licht und ahnte nichts von all den dramatischen Bemühungen um ihren leblosen Körper.

»In diesem strahlenden Leuchten war ich wunschlos glücklich«, erinnert sie sich später. »Es gab nichts, wonach ich streben oder worum ich mich bemühen mußte, überhaupt keine Probleme. Ich wußte: Dieses weiße Licht ist das, was wir in unseren menschlichen Begriffen als ›Gott‹ zu beschreiben versuchen. Gleichzeitig war es der innerste Kern meines Wesens. Voller Humor und Mitgefühl sah ich, wie ›Valerie‹ – die Frau, die mit dem Körper identifiziert wurde, den ich zurückgelassen hatte – Gutes tun, das Leben unter Kontrolle halten und überleben wollte. Jetzt war klar, daß ›Valerie‹ in Wirklichkeit niemals etwas unter Kontrolle gehabt hatte und das auch gar nicht konnte – und daß die Angst, die hinter ihrem Wunsch nach Kontrolle steckte, vollkommen unnötig war.«

Dann erschien ein strahlendes Wesen aus weißgoldenem Licht, das absolute Liebe ausstrahlte. Dieses Wesen schien eine größere Ausdehnung zu besitzen als sie, aber nicht von ihr getrennt zu sein. In ihrem Inneren hörte sie die Botschaft dieses Wesens ganz deutlich: »Das hat dir wohl einen Schrecken eingejagt, was?« Dann lachten sie gemeinsam wie über einen Witz. Ihre Kapitulation hatte sie nur sich selbst nähergebracht; es war eine Rückkehr zu ihrem eigenen Ursprung in diesem strahlenden Licht. Zum Schluß ließ das Wesen ihr die Wahl zwischen zwei Möglichkeiten: in ihren jetzigen Körper zurückzukehren oder einen neuen Körper anzunehmen. »Es sagte, daß ich ihm gehörte, egal, wie ich mich entschied – daß ich immer ihm gehören würde und daß es mich liebte. Aus seinen Worten sprach kein Besitzanspruch; nur vollkommene, ewige Liebe.«

Inzwischen lag Valeries lebloser Körper im Vorgarten des brennenden Hauses. Obwohl die beiden anderen Sanitäter sie für tot erklärt hatten, weigerte der dritte sich, seine Wiederbelebungsversuche abzubrechen. Er war sicher, daß sie weiterleben *sollte*, und ließ nicht locker. Ein paar Minuten lang machte er daher allein weiter. Da begann ihr Herz wieder zu schlagen.

Auf dem Weg ins Krankenhaus kam Valerie schlagartig zu sich. Ihr ganzer Körper war eine einzige schmerzhafte, glühende Wunde, schwarz von den giftigen Dämpfen. Ein unglaublicher Zufall hatte ihr das Leben gerettet: Sie war an der einzigen Stelle und in der einzigen Position zusammengebrochen, in der sie überleben konnte, bis die Feuerwehrleute sie entdeckten. Um ihre wichtigsten Körperteile war ein Teppich gewickelt gewesen.

Während ihres fünfundvierzigminütigen Martyriums in der sengenden Hitze hatte Valerie neun Pfund verloren. Ihr Überleben, ihre vollständige Genesung mit nur geringfügigen Verbrennungen (hauptsächlich an den Armen) und die Tatsache, daß ihr Gehirn trotz des Sauerstoffmangels und der giftigen Dämpfe keinen Schaden genommen hatte, wurden als ein Wunder bezeichnet.

Valeries Erlebnis, ihr Vertrauen in die Kraft des Sichergebens und ihr neugewonnenes Selbstbild halfen ihr, die qualvolle Zeit ihrer langwierigen Genesung durchzustehen. Sie gab sich alle Mühe, sich trotz heftiger emotionaler und physischer Schmerzen ihre schwer verdiente Weisheit zu bewahren und sich immer wieder daran zu erinnern. So entwickelte sie die Fähigkeit, das Leben selbst in seinen schwierigsten Augenblicken voll und ganz zu akzeptieren. Sie begann sich mit Meditation, Gebet sowie verschiedenen Methoden und Techniken zu beschäftigen, die ihre volle Konzentration erforderten und sie immer wieder in die stille Erinnerung an jene Freiheit zurückversetzten, die sie damals in den Flammen erlebt hatte.

Inzwischen gibt Valerie Vener die spirituellen Lektionen der Kapitulation und Hingabe, die sie im Feuer und im Licht gelernt hat, in Kursen an andere Menschen weiter.

Konquistadoren, die zu Heiligen wurden:

Die heilende Reise des Alvar Nuñez Cabeza de Vaca

Diese Geschichte basiert auf einem Bericht des spanischen Soldaten Alvar Nuñez Cabeza de Vaca, den er im Jahr 1536 mit großer Sorgfalt verfaßte und an den König von Spanien schickte.

1512 hatte Alvar Nuñez Cabeza de Vaca an der Schlacht von Ravenna teilgenommen, in der 20000 Menschen starben. 1521 kämpfte er in der großen Schlacht von Sevilla, und wieder verdüsterten die Greuel des Krieges sein Gemüt. Doch all diese traumatischen Erlebnisse waren nichts im Vergleich zu der anstrengenden Reise, die er sieben Jahre später unternehmen sollte.

1528 marschierte Alvarez mit einer Kompanie von 578 Konquistadoren mitten in die glühende Hitze Floridas hinein. Sie alle träumten wie Cortez von goldenen Städten, die sie erobern und in Besitz nehmen wollten. Sie fragten die Ureinwohner, die sie dort vorfanden und die sie Indianer (Indios) nannten, wo ihre große Stadt denn liege. Doch nachdem sie wochenlang in voller Rüstung unter der sengenden Sonne marschiert waren, fanden sie keine Stadt aus Gold, sondern nur »eine große Siedlung ärmlicher, strohgedeckter Hütten, unerträglich elend und verkommen«, so heißt es in *The Marvelous Adventures of Cabeza de Vaca* von Haniel Long.

Ungläubig, erfüllt von jener Mischung aus Scham und Verzweiflung, die man empfindet, wenn man eine große Dummheit begangen hat, traten sie den Rückzug an. Als sie die Küste erreichten, waren sie am Verhungern – von den einst 578 Mann waren nur noch 400 übrig, und ihre Schiffe waren verschwunden. Mit großer Mühe und ungeheurem Überlebenswillen bauten sie neun Boote und segelten in Richtung Kuba.

Doch widrige Winde ließen sie ziellos auf dem Ozean umhertreiben. Sonne, Hunger und Durst inmitten des Salzwassers, das sie nicht trinken konnten, dezimierten ihre Zahl bald von 400 auf 40. Unter solchen Bedingungen starben die Menschen nicht in aller Ruhe oder glitten friedlich ins Jenseits hinüber. Sie starben verzweifelt und im Delirium, redeten wirres Zeug, und viele weinten nach ihrer Mutter. Anderen raubte die Sonne und der schreckliche Durst den Verstand; sie sprangen ins Meer und ertranken. Einige der Überlebenden verzehrten die Leichen ihrer verstorbenen Kameraden, um nicht zu verhungern.

Kuba erwies sich als ein weiterer unerreichbarer Traum. Die letzten vierzig Männer schafften die Rückfahrt – an die Küste von Texas, wo ihre Zahl weiter zusammenschrumpfte. Anfangs kümmerten sich Indianer, welche die Schiffbrüchigen entdeckten, um sie, denn sie hielten sie für Angehörige eines Volkes von Göttern, von dem es in ihren Sagen hieß, daß sie eines Tages aus einem Land jenseits des Meeres zu ihnen kommen würden. Doch selbst Götter müssen sich ihren Lebensunterhalt verdienen. Schließlich erklärten die Indianer den Spaniern, sie müßten ihre gottähnlichen Kräfte einsetzen, um Kranke und Sterbende zu heilen.

»Zuerst hielten wir das für einen Scherz und lachten darüber«, schreibt Alvar. »Wir sagten, wir verstünden nichts vom Heilen. Daraufhin verweigerten sie uns das Essen. Auf diese Weise wollten sie uns zwingen, zu tun, was sie von uns verlangten.«

Die Konquistadoren würden erst dann wieder etwas zu essen bekommen, wenn sie Wunder vollbrachten.

Die vergangenen Monate waren ein einziger Alptraum gewesen: Tod, Wahnsinn und Hungersnot. Und nun mußten sie entweder Kranke heilen oder sterben. Alvar berichtet, wie er und seine Kameraden, die das alles überlebt hatten, verzweifelt neben den kranken und sterbenden Indianern niederknieten, die sie heilen mußten, um ihr Leben zu retten – und wie sie inbrünstig beteten. Das waren keine gewöhnlichen Gebete, denn sie waren keine gewöhnlichen Menschen mehr, sondern lebendige Geister, die alles verloren hatten; abgemagert, ohne Besitztümer, mit zerfetzten Kleidern, einen unerträglichen Leidensweg hinter sich.

Sie konnten auf nichts anderes bauen als auf Gnade, sich auf niemand anderen verlassen als auf Gott. Verzweifelt begannen sie um die Heilung der kranken Indianer zu beten. Und sie heilten sie tatsächlich. Allen Indianern, die krank gewesen waren, ging es am nächsten Morgen wieder gut. Von Staunen erfüllt, glaubten die Spanier, daß Gott durch sie ein Wunder gewirkt hatte.

Diese Wunderheilungen entfachten eine Welle des Glaubens unter den Indianern. Nun kamen auch Kranke von benachbarten Stämmen. Die Spanier heilten immer mehr Menschen. Einmal wurden fünf schwerkranke, gelähmte Indianer zu ihnen gebracht. Wieder beteten sie und bekreuzigten sich, »und am Morgen«, schreibt Alvar, »erwachten Indios alle frisch und munter und verließen uns bei so guter Gesundheit, als hätte ihnen niemals etwas gefehlt«. Die Spanier – erstaunt und auch zugleich verängstigt – konnten die geheimnisvolle Kraft, die sie durchströmte, nicht leugnen, ebensowenig wie die Tatsache, daß die Kranken, Verletzten und Sterbenden durch ihre Gebete geheilt wurden.

Was hatte diese christlichen Krieger, die alle »niederen« Rassen verachteten, zu Geistheilern gemacht? Vielleicht hatte ihr Leiden sie für Gott geöffnet. Oder der Verlust all dessen, wofür sie sich früher gehalten hatten, und ihre jämmerliche, abgemagerte Nacktheit hatte sie innerlich befreit und in die Lage versetzt, andere Menschen zu heilen. Ihre monatelange Konfrontation mit Leid, Tod und der Macht des Geistes hatte nahezu alle Spuren ihrer Konquistadorenmentalität von ihnen abgewaschen – und letzten Endes schien das gar kein so großer Verlust zu sein.

Anfangs widerstrebte es ihnen, diese »Wilden« zu heilen; doch mit der Zeit begann das Leid der Indianer ihr Herz zu rühren, und sie hatten wirklich den Wunsch, sie wieder gesund zu machen. Sie begannen sogar, nicht nur für ihr körperliches, sondern auch für ihr spirituelles Heil zu beten – nicht nur für ihre Körper, sondern auch für ihre Seelen.

Diese Gruppe – die vier Männer, die von den ursprünglich 400 Soldaten am Ende noch übrig waren – bestand aus Alvar, Alonso del Castillo, Hauptmann Andres Dorantes und einem Mauren namens Estevancio, dessen dunkelhäutiger Körper den sengenden Zorn der Sonne ertrug, als sei es Mondschein. Gemeinsam wanderten sie von Indianerstamm zu Indianerstamm, und überall, wohin sie kamen, heilten sie die Kranken und Gelähmten, die Verletzten und die Sterbenden.

Einmal brachten die Indianer sie zu spät zu einem sterbenden Mann. Als sie ankamen, war er schon tot. »Sein lebloser Körper war von vielen weinenden Menschen umringt«, schreibt Alvar. »Er hatte die Augen gen Himmel verdreht, und sein Puls schlug nicht mehr. Allem Anschein nach war er tot.«

Alvar und seine Kameraden beteten am Sterbelager des Mannes und »hauchten ihn viele Male mit ihrem Atem an«, so wie sie es bei den anderen Indianern getan hatten, die zu ihnen gekommen waren, um geheilt zu werden. Bald darauf erhob sich der Mann zum großen Erstaunen seiner Familie und seiner Stammesangehörigen, lief herum, aß und sprach mit ihnen. »Er schien gesund und in bester Stimmung zu sein.«

Der Glaube dieser ehemaligen Konquistadoren und die Kraft, die sie durchströmte, hatte selbst über den Tod gesiegt. Nun kamen die Indianer in endlosen Strömen zu ihnen.

Alvar und seine Kameraden wurden von Dorf zu Dorf geführt und als Götter verehrt – ergriffen von einer Kraft, die niemandem gehörte und allen diente. Aus unbekannten Gründen manifestierte sich das Wunderbare in vier nackten, halbverhungerten Männern. Diese einstigen Eroberer, die aus Gier nach Gold und Ruhm gekommen waren, hatten einen ganz unerwarteten Feind besiegt. Nun hatten sie ihr Leben in den Dienst an andere Menschen gestellt.

In einem Dorf blieben sie acht Monate lang und heilten alle, die zu ihnen kamen. »Wir haben nie jemanden behandelt, der hinterher nicht sagte, daß es ihm wieder gutging«, schreibt

Alvar. »Und sie hatten solches Vertrauen in unsere Fähigkeiten, daß sie glaubten, niemand von ihnen würde sterben, solange wir bei ihnen waren.«

Allmählich fühlten die Spanier sich von diesen Ereignissen überwältigt; sie begriffen, daß die Kraft zu heilen eine Verpflichtung, ja sogar eine schreckliche Belastung war. Doch in ihrem Wesen hatten sie sich verändert. Liebe und menschliche Anteilnahme waren in ihnen erwacht, sie waren nun bereit, sich unermüdlich für das Wohl anderer Menschen einzusetzen. Sie gaben allen, die zu ihnen kamen, von ihrer heilenden Kraft, enthielten sie niemandem vor und heilten großherzig all jene Menschen, die sie früher zu ihren Sklaven gemacht hätten.

So vergingen Jahre. Schließlich begegneten die vier Männer in Mexiko ihren früheren Landsleuten: goldgierigen Konquistadoren, die Dörfer niederbrannten und plünderten und die Angehörigen der sogenannten »minderwertigen« Rassen vergewaltigten, ermordeten und versklavten. Doch jetzt verabscheuten Alvar und seine Kameraden die bestialische Grausamkeit der Spanier und waren entsetzt über das Leid, das sie den Indianern zufügten; denn diese waren ja jetzt ihre Freunde. »Die Leute waren aus Angst vor den Christen in die Berge geflohen«, schreibt Alvar. »Das erfüllte unser Herz mit Kummer ... all die niedergebrannten Siedlungen und die Menschen, die so schwach und ausgezehrt waren, die flüchteten und sich versteckten ... So groß war ihre Not, daß sie sogar Rinde und Wurzeln von Bäumen aßen.«

Alvar und seine Männer stellten sich diesen Konquistadoren entgegen. »Daraufhin«, berichtet er, »hatten wir viele erbitterte Kämpfe gegen die Christen zu bestehen, denn sie wollten unsere Indianer zu Sklaven machen.« Die neuen Eroberer versuchten den Indianern einzureden, Alvar und seine drei Kameraden »seien Abtrünnige (...) Menschen ohne Glück und Mut, während sie selbst die Herrscher des Landes seien«. Doch zu Alvars großer Erleichterung »hielten die Indianer diese Konquistadoren für Lügner und schenkten ihren Behauptungen wenig Beachtung. Sie sagten, daß wir aus dem Reich des Sonnenaufgangs gekommen seien, während die anderen aus dem Land stammten, wo die Sonne untergeht; daß wir die Kranken heilten, während sie die Gesunden töteten (...) und auch, daß wir niemals etwas verlangten, sondern alles herschenkten, was wir bekamen, während die anderen Männer kein anderes Ziel zu kennen schienen, als zu stehlen, was sie konnten, und niemals irgend jemandem etwas gaben.«

Auf ihrer achtjährigen Reise als Heiler hatten Alvar und seine Männer über 8000 Kilometer zurückgelegt und vielleicht noch mehr Indianer von den verschiedensten Krankheiten und Verletzungen geheilt. Sie hatten eine solche innere Wandlung durchgemacht, daß sie nicht mehr wiederzuerkennen waren – aus den einstigen Konquistadoren waren Heilige geworden.

Alvar schien sich noch mehr verändert zu haben als die anderen, bei denen mit der Zeit bis zu einem gewissen Grad wieder ihre alte Natur durchbrach. Er entfremdete sich durch seinen Idealismus und sein aktives Mitgefühl gegenüber anderen eroberten Rassen seinem eigenen Volk. Alvar wurde von seinen Soldaten verraten, verbrachte Jahre im Gefängnis und starb in Armut und Elend.

John Upton Terrell, einer von Alvars Biografen, schreibt: »Selbst angesichts schrecklicher Not und Enttäuschung (...) kannte er keine Bitterkeit, verlor nie seinen Mut, seinen Optimismus und seinen Glauben. (...) Er übte stets Güte und Wohltätigkeit. (...) Er verdammte sein eigenes Volk wegen des grausamen, teuflischen Systems, mit dem es das fruchtbare Land beherrschte, das es nur durch brutale Gewalt erobert hatte.«

Sein Leben, seine Wunderheilungen und die Art seines Todes machen Alvar Nuñez Cabeza de Vaca vielleicht zum größten Konquistador, der je gelebt hat.

Geheimnis zwischen Himmel und Hölle:

Ein Wissenschaftler wird zum Mystiker

Viele sehen, wenn sie das Wort »Mystiker« hören, unwillkürlich das Bild eines unpraktischen, weltfremden Menschen vor sich, der mit dem Kopf in den Wolken und mit den Füßen wer weiß wo schwebt. Doch das Leben, das Emanuel Swedenborg ursprünglich geführt hat, zeigt, daß er ein ausgesprochen rational denkender Mensch war, ein berühmter technischer Neuerer und genialer Wissenschaftler, mit anderen Worten: wohl kaum der richtige Kandidat für das Leben des legendären Mystikers, der er später einmal werden sollte.

In seiner Heimat Schweden war Swedenborg in der Renaissance ein angesehener Bürger. Neben vielen anderen Ämtern war er Wissenschaftler am Königshof und verfaßte Gesetzesentwürfe. Er beherrschte neun Sprachen, schrieb aber hauptsächlich auf lateinisch, der Gelehrtensprache seiner Zeit. In seiner Freizeit lernte er, Bücher zu binden und Uhren, Schränke und wissenschaftliche Instrumente herzustellen. Gleichzeitig war Swedenborg Astronom, medizinischer Wissenschaftler und Maschinenbauer. Er schliff sogar eigenhändig die Linsen für das Fernrohr und das Mikroskop, die er sich baute. Unter anderem entwarf er ein Luftgewehr, ein Unterseeboot (das nie gebaut wurde), eine Flugmaschine (die tatsächlich zwei Jahrhunderte später, am Anfang des 20. Jahrhunderts, in dieser Form konstruiert und auch geflogen wurde), eine Musikmaschine, eine Heizung und einen Feuerlöscher.

Außerdem schuf er die Entwürfe für das größte Trockendock der Welt und überwachte anschließend für den schwedischen König den Transport einer Schiffsflotte zweiundzwanzig Kilometer über die Berge (!), was zu einem entscheidenden militärischen Sieg führte.

Im Hinblick auf Swedenborg sind Begriffe wie »genial« oder »praktisch begabt« krasse Untertreibungen. 1742, im Alter von 54 Jahren, beherrschte er alle damals bekannten Zweige der Wissenschaft und hatte außerdem mehrere neue entwickelt. Er hatte das Wissen und die Entdeckungen auf jedem dieser Gebiete in 150 Werken zusammengefaßt und all diese Daten stets in zusammenhängende Systeme eingegliedert, ehe er sich der nächsten Disziplin zuwandte. (Oft machte er dabei neue Entdeckungen.) Nachdem dieser Mann mit dem unergründlichen Genie das ganze Wissen seiner Zeit verschlungen und systematisch zusammengefaßt hatte, beschloß er, die Existenz der Seele zu beweisen.

Dabei wurde er zum Mystiker.

Nachdem er das gesamte Territorium der äußeren Welt erforscht hatte, war es eigentlich nur logisch, daß er seinen unermeßlichen Intellekt nun der inneren Welt zuwandte. Als Wissenschaftler wußte Swedenborg, daß er nach innen schauen mußte, um die Seele zu entdecken. Also begann er seine Träume zu analysieren und seinen eigenen Geist mit Hilfe eines direkten, ausgeklügelten meditativen Prozesses zu erforschen. Dabei begegnete er Elementen seiner »Schattenseite« – seiner Überheblichkeit und der »Unreinheit der Seele«. (Die scharfsichtigen Erkenntnisse, die er in seinen Schriften festhielt, nehmen manches von der später entstandenen Wissenschaft der Psychologie vorweg; C. G. Jung hat Emanuel Swedenborg viel zu verdanken.)

Swedenborgs Forschungsreisen ins eigene Innere setzten einen tiefgreifenden, manchmal gewaltsamen Prozeß der inneren Läuterung in Gang, auf den schließlich die Hingabe an Gott und echte Demut folgten. Wie für viele Rationalisten war Gott für Swedenborg vorher lediglich eine Abstraktion gewesen. Doch im Lauf einer einzigen Nacht sollte sich seine Sichtweise grundlegend ändern. Es begann, als er im Bett lag. Zuvor hatte Swedenborg ein göttliches Wesen angerufen und es gebeten, ihm bei seiner Suche nach der Seele behilflich zu sein. »Da überkam mich plötzlich ein mächtiges Zittern (...)«, berichtet er, »und gleichzeitig hörte ich ein weithin schallendes Geräusch, so wie das Pfeifen heftiger Winde. Ich stellte fest, daß mich etwas Heiliges umfangen hatte; (...) es schüttelte mich und warf mich vornüber, so daß ich aufs Gesicht fiel. Ich sah, wie ich niedergeworfen wurde, und fühlte, wie mir die Worte in den Mund gelegt wurden: ›Oh, allmächtiger Jesus Christus, der du dich in deiner großen Gnade dazu herabläßt, zu einem so großen Sünder zu kommen, mach, daß ich dieser Gnade auch würdig bin!‹ Ich betete, und da streckte sich mir eine Hand entgegen, die meine Hände drückte. (...) Ich saß an Seiner Brust und erblickte Ihn von Angesicht zu Angesicht, (...) ein so heiliges Antlitz, daß ich es gar nicht beschreiben kann.« Es schien, daß Christus zu ihm sprach und sagte: »Liebe mich wirklich und wahrhaftig« und »Tue, was du versprochen hast.«

Diese göttliche Züchtigung bewegte den würdevollen Wissenschaftler tief und verwandelte ihn für den Rest seines Lebens in einen demütigen, fast kindlichen Gläubigen. Er begriff, daß der Intellekt, auf den er so stolz gewesen war, aus sich selbst heraus keine unvergängliche Wahrheit und Weisheit und auch keinen Frieden schaffen konnte. Diese Eigenschaften, so wurde Swedenborg klar, existierten ewig – sie hatten schon vor dem menschlichen Verstand existiert und kamen ausschließlich von Gott.

Eine einzige Vision hatte Emanuel Swedenborgs mystische Reise in Gang gesetzt. Aber das Göttliche griff immer wieder in sein Leben ein: Die Samen des Spirituellen keimten in ihm und brachten im Lauf der Zeit bedeutsame Offenbarungen und Erkenntnisse hervor. Und bald sollte sich ein Tor zu anderen Welten vor ihm auftun.

Eines Nachts erschien ihm in seinem Zimmer plötzlich eine scheinbar menschliche Gestalt. »Er sagte, Er sei Gott, der Herr«, schreibt Swedenborg, »der Schöpfer der Welt und ihr Erlöser. Er habe mich dazu ausersehen, den Menschen den spirituellen Sinn der Heiligen Schrift zu erläutern, und Er selbst werde mir erklären, was ich darüber schreiben solle. In jener selben Nacht wurden mir die Welten der Geister, Himmel und Hölle offenbart, so daß ich vollkommen von ihrer Realität überzeugt war. Ich sah dort viele alte Bekannte aus den verschiedensten Lebensumständen wieder. Von jenem Tag an gab ich das Studium aller weltlichen Wissenschaften auf und widmete mich nur noch den spirituellen Dingen, über die zu schreiben der Herr mir befohlen hatte. Danach öffnete der Herr mir täglich und oft meine körperlichen Augen, so daß ich in die andere Welt hineinschauen und in einem Zustand vollkommener Wachheit mit Engeln und Geistern sprechen konnte.«

Dies ist das erstaunliche Zeugnis eines außergewöhnlichen Mystikers oder eines völlig Verrückten. Doch Swedenborgs ganzes Leben vor diesem Ereignis belegt, daß er ein äußerst fähiger Mann und bei voller geistiger Gesundheit war. Auch die Qualität der Leistungen und Schriften, die er anschließend hervorbrachte, spricht für ihn.

Im Lauf der nächsten 30 Jahre verfaßte Swedenborg 36 Bände von atemberaubendem visionärem Weitblick, der vergleichbare Werke sämtlicher Zeitalter in den Schatten stellt, und in denen er bis ins kleinste Detail verschiedene Himmel und Höllen, das Wesen Gottes, der Engel und Dämonen sowie unsere Beziehung zu diesen Wesen beschrieb und erklärte, was nach dem Tod mit uns geschieht. Außerdem verfaßte er noch viele weitere Bücher.

Aus Swedenborgs innerem Leben erwuchsen ihm geheimnisvolle Kräfte und Fähigkeiten, was viele glaubwürdige Zeitgenossen bezeugt haben. Einmal bat Königin Luise ihn, mit ihrem kürzlich verstorbenen Bruder Kontakt aufzunehmen. Ein paar Tage später überbrachte er der Königin eine Nachricht – eine vertrauliche Botschaft eben dieses Bruders, die sie so aus der Fassung brachte, daß sie den Hof sofort blaß und am ganzen Leib zitternd verließ. Später berichtete sie, Swedenborg habe ihr eine Information gegeben, die kein lebender Mensch wissen konnte.

Am 17. Juli 1759 nahm Swedenborg an einer großen, feierlichen Abendgesellschaft im Haus des wohlhabenden Kaufmanns William Castel teil. Um sechs Uhr geriet Swedenborg plötzlich in einen Zustand großer Aufregung. Als man ihn fragte, was denn los sei, beschrieb er ganz genau einen Brand, der im 450 Kilometer weit entfernten Stockholm ausgebrochen war.

Die Nachricht sprach sich in der ganzen Stadt herum. Als der Gouverneur davon hörte, ließ er Swedenborg zu sich rufen und sich einen ausführlichen Bericht von dem Brand geben. Swedenborg erklärte ihm, wo, wann und wie er ausgebrochen war – ja sogar, welche Häuser den Flammen zum Opfer gefallen waren. Zwei Tage später trafen Boten aus Stockholm ein ... und es stellte sich heraus, daß Swedenborgs Bericht in allen Einzelheiten stimmte.

Bei einer anderen Abendgesellschaft – in der Nacht, in der Zar Peter III. von Rußland im Gefängnis erwürgt wurde – geriet Swedenborg erneut in plötzliche Aufregung und fiel in Trance. Als er wieder zu Bewußtsein kam, bestanden die Gäste darauf, zu erfahren, was er gesehen hatte. Aufgewühlt beschrieb er den Tod des russischen Zaren in anschaulichen Details und forderte die Gäste auf, sich Datum und Uhrzeit zu notieren, damit sie später, wenn die Nachricht eintraf, alles mit seinem Bericht vergleichen konnten. Ein paar Tage darauf stellte sich heraus, daß die russischen Zeitungsberichte genau Swedenborgs Vision entsprachen.

Manchmal besaß Swedenborgs Humor eine moralische Spitze. Er erklärte, alle äußere Zurschaustellung von Frömmigkeit sei sinnlos; letzten Endes zähle nur der mildtätige Dienst am anderen. Einmal nahm er an einer Gesellschaft bei Erzbischof Troilus teil, einem leidenschaftlichen Glücksspieler, der einem Kartenspiel namens Tresette frönte. Sein Spielpartner Erland Broman war kurz zuvor gestorben. »Erzähle uns von der Geisterwelt«, verspottete der Erzbischof Swedenborg. »Wie verbringt mein Freund Broman dort seine Zeit?«

»Erst vor ein paar Stunden habe ich ihn gesehen, wie er in Gesellschaft des Bösen seine Karten mischte«, erwiderte Swedenborg schlagfertig. »Er wartete auf Euer Hochwürden, weil ihm noch ein Tresette-Partner fehlte.«

Emanuel Swedenborg schrieb, daß Engel und Dämonen in ihren eigenen Reichen und gleichzeitig in unseren Köpfen existierten und daß unsere Gedanken, Gefühle und Impulse von diesen inneren Bewohnern herrührten. Wir lebten, so schrieb er, in einem Raum des freien Willens zwischen Himmel und Hölle; unsere spirituelle Herausforderung bestehe darin, uns inmitten dieses Tumults widerstreitender Kräfte in unserem Inneren in jeder Sekunde unseres Lebens für das Gute zu entscheiden.

Für ihn definierte sich die Seele durch ihre Entscheidungen und Handlungen, nicht durch ihren Glauben oder die Ideale, zu denen sie sich bekennt. Er erklärte, daß unsere Seele sich nach dem Tod entweder den Himmel oder die Hölle als Aufenthaltsort wähle, so wie sie sich auch zu unseren Lebzeiten in jedem Augenblick entweder für Himmel oder Hölle entscheide.

Obwohl Swedenborg ein strenggläubiger Christ war, hatten für ihn (wie für die meisten Erleuchteten) alle Religionen Gültigkeit. »Sie sind wie die vielen Edelsteine in der Krone eines Königs«, sagte er. Die wahre Kirche existiere überall dort, wo die Menschen einander mit barmherziger Menschenliebe behandelten, und es würden unabhängig von ihrem Glauben alle erlöst werden, die nach dem Grundsatz der Liebe lebten. Ohne Liebe, erklärte Swedenborg, sind wir gar nichts.

Er schwor, daß die Engel im Himmel ihm diese Wahrheiten offenbart hatten.

Swedenborgs mystische Schriften wurden schon zu seinen Lebzeiten bekannt und berühmt. Dennoch veröffentlichte und verkaufte er sie anonym zu einem geringeren Betrag, als ihn der Druck gekostet hatte. Sein einziges Ziel bestand darin, mit seinen spirituellen Wahrheiten möglichst viele Seelen zu erreichen, so wie es seinem himmlischen Auftrag entsprach. Erst in seinen letzten Lebensjahren wurde bekannt, daß er der Autor dieser Bücher war. Sein umfangreiches Werk, das in 20 verschiedene Sprachen übersetzt wurde – und auch heute, nach zwei Jahrhunderten, immer noch gedruckt wird – hat unzählige Schriftsteller, Künstler und Mystiker beeinflußt, darunter Balzac, Hugo, Blake, Emerson, Thoreau, Whitman, Jung, D. T. Suzuki, Alan Watts und viele andere. Seine Anhänger, die Swedenborgianer, haben inzwischen in verschiedenen Ländern überall auf der Welt eigene Kirchen gegründet.

Viele geniale Köpfe der Menschheit haben ihren eigenen Tod vorausgeahnt. Doch Swedenborg sagte in seinem engsten Freundeskreis sogar das Jahr, den Tag und die Uhrzeit seines Todes voraus. Als er im Sterben lag, kam ein Geistlicher namens Ferelious zu ihm, um ihn mit den Sterbesakramenten zu versehen. Er erklärte Swedenborg, daß viele Menschen glaubten, seine spirituellen Schriften seien nur eine Ausgeburt seiner eigenen Phantasie. Wenn dies tatsächlich der Fall sei, so solle er es vor seinem Tode noch beichten, um mit reinem Gewissen aus dem Leben zu scheiden.

»Da richtete Swedenborg sich halb in seinem Bett auf«, schreibt Ferelious. »Er legte die Hand auf seine Brust und beteuerte voller Eifer: ›So wahr Ihr mich hier vor Euren Augen seht, so wahr ist alles, was ich geschrieben habe; und ich hätte noch mehr sagen können, wenn es mir gestattet gewesen wäre. Wenn Ihr in die Ewigkeit eingeht, werdet Ihr alles sehen, und dann werden wir beide viel miteinander zu bereden haben.‹«

Nach seinem Tod erzählte das Dienstmädchen, das in Swedenborgs Haus arbeitete, er habe sich anscheinend sehr auf diesen Moment gefreut: » ... so wie jemand, der in Urlaub geht.« Nach einem Leben außergewöhnlichen Dienstes an der Menschheit und im vollen Bewußtsein seiner Bestimmung sah er vielleicht tatsächlich einer Art Urlaub entgegen.

Der Preis der Freiheit:

Wie eine junge Frau sich aufopferte, um 13 Menschenleben zu retten

Irene Opdyke kam 1921 in der polnischen Stadt Kozienice zur Welt. Als Kind spielte sie mit Freunden und Freundinnen verschiedener Konfessionen, auch mit Juden. Ihre Eltern hatten sie in dem Glauben erzogen, daß alle Menschen gleich sind.

Irene war die älteste von fünf Töchtern. Sie verließ ihr Elternhaus im Alter von 17 Jahren, um in der Stadt Radom in der Nähe der russischen Grenze den Beruf des Kindermädchens zu erlernen. Doch bald sollte ihre Welt genau wie die Millionen anderer Polen unter der Brutalität und dem Chaos des Krieges auseinanderbrechen.

1939 wurde Polen von russischen und deutschen Soldaten besetzt. Als man Radom bombardierte, versteckte sich die achtzehnjährige Irene mit ein paar anderen Schülerinnen im Wald vor der Stadt. Doch es wurde Winter, und Irene wagte sich aus ihrem Versteck heraus, weil sie fror und Hunger hatte. Sie ging in die Stadt, um nach etwas Eßbarem und warmer Kleidung zu suchen. Da wurde sie von russischen Soldaten, die durch die Stadt patrouillierten, gefangengenommen, vergewaltigt und brutal zusammengeschlagen.

Später wurden die Russen von den Nazis vertrieben, die Irene wiederum verhafteten. Man brachte sie in die Stadt Ternopol, wo sie als Kellnerin in einer Kantine für Nazioffiziere in einer Munitionsfabrik arbeiten mußte.

Trotz dieses unglücklichen Geschicks ging es Irene noch weitaus besser als vielen anderen Menschen – so sollten nur 200 der 18000 jüdischen Bewohner von Ternopol die sechsjährige Judenverfolgung der Nazis überleben. In der Fabrik mußte Irene zwölf Juden beaufsichtigen, die in der Wäscherei arbeiteten. Sie sah, daß die Leute, die nur spärliche Essensrationen bekamen, Hunger hatten, und begann ihnen heimlich Brot, Butter, Obst und Decken zu bringen, die sie aus dem Lager der Deutschen gestohlen hatte. Außerdem schmuggelte sie ein jüdisches Paar in den Wald vor Ternopol, wo sich noch viele andere Juden versteckt hielten, und versorgte es unter großer persönlicher Gefahr den ganzen Krieg hindurch mit Proviant.

Außerdem begann Irene, die Essensreste, die die Nazioffiziere übrig ließen, durch ein Loch in dem Zaun zu stecken, der das Ghetto umgab. Auf diese Weise ernährte sie in diesem langen Winter viele Menschen, denen sie niemals begegnete. Sie sah nie, wie jemand sich das Essen holte, aber es war stets fort, wenn sie das nächste Mal mit einer neuen Ration kam.

Zum Glück war Irene sehr schön und sah aus wie eine Arierin: blaue Augen, blondes Haar und helle Haut. Major Eduard Rügemer, der die Fabrik leitete, war fasziniert von ihr. Wie viele Deutsche zu jener Zeit tat der grauhaarige ältere Herr, der schon auf die Siebzig zuging, nichts anderes, als »Befehle auszuführen«.

Major Rügemer machte Irene zu einer seiner Sekretärinnen. In dieser Position mußte sie nun zusehen, wie Juden zusammengeschlagen und in aller Öffentlichkeit hingerichtet wurden – man schoß sie nieder oder erhängte sie mitten auf der Straße. Eines Tages beobachtete sie, wie ein junger SS-Soldat einer Mutter ihr Baby aus den Armen riß, das schreiende Kind in die Luft warf und erschoß. Schreckensstarr stand sie daneben. »Ich konnte nur noch sagen: ›O Gott, mein Gott, wo bist du?‹«, erinnert sie sich später.

In jener Nacht betete sie verzweifelt zu Gott und bat ihn um Führung.

»Am Morgen«, sagt sie, »hörte ich in meiner Seele, in meinem Herzen eine Antwort, die wie ein Flüstern von oben kam.«

Dieses »Flüstern« sagte ihr, sie müsse ihr Leben dem Wohl der Juden weihen. Irene wußte, daß sie sich damit in Lebensgefahr brachte – doch ohne ihre Hilfe sahen diese Menschen dem sicheren Tod entgegen. Sie hatte das Gefühl, daß Gott sie aus einem ganz bestimmten Grund an diesen Platz gestellt hatte: »Ich war zur richtigen Zeit am richtigen Ort.« Ihr Gebet um Führung war mit einem Appell an ihre Menschlichkeit beantwortet worden. Ihre Mission bestand nicht darin, sich selbst zu retten, sondern bei der Rettung anderer mitzuhelfen. Nun mußte sie nur noch einen Weg dazu finden.

»Ich hatte die besten Möglichkeiten«, sagt sie. »Und Gott hatte mir genau das richtige Aussehen für meine Aufgabe gegeben. Ich spielte das deutsche Fräulein ... doch in Wirklichkeit war ich eine Spionin.«

Eines Tages hörte sie, wie ein SS-Offizier Major Rügemer mitteilte, daß das Ghetto bald liquidiert werden würde. Dann würden alle Juden ermordet oder in Konzentrationslager gebracht. Daraufhin fuhr Irene mit ihrem Fahrrad durch die Stadt und warnte so viele Juden, wie sie nur konnte. Als sie ihren jüdischen Freunden aus der Wäscherei erzählte, was ihnen bevorstand, flehten diese sie an, ihr zu helfen. Irene wußte nicht, was sie tun sollte. Es war zu gefährlich geworden, sie in den Wald zu schmuggeln, und Irene hatte kein Versteck, wo sie sie hinbringen konnte.

Wieder betete Irene um göttliche Führung, und wieder wurden ihre Gebete beantwortet. Major Rügemer beschloß, in eine Villa in der Stadt zu ziehen, und bat Irene, seine Haushälterin zu sein. Als Irene die Villa sah, wußte sie, daß sie das ideale Versteck für ihre Freunde gefunden hatte. Sie erzählte ihnen von ihrem Plan. Die Juden warnten sie und sagten, daß man sie dann vielleicht alle umbringen würde, auch Irene. Doch Irene, deren Entschluß inzwischen feststand, sagte nur: »Ich bin in Gottes Hand. Sein Wille geschehe.«

Am nächsten Abend versteckte sich Irenes kleine Gruppe von Juden in der Wäscherei der Munitionsfabrik hinter einer Maueratttrappe, die sie dort extra errichtet hatten, während die anderen Juden aus der Fabrik ins Ghetto zurückgebracht wurden: Nachts, während der Major schlief, und im Schutz der

Dunkelheit, schmuggelte Irene ihre Freunde ins Kellergeschoß der Villa. Als am nächsten Morgen die Sonne aufging, begann das letzte brutale Massaker des Pogroms: Die Juden von Ternopol wurden gezwungen, große Gruben auszuheben. Dann erschoß man sie zu Hunderten, warf sie hinein und schüttete die Gräben wieder zu. Noch viel mehr Juden wurden auf dem jüdischen Friedhof der Stadt ermordet und ihre Leichen über den Gräbern verstreut. Diejenigen, die nicht umgebracht wurden, kamen in Konzentrationslager.

Doch durch Irenes tapfere Tat wurden zwölf Menschenleben gerettet. Monatelang versteckte sie ihre Freunde bei dem Major im Keller. Wenn er nicht zu Hause war, kamen sie oft nach oben, um Irene beim Kochen und Putzen sowie bei den Vorbereitungen für die vielen Partys des Majors zu helfen. Irene schloß dann stets die Haustür von innen ab, damit der Major nicht überraschend nach Hause käme und sie entdeckte. Nachts versteckten die Flüchtlinge sich in ängstlichem Schweigen, während über ihnen die Nazioffiziere zu Abend aßen, tranken, lachten und sangen.

Da entdeckte eine der im Keller versteckten Frauen, daß sie und ihr Mann ein Kind erwarteten. Traurig drängten die anderen sie zur Abtreibung, denn sie fürchteten, daß ein schreiendes Baby sie alle verraten würde. Aber Irene bat sie, das Kind am Leben zu lassen. Es unter diesen Umständen abzutreiben wäre genauso, als liefere man es Hitler aus, argumentierte sie. »Hitler wird dieses Baby nicht bekommen!« beharrte sie. Das überzeugte die anderen. (Heute lebt dieses Kind, Roman Haller, als Geschäftsmann in Israel.)

Eines schrecklichen Tages mußte Irene mit ansehen, wie zwei Familien in aller Öffentlichkeit gehängt wurden – eine jüdische und eine christliche Familie, welche die Juden bei sich versteckt gehalten hatte. Zuerst hängten die Nazis die schluchzenden Kinder auf und zwangen die Eltern, dabei zuzusehen; dann wurden auch die Eltern gehängt.

In ihrem Schock kehrte Irene »wie eine Schlafwandlerin« zurück in die Villa des Majors – und vergaß die Haustür abzuschließen. An jenem Nachmittag kam der Major unerwartet heim und sah, wie die jüdischen Frauen Irene beim Putzen der

Küche halfen. Sie flüchteten die Treppe hinunter. Ohne ein Wort machte der Major kehrt und ging in die Bibliothek, um die Gestapo anzurufen. Doch Irene lief ihm hinterher, kniete vor ihm nieder, umklammerte seine Beine mit den Armen und küßte ihm die Hände. »Bitte lassen Sie sie leben«, bettelte sie. »Es ist alles meine Schuld.«

»Irene, du hast mich hintergangen«, sagte der Major. »Ich bin alt und müde. Müde von dem Krieg und all dem Morden. Ich wünsche mir nicht deinen Tod. Aber ich habe meine Befehle. Ich werde in mein Büro gehen und nachdenken.« Mit diesen Worten zog der Major sich in sein Büro zurück und schloß die Tür hinter sich. Irene wartete draußen und betete. Sie sah ihn erst am Abend wieder. Er war betrunken, aber er erklärte klar und deutlich, wie er sich entschieden hatte. Die Juden konnten gerettet werden, aber das hatte seinen Preis.

»Ich stand vor ihm«, sagt Irene, »und wartete auf die Entscheidung, von der Leben und Tod abhing. Er zog mich auf seinen Schoß und sagte: ›Ich liebe dich. Du gehörst mir. Du musst mir gehören.‹ Das war eine schwere Entscheidung für mich. Ich war im katholischen Glauben erzogen worden, deshalb war es sehr schwierig. (...) Aber irgendwie war es nur ein geringer Preis für so viele Menschenleben.«

Bald machte das Gerücht von ihrer Affäre in der Stadt die Runde. Die Nazis billigten diese Liebesbeziehung nicht, und Irene wurde gezwungen, das Haus zu verlassen. Da entschloss sie sich zu einer Verzweiflungstat: Sie schmuggelte die Juden, deren Zahl inzwischen auf Dreizehn angewachsen war, und sich selbst in den Wald, indem sie sie in einem geborgten Planwagen unter Stroh versteckte. Einer von ihnen zog eine Naziuniform an und fuhr den Wagen aus der Stadt.

Als die russischen Soldaten nach Ternopol zurückkehrten und die besiegten Nazis fliehen mußten, um ihr Leben zu retten, kam Major Rügemer seltsamerweise in den Wald, um Irene zu warnen. Er setzte sein eigenes Leben auf Spiel, um sie zu retten, und nahm sie mit nach Kielsk, wo sein Regiment stationiert war.

Später ging Irene in die polnische Untergrundbewegung. Sie versuchte, ihre Familie und die anderen Menschen zu finden, die sie gekannt und um die sie sich gekümmert hatte. Doch sie waren alle verschwunden.

Schließlich wurde sie wegen ihrer Aktivitäten auf die Gesuchten-Liste der Roten Armee gesetzt. Nun konnten Irenes jüdische Freunde sich revanchieren. Sie versteckten sie und halfen ihr, aus Polen zu flüchten. Sie schmuggelten Irene in ein Lager für Heimatvertriebene und bezeugten in einem Schriftstück die heroischen Taten, mit denen sie ihnen das Leben gerettet hatte.

Irene sah ihre Eltern nie wieder. Doch erstaunlicherweise konnte sie fast 40 Jahre später, im Jahr 1984, ein Wiedersehen mit ihren vier Schwestern feiern. Damals lebte sie bereits in den USA und hatte die amerikanische Staatsbürgerschaft angenommen.

Weil sie 13 Juden das Leben gerettet hatte – zwölf Erwachsenen und einem Baby –, wurde Irene später vom Staat Israel zur »rechtschaffenen Nichtjüdin« ernannt. Sie war eine von 15000 Personen, denen diese Ehre am Schrein von Yad Vashem in Jerusalem zuteil wurde, weil sie Juden in der Zeit der Naziverfolgung das Leben gerettet hatten. Zum Gedenken an ihre mutige Tat wurde dort ein Baum gepflanzt.

Heute lebt Irene Gut Opdyke in Los Angeles. Sie hat eine Stiftung – hauptsächlich für Kinder – gegründet, die lehrt, daß man die Welt verändern kann, wenn man Toleranz übt, Respekt vor seinen Mitmenschen hat und nach seinen höchsten Prinzipien lebt.

»Mut ist ein Flüstern, das von oben kommt«, sagt Irene heute. »Wenn man nur mit dem Kopf denkt und nicht mit dem Herzen, sagt der Kopf einem: ›Tu das lieber nicht, das ist zu gefährlich.‹ Deshalb muß man auch auf die Stimme seines Herzens hören. (...) Ich hoffe, es werden sich noch viele Generationen (...) daran erinnern, daß auch ein einzelner Mensch etwas bewirken kann.«

Die schrecklichste Ära der modernen Geschichte hat die besten, tapfersten Charaktereigenschaften einer jungen Frau zutage gefördert. So erlebte Irene Opdyke nicht nur eine göttliche Fügung, sondern wurde selbst zum Werkzeug Gottes.

Ein Licht in der Dunkelheit:

Der Werdegang eines Shaolin-Meisters

Si Tai Gong kam in den dreißiger Jahren des 20. Jahrhunderts auf einer Südseeinsel zur Welt. Sein Vater, ein freundlicher, gutmütiger Feldarbeiter, war ein begabter Musiker, der in einer Kapelle auf der Insel mitspielte und -sang. Seine Mutter ging ganz in der Sorge für die Kinder auf. Tai Gong verlebte eine glückliche Kindheit – bis zu seinem fünften Lebensjahr, als sich in seiner Familie eine Tragödie abspielte. Ein betrunkener Arzt gab seinem Vater eine Penizillinspritze. Dabei brach die Injektionsnadel ab und blieb im Arm stecken. Der Vater, der überdies gegen Penizillin allergisch war, kam von der Feldarbeit nach Hause und wand sich in Krämpfen. Der älteste Bruder rannte los, um einen anderen Arzt zu holen; Tai Gong und seine Familie mußten indessen hilflos zusehen, wie der Vater sich krümmte und auf dem Boden herumwälzte. Er starb, noch ehe der Arzt eintraf.

Nun war die Familie bettelarm und mußte in eine primitive Behausung umziehen, bei der Waschbecken und Toilette draußen auf dem Hof waren. In ihrer Verzweiflung heiratete Tai Gongs Mutter, die als Witwe eine große Familie ernähren mußte, einen Flughafenarbeiter – einen gewalttätigen Alkoholiker, der bald die ganze Familie zu terrorisieren begann. Er schlug sie mit allem, was ihm gerade in die Finger kam: einem Lederriemen, einem Stock, manchmal sogar mit einem Holzscheit. Tai Gong, der am meisten unter der Grausamkeit seines Stiefvaters zu leiden hatte, wurde geschlagen, mit einem heißen Eisen verbrannt und mit Fußtritten die Treppe hinuntergestoßen. Manchmal zog sein Stiefvater ihn splitternackt aus und zwang ihn, stundenlang in der heißen Sonne im Hof Unkraut zu jäten, und flößte ihm sogar gegen seinen Willen Whiskey ein. Die Missionare und Lehrer auf der Insel, die Tai Gongs blaue Flecken sahen, sagten: »Du mußt aber ein unartiger Junge sein, um so viel Prügel verdient zu haben.«

In dieser schrecklichen Zeit wanderte Tai Gong oft allein durch den Wald und in die Zuckerrohrfelder hinein, um sich an seinen Vater zu erinnern, der hier gearbeitet hatte, und um sich nicht so einsam zu fühlen. Durch den Streß und die körperliche Mißhandlung war er oft krank. Dann hatte er immer wieder eine Vision: Er kletterte auf den Rücken eines Riesen und flog quer über die Insel und übers Meer. Wenn er anschließend aufwachte, kam es öfter vor, daß er auf dem Dach des Hauses stand, den weiten Nachthimmel über sich.

Als Tai Gong acht Jahre alt war, begann sein Stiefvater, ihn nackt in einer kleinen Speisekammer einzusperren und dort tagelang allein im Dunkeln sitzen zu lassen. Anfangs weinte Tai Gong vor Angst; doch nach einer Weile begann er Stimmen zu hören – Stimmen, die zu ihm sprachen, flüsterten und sangen. Tai Gong lauschte den Stimmen und Liedern und begann zuerst leise mitzusummen; dann sang er die schönen Melodien, die er hörte, laut mit. Die unsichtbaren Stimmen leisteten ihm Gesellschaft; die Musik und sein eigener Gesang beruhigten ihn.

Eines Tages erschien ihm im Dunkel der Vorratskammer eine strahlende Mädchengestalt: blond, blauäugig und hell erleuchtet wie ein Bild auf einer Kinoleinwand. »Warum weinst du?«, fragte das junge Mädchen. Als Tai Gong ihr von der Grausamkeit seines Stiefvaters erzählte, blickte sie ihm tief in die Augen und lächelte ihn an. Da ging es ihm plötzlich besser. »Du brauchst keine Angst zu haben«, sagte sie. »Immer wenn du mich brauchst, werde ich dasein.« Mit diesen Worten verschwand sie.

Danach erschien die strahlende Mädchengestalt immer wieder, wenn Tai Gong in der dunklen Speisekammer Angst bekam, und tröstete und beruhigte ihn. Sie verriet ihm auch, wie er die Schmerzen ertragen konnte, wenn sein Stiefvater ihn schlug: »Denk an mich«, sagte sie, »und summe die Lieder vor dich hin. Immer wenn du den Schmerz spürst, denk an mich!« Dann flüsterte Tai Gongs Engel ihm noch ein paar Worte zu, die er erst Jahre später begreifen sollte: »Lerne zu verzeihen und zu lieben.«

In diesem Jahr, in dem Tai Gong häufig allein in der Speisekammer saß, entdeckte er, daß sich in der Dunkelheit ein Geschenk des Lichts verbarg, denn jetzt wußte er, daß er niemals allein war. Er spürte die engelhafte Gegenwart des Mädchens in seiner Nähe, und manchmal warnte ihn auch eine Stimme, wenn er sich in physischer Gefahr befand.

Nur ein einziges Mal ignorierte er diese Stimme und fiel prompt von einem Baum.

Als Tai Gong neun Jahre alt war, brachte er den größten Teil seiner Freizeit damit zu, allein durch die Wälder der Insel zu wandern. Er war schwach und kränklich und mißtraute den Menschen. Sein Herz und seine Gedanken waren voller Haß auf seinen Stiefvater und auf die Missionare, die sagten, daß er und seine Geschwister ihre Prügel verdient hätten.

Eines Tages kam ein alter Chinese an Tai Gongs Elternhaus vorbei und sah, daß der Stiefvater den Jungen an den Dachbalken der hinteren Veranda gebunden hatte und ihn mit einem Stock verprügelte. »Wie behandelst du denn deinen Sohn?« schrie der alte Mann Tai Gongs Stiefvater an.

»Das ist nicht mein Sohn!« brüllte der zurück.

Ohne ein weiteres Wort zog der alte Mann – ein buddhistischer Priester – ein Messer, betrat die Veranda, schnitt Tai Gong los und nahm den Jungen mit in einen Tempel am Meer, wo chinesische Mönche Shaolin-Kung-Fu übten und meditierten. Der alte Priester gab dem abgemagerten Jungen zu essen und flößte ihm eine bittere Kräutermedizin ein, um ihn zu heilen und zu stärken.

Danach kam Tai Gong jeden Tag, säuberte den Tempel und beobachtete, wie die Mönche sich im Kampfsport übten. Er bemühte sich, ihre Hand- und Fußbewegungen nachzuahmen, bis der Priester ihn zu unterrichten begann. Der Tempel wurde für den Jungen zum zweiten Zuhause. Fast neun Jahre lang ging Tai Gong zum Unterricht, bis er wie der Kranich, der Tiger, die Schlange, der Affe, die Gottesanbeterin und der Drache kämpfen konnte. Die Stunden, in denen er allein in der dunklen Speisekammer gesessen und seine Aufmerksamkeit auf die Bilder in seinem Kopf gerichtet hatte, hatten seine Konzentration und Vorstellungskraft geschärft und seine Gabe der Intuition gestärkt – alles Geschenke der Dunkelheit.

So gingen Jahre ins Land. Tai Gong reiste nach Kalifornien, ging zur Marine, brachte anderen Menschen seine meisterhaften Kampftechniken bei, machte Karriere als erfolgreicher Sänger in einem Nachtclub, heiratete und zeugte zwei Kinder. Trotzdem verfolgten ihn noch immer die Schatten der Vergangenheit. Der Zorn brannte weiter in seinem Herzen.

Doch im Jahr 1963 veränderten Erscheinungen aus der anderen Welt Tai Gongs Leben für immer. In einer Vision, die ihm 30 Tage lang immer wieder erschien, sah er die Kreuzigung Jesu Christi und sein Ringen mit dem Tod. Nacht für Nacht beobachtete er die entsetzten Zuschauer, die gleichgültigen Soldaten und die weinenden Jünger und sah die leuchtende Gestalt Marias unten am Kreuz ihres Sohnes stehen. Er erlebte diese Vision als etwas völlig Reales, das er sozusagen hautnah miterlebte.

Vor diesem Hintergrund tauchte die lange Zeit verdrängte Erinnerung an das leuchtende Gesicht seines Engels in der Dunkelheit wieder auf, und er hörte die Worte, die der Engel ihm in seiner Kindheit zugeflüstert hatte: »Lerne zu verzeihen und zu lieben.« Diesmal drangen sie bis in sein Innerstes vor.

Dann folgte eine längere Krise: Tai Gong suchte nach einer neuen Lebensweise. Wie ein Baby, das erst krabbeln, dann stehen und schließlich gehen lernt, begann er eine neue Art des Lebens, Liebens und Verzeihens zu praktizieren und zu lehren. Dabei benutzte er den Kampfsport als Weg zu dem Geist in seinem Inneren. Er formulierte es so: »Gottes Licht dringt durch eine ununterbrochene Kette von Lebewesen in diese Welt, die eine Brücke zwischen dem Reich der Menschen und dem Reich des Spirituellen bilden. Engel und Meister, die ins himmlische Reich aufgestiegen sind, können uns helfen, aber wir müssen die Fahne selbst zum Gipfel des Berges hinauftragen.«

Das Göttliche war in Gestalt eines engelsgleichen jungen Mädchens, eines alten Shaolin-Priesters und einer Vision Jesu Christi in Si Tai Gongs Leben getreten. Doch in einem tieferen Sinn gehörte vielleicht alles – ein liebevoller Vater, ein brutaler Stiefvater, eine schwer arbeitende Mutter und ein Tempel am Meer – zu jenem göttlichen Theater, das das Leben von Si Tai Gong, dem großen Meister in der Kunst des Shaolin-Tempelboxens, auf der langen, gefährlichen Reise von der Dunkelheit ins Licht geprägt hat.

Der Weg eines Skinheads zu Gott:

Wie ein Rassist von seiner Verblendung erlöst wurde

Als Richard Sabinski 13 Jahre alt war, ging er genau dreimal in die Kirche. Nach jedem Kirchgang sprach er mit seinen Freunden über Gott. Aber Richard war ein jähzorniger Junge voller Probleme. Obwohl er mit Inbrunst von Gott sprach, haßte er alle Angehörigen anderer Rassen als der »weißen«. Mit 15 Jahren, seine Kirchenbesuche gehörten längst der Vergangenheit an, begann er Drogen zu nehmen und sich in Schlägereien zu verwickeln, kurz: er geriet in Schwierigkeiten. Im Alter von 16 Jahren handelte Richard bereits mit harten Drogen und hatte unter seinen Freunden drei Dealer, die für ihn arbeiteten. Später kaufte er sich einen Revolver und verprügelte damit einen Mann namens Terry, der seine Drogen nicht bezahlen wollte. Anschließend schoß er mehrere Löcher in dessen Auto.

Terry flüchtete und rief die Polizei, die Richard verhaftete, aber wieder freiließ, weil Terry keine Anzeige erstatten wollte. Ein paar Tage später sah Richard Terry am Steuer eines Lastwagens und bedrängte ihn, indem er ganz dicht auffuhr. Eine Verfolgungsjagd in mörderischem Tempo begann, bei der Richard aus dem Autofenster auf den flüchtenden Wagen schoß. Wieder wurde er festgenommen und diesmal zu acht Jahren Haft verurteilt.

In dem überfüllten Gefängnis schwelten die Spannungen zwischen den Angehörigen verschiedener Rassen, die dort auf engstem Raum zusammengepfercht waren. Es war ein Kriegsgebiet, wo Haß sich an der Hautfarbe orientierte und Gewalt zum täglichen Leben gehörte. Schwarze, Weiße und Latinos kämpften miteinander um ihr Territorium und bildeten Banden, um sich zu schützen. Die Hautfarbe bildete die Uniform der Armeen, die einander bekämpften, und der Rassismus war das Motto, unter dem sich die Männer verbrüderten. Richards Haß auf alle Menschen, die nicht weiß waren, entwickelte sich zum Brennpunkt seines Lebens – seine Bande wurde zum Symbol für seine Identität. Im Gefängnis erhielt Richard eine kriminelle »Ausbildung«, die ihm zugute kam, als er wegen Überfüllung des Gefängnisses bereits knapp zwei Jahre später entlassen wurde.

Mit 19 Jahren war er wieder auf der Straße und begann erneut mit Drogen zu handeln, inzwischen mit hartgesottenen Komplizen aus seiner »Ausbildungszeit« im Gefängnis. Sie waren seine Mitreisenden auf einem finsteren Weg: bewaffnete Räuber, Drogensüchtige, gewalttätige Schwerverbrecher. Einmal nahm Richard sogar an einem satanistischen Ritual mit Drogen, ekstatischen Tänzen und Gebeten an den Satan teil.

»Damals war ich 23«, sagt Richard, »und mir wurde klar, daß ich ein schlechter Mensch war. Diese Überlegung traf mich wie ein Blitz aus heiterem Himmel – ich saß in meinem Hinterhof, und plötzlich überkam mich eine große Traurigkeit über mein Leben und das, was aus mir geworden war. Ich kniete nieder und bat Gott um Gnade. Das war das erste Mal seit zehn Jahren, daß ich wieder betete. Am nächsten Tag erzählte ich ein paar Freunden, daß ich ein neues Leben beginnen und ein anderer Mensch werden wollte. Sie lachten sich tot.«

Drei Tage später – nach einem chinesischen Essen bei einem Freund – öffnete Richard seinen Glückskeks und fand darin die prophetische Botschaft: »Bleibe auf dem rechtschaffenen Weg, für den du dich entschieden hast.«

Doch Richard war noch nicht bereit dafür. Am selben Abend ging er mit seinen Freunden kegeln und sah ein paar Straßen weiter sechs Asiaten. Da stieg der tief verwurzelte Rassenhaß wieder in ihm auf – der Anblick einer anderen Hautfarbe brachte ihn zur Weißglut. Gemeinsam mit seinen Freunden ging er auf die Asiaten zu und brach einen Streit vom Zaun. Doch da traten zwei Schwarze dazwischen, um die Asiaten zu verteidigen. Richard und seine Freunde waren zahlenmäßig unterlegen und zogen sich mit wütenden und ätzenden Bemerkungen über »Nigger« und »Schlitzaugen« zurück.

Ein paar Tage später stand Richard wieder im Hinterhof. »Es wurde gerade dunkel«, erzählt er, »da hörte ich irgendwo über mir ein Hornsignal. Ich schaute nach oben und sah, daß der Himmel in zwei Teile zerbrochen war. Es war das Unheimlichste, was ich je gesehen habe: Die eine Seite des Himmels war dunkel, die andere hell. Da wurde mir klar, daß Gott mich aufforderte, mich zu ändern – er stellte mich vor die Wahl. Ich sah das Dunkel in meinem eigenen Inneren, aber diesmal erblickte ich auch einen Lichtstrahl, einen Hoffnungsschimmer. Ich kniete nieder und bat Gott, mir zu verzeihen. Blitzartig sah ich die ganze Brutalität, den Haß und den Wahnsinn meines bisherigen Lebens vor mir – alles. Und mir wurde bewußt, was für ein Wunder es war, daß ich das Ganze überhaupt überlebt hatte. Ich war so dankbar, immer noch am Leben zu sein! Plötzlich begriff ich, was für ein Geschenk das Leben ist. Und ich wußte, daß ich mit meinem Leben etwas Gutes anfangen wollte.«

Durch diese Vision änderte sich Richards Charakter von einem Tag auf den anderen.

»Am nächsten Tag«, erzählt er, »ging ich zur Bushaltestelle, dort stand ein Schwarzer, der ganz allein wartete. Ich schaute ihn an und staunte: Ich empfand keinen Haß gegen ihn! Er war ein menschliches Wesen, genau wie ich. Vorher hatte ich nie einen andersfarbigen Menschen ansehen können, ohne daß sofort dieser Zorn in mir aufstieg. Jetzt war dieses Gefühl verschwunden. Ich war so überrascht; fast hätte ich angefangen zu weinen. Da wandte der Mann mir sein Gesicht zu. Ich lächelte und sagte: ›Hallo.‹ Das war das erste freundliche Wort, das ich je zu einem Schwarzen gesagt hatte. Mein Herz war über Nacht aus Stein zu Fleisch geworden. Von diesem Augenblick an habe ich nie wieder so etwas wie Rassenhaß empfunden.«

Bald danach hörte Richard auf, Drogen zu nehmen. Er verstrickte sich nicht mehr in Schlägereien und gelangte zu einer neuen Lebensweise – ein Leben der Bruderschaft mit allen Menschen. Aber natürlich mußte er sich trotzdem noch mit den Herausforderungen des täglichen Lebens auseinandersetzen und hatte viele Prüfungen zu bestehen. »Ich mußte einen anderen Weg finden, mir meinen Lebensunterhalt zu verdienen, um eine stabile Grundlage für mein neues Leben zu schaffen. Eine Zeitlang war ich ziemlich arm.«

In dieser Zeit der Selbsterforschung sah Richard im Fernsehen zufällig einen Chinesen, dem an beiden Händen Finger fehlten. Der Mann war wegen seiner religiösen Aktivitäten verfolgt und gefoltert worden. Tief gerührt von dieser Geschichte, erkannte Richard, daß Gott ihm aus Gründen, die jenseits seines Fassungsvermögens lagen, ein besonderes Mitgefühl für das chinesische Volk eingegeben hatte. Auf der Stelle beschloß er, nach China zu reisen und den Menschen dort zu helfen. Richard trat einer christlichen Kirche in China bei und wurde von seiner neuen Gemeinde sehr herzlich aufgenommen. Er ließ sich taufen und lernte Mandarin. Seit Anfang 1997 lebt Richard Sabinski in China und reist von Ort zu Ort, gibt Chinesen Englischunterricht und erzählt ihnen von den Wundern und der Gnade der göttlichen Einsicht, die ihm zuteil wurde.

Ein Bürger des Universums:

Die innere Wandlung des Bucky Fuller

Bis zu seinem vierten Lebensjahr nahm der schielende kleine Bucky die Welt nur als Schleier verschwommener Farben und Formen wahr – er wußte nicht einmal, wie seine eigenen Familienangehörigen aussahen. Als er seine erste Brille bekam, traf ihn der Anblick der Welt wie eine Offenbarung. »Zum ersten Mal«, erinnert er sich, »sah ich Blätter an einem Baum, kleine Vögel (...) die Sterne, die Formen der Wolken und die Gesichter der Menschen. Für mich war das eine Zeit ungeheurer Freude – als seien all diese Dinge einzig und allein für mich neu erschaffen worden. Ich war voller Staunen und Ehrfurcht über die Schönheit der Welt.«

Als Bucky 13 Jahre alt war, starb sein Vater nach mehreren Schlaganfällen. Die Krise, in die seine Familie daraufhin geriet, schleuderte ihn aus der Zauberwelt der Kindheit jäh in eine härtere, schwierigere Welt hinein, in der er sich oft isoliert und fehl am Platz fühlte.

Jahre später bekam Bucky aufgrund familiärer Verbindungen einen Studienplatz an der Harvard-Universität, wo er durch sein etwas schrulliges Wesen bald zum Außenseiter wurde. Das Gefühl, in dieser Welt ein Fremder zu sein, quälte den sensiblen jungen Mann und förderte die leichtsinnige, rücksichtslose Seite seines Charakters zutage. In den Ferien nach dem ersten Semester hob Bucky, einem plötzlichen Impuls folgend, das Geld vom Konto ab, das seine Mutter für seine Ausbildung gespart hatte, fuhr nach New York, stieg in einem der vornehmsten Hotels ab und sah sich eine Darbietung der »Zeigfield Follies« an. Fasziniert von dem weiblichen Star der Show, kam er am nächsten Abend wieder, schickte ihr einen Strauß Rosen und fünf Flaschen Champagner in die Garderobe und lud in einer großartigen, selbstzerstörerischen Geste alle, die bei der Show mitgewirkt hatten, zum Feiern in eines der besten Restaurants von New York ein. An einem einzigen Abend verschwendete er die Ersparnisse für sein ganzes Studium und machte zusätzlich noch Schulden, die seine Familie jahrelang würde abbezahlen müssen.

Daraufhin wurde er wegen verantwortungslosen Verhaltens der Harvard-Universität verwiesen, und seine Mutter schickte ihn als Mechanikerlehrling in eine Textilfabrik. Das war Glück im Unglück für Bucky, denn es förderte sein angeborenes Talent für Maschinenbau zutage. Er stürzte sich mit Begeisterung auf seine neue Arbeit, fertigte Skizzen von seinen Ideen an und entwarf neue Teile für Textilmaschinen. In seinen Zeugnissen wurde er überschwenglich gelobt und konnte schließlich – in den Augen seiner Familie rehabilitiert – nach Hause zurückkehren.

Mit 20 Jahren lernte Bucky Anne Hewlett kennen, das Mädchen, das er im Jahr 1917 heiraten und bis zu seinem Tod lieben sollte. Als der Erste Weltkrieg ausbrach, ging er zur Marine und patrouillierte auf der Suche nach deutschen U-Booten an der Küste von Neuengland entlang. Er war zwar immer noch ein bißchen sonderbar und exzentrisch, aber trotzdem ein intelligenter, sympathischer junger Mann voller Lebensfreude und mit einer kreativen Begabung für die Entwicklung neuer technischer Geräte.

Nach dem Krieg kehrte Bucky nach Hause zu seiner geliebten Anne und ihrer kleinen Tochter Alexandra zurück. Alexandra war inzwischen an Kinderlähmung und Rückenmarksentzündung erkrankt und teilweise gelähmt. Um die Kosten für ihre Behandlung aufzubringen, nahm Bucky eine gutbezahlte Stellung an. Doch drei Monate später schloß die Firma, und Bucky stand ohne einen Penny da und konnte keine ordentliche Arbeit mehr finden. Von da an schien alles schiefzugehen. Im Alter von 27 Jahren begann Bucky sich allmählich wie ein Versager zu fühlen und auch so auszusehen. Er war nie ein Trinker gewesen, doch jetzt suchte er Zuflucht im Alkoholrausch.

Eines Abends wollte er sich mit ein paar alten Studienfreunden ein Fußballspiel zwischen der Yale- und der Harvard-Universität ansehen, um sich aus seiner chronischen Depression herauszureißen. Ehe er losfuhr, machten Bucky, Anne und Alexandra gemeinsam einen Spaziergang an der frischen Luft. Als Alexandra den Stock sah, auf den Bucky sich wegen einer alten Knieverletzung stützte, fragte sie: »Papi, wenn du wieder nach Hause kommst, bringst du mir dann auch so einen Stock mit?« Er versprach es ihr.

Zu seiner großen Freude siegte das Harvard-Team, und er feierte und trank die ganze Nacht mit seinen Freunden. Am nächsten Tag rief er von der Pennsylvania Station aus zu Hause an. Anne war völlig verzweifelt. Alexandra hatte eine Lungenentzündung bekommen und lag im Koma. Als Bucky heimkam, war sie immer noch bewußtlos. Sie wachte nur einmal ganz kurz auf, blickte ihn an und fragte: »Papi, hast du mir meinen Stock mitgebracht?«

Da wandte Bucky sich voller Scham und Schmerz ab, denn er konnte ihr nicht in die Augen sehen. Er hatte den Stock völlig vergessen. Sie starb noch in derselben Nacht in seinen Armen.

Vierzig Jahre später konnte er immer noch nicht über dieses Ereignis sprechen, ohne zu weinen. Es verfolgte ihn bis ans Ende seines Lebens. Bucky war am Boden zerstört; Kummer und Schuldgefühle raubten ihm fast den Verstand. Der Verlust seiner Tochter, seine Unfähigkeit, seine Familie zu versorgen, sein eigenes egozentrisches Wesen und seine Mißerfolge deprimierten ihn.

Noch im selben Winter starben auch Annes Mutter, einer ihrer Brüder und ihr Schwager. Bucky nannte es den »Winter des Schreckens«. Auf der Suche nach einem Ausweg aus seinem persönlichen und finanziellen Dilemma gründete er eine Firma, die Baumaschinen entwickelte und konstruierte. Wenn er nach der Arbeit nach Hause kam, trank er bis spät in die Nacht hinein.

Nach fünf schweren Jahren – Amerika steuerte gerade auf die große Depression zu – bekamen Bucky und Anne wieder eine Tochter, Alegra. Seine Firma, die in finanziellen Schwierigkeiten steckte, wurde von einem größeren Unternehmen aufgekauft; Bucky mußte jetzt als Angestellter dort arbeiten und wurde schließlich hinausgeworfen. Wieder einmal war er bettelarm und mußte für eine Frau und ein neugeborenes Kind sorgen. Diese Schicksalsschläge zerstörten den letzten Funken seines Glaubens an sich selbst. Bucky glaubte, er sei vom Pech verfolgt und dazu verdammt, Unglück und Leid über die Menschen zu bringen, die er liebte, und stürzte in eine tiefe Depression. Selbstmordgedanken quälten ihn.

An einem bitterkalten Winterabend verließ der 34jährige Bucky Fuller in abgrundtiefer Verzweiflung seine Wohnung und ging ans Ufer des Michigan-Sees, entschlossen, ins eiskalte Wasser zu springen. »Ich habe das Beste getan, was ich konnte, und es ist nichts daraus geworden«, sagte er sich. »Ich tauge einfach nichts.« Selbst seine eigene Mutter hatte nicht daran geglaubt, daß einmal etwas aus ihm werden würde, und ihm das auch gesagt. Sie hatte sogar versucht, seine Heirat zu verhindern, und seine künftigen Schwiegereltern gewarnt, er sei zu verantwortungslos, um eine Familie zu ernähren. Anscheinend hatte sie mit allem recht gehabt.

Als Bucky am windigen Ufer des Michigan-Sees stand, klärten sich plötzlich seine Gedanken – spontan begann er, sein Leben, dessen Wert und Sinn und den eigentlichen Ursprung seines Seins ganz nüchtern und sachlich zu analysieren. Er beschloß, auf der Stelle die Wahrheit über sich selbst herauszufinden, um dann danach zu handeln: entweder weiterzuleben oder zu sterben. Wenn er wirklich ein wertloser Charakter war, ein »schlechter Mensch«, wie manche Leute behaupteten, und die Existenz aller Menschen zerstörte, die er liebte, dann würde er seinem Leben in diesem eiskalten Wasser ein Ende setzen. Anne würde einen besseren Mann finden, Alegra war noch zu klein, um ihn zu vermissen, und seine Schwiegereltern konnten die beiden problemlos versorgen, wenn er nicht mehr da war, so überlegte er.

Mit plötzlicher Eindringlichkeit stiegen Fragen in ihm auf.

Gab es eine göttliche Intelligenz im Universum? Hatte sein Leben irgendeinen Wert? Bucky beschloß, nur Beweise zu akzeptieren, die er selbst wahrnehmen konnte – nichts, was er gelernt hatte oder was andere ihm erzählt hatten. Er vertiefte sich immer mehr in diese inneren Fragen, dachte über das Wesen Gottes und der Realität nach. Da überkam ihn plötzlich eine überwältigende innere Gewißheit, daß es tatsächlich ein göttliches Wesen gab; es war, als flüstere Gott selbst ihm diese Überzeugung ein. Mit dem Scharfblick des Ingenieurs sah er den Beweis dafür nicht etwa in Glaubensrichtungen oder Dogmen, sondern im Universum selbst – in »dem wunderbaren Konstruktionsplan, der allem zugrunde liegt, vom unsichtbaren Mikrokosmos der Atome bis hin zu den riesigen Welten der Galaxien, die alle in vollkommener Integrität aufeinander eingespielt sind«.

Als nächstes begann er sich aufrichtig zu fragen, ob er »für die Integrität des Universums irgendeinen Wert« haben könne. Er ließ sein ganzes Leben und alles, was er gelernt hatte, noch einmal an sich vorüberziehen und erkannte, daß tatsächlich ein intelligentes Muster daraus zu entstehen begann. Und in einem Augenblick höchster Erkenntnis wurde ihm klar: »Du hast nicht das Recht, dich selbst auszulöschen; denn du gehörst dir gar nicht. Du gehörst dem Universum. Deine Bedeutung wird für dich selbst immer im unklaren bleiben; aber du kannst davon ausgehen, daß du die dir bestimmte Rolle erfüllst, wenn du dich bemühst, deine Erfahrungen zum höchsten Wohl anderer Menschen einzusetzen.«

Diese Erkenntnisse trafen ihn mit der Macht eines göttlichen Befehls – als hätte seine Seele auf seiner Schulter gesessen und seinem sterblichen Ich einen guten Rat gegeben. Als Bucky Fuller an jenem Abend nach Hause zurückkehrte, war er ein anderer Mensch. Mit einem tiefen Gefühl neuerwachter Kraft und Entschlossenheit wußte er: Um weiterleben zu können, mußte er sein Leben dem höchsten Ziel weihen, nämlich »für das hundertprozentige Wohl der Menschen überall auf der Welt« zu arbeiten.

Bucky wußte, daß er kein Talent dazu hatte, die Menschheit zu reformieren; aber wie kaum ein anderer besaß er die Fähigkeit, die Umgebung des Menschen umzugestalten. Da beschloß er, sich um Geld keine Sorgen mehr zu machen. »Wenn die Intelligenz, die das Universum lenkt, wirklich eine Verwendung für mich hat, dann wird sie auch nicht zulassen, daß wir verhungern; sie wird vielmehr dafür sorgen, daß ich meinen Entschluß in die Tat umsetzen kann.«

Innerhalb von ein paar Stunden war in Bucky eine neue Vision vom Sinn und Ziel seiner Existenz entstanden; eine innere Offenbarung hatte alles, was er war, völlig umorganisiert. Jetzt brauchte er nur noch zu handeln. Er kehrte zu Anne zurück und erzählte ihr, was geschehen war und wie er in Zukunft leben wollte. Und diese außergewöhnliche Frau begriff seine Vision nicht nur, sondern sie war auch mit seinem Plan einverstanden. Wie tiefgreifend seine innere Wandlung war, zeigt sich an der Art, wie er nun begann, sein Leben zu verändern und jene Erleuchtung zu vertiefen, die am Ufer des Michigan-Sees begonnen hatte. Entschlossen, all die vielen Vorstellungen und Ansichten abzulegen, die er von anderen Menschen übernommen hatte und die seine eigenen unmittelbaren Wahrnehmungen filterten und verzerrten, sprach er jetzt nur noch selten – er beschränkte sich auf die allernotwendigsten Mitteilungen an Anne und Alegra.

Anne wurde sein Sprachrohr, durch das er sich der Außenwelt mitteilte.

Von einem tiefen inneren Drang getrieben, zog Bucky mit seiner Familie in eine billige Wohnung in einem armen Stadtviertel von Chicago und versenkte sich in lange Betrachtungen und intensive Studien, in der Hoffnung, »den Urquell wahrer Kreativität und echten Lebens zu entdecken, die sensitiven Fähigkeiten wiederzuerlangen, mit denen ich auf die Welt gekommen bin«. Um möglichst jeden Augenblick zu nutzen, gewöhnte Bucky sich an, immer nur ein kurzes Schläfchen zu halten, wenn sein Geist zu ermüden begann. Mit der Zeit gelang es ihm, mit zwei bis drei Stunden Schlaf pro Tag auszukommen. Seine Freunde und seine Familie hielten sein Verhalten für völlig verantwortungslos, vielleicht sogar für verrückt. Nur Anne verstand ihn und hielt zu ihm. Sie hielt alle Fäden in der Hand und verteidigte ihn gegen die Welt.

Schließlich stellte sich heraus, daß Buckys merkwürdiges Experiment ungeheure Energie- und Kreativitätsreserven in ihm freisetzte. »Diese intensive Zeit stummen Nachdenkens«, schreibt sein Biograf und jahrzehntelanger Freund Alden Hatch, »war die Keimzelle für die meisten großen philosophischen und mathematischen Innovationen, die ihn berühmt gemacht und die Welt einen Schritt vorwärtsgebracht haben.«

Von da an begannen bemerkenswerte Ideen, Erkenntnisse und Informationen förmlich aus Bucky herauszuströmen, darunter auch seine bahnbrechenden architektonischen Neuerungen. In dem solarbetriebenen »Haus auf einem Pfahl«, seiner ersten berühmten Erfindung, wurden das gesamte Wasser und sämtliche Abfälle recycelt oder in Dünger umgewandelt. Es wog nur 6000 Pfund und kostete 1500 Dollar.

Im Jahr 1929 brach Bucky sein Schweigen – und seine Freunde bemerkten scherzhaft, daß er seitdem nie wieder aufgehört hat zu reden. Tatsächlich entwickelte er sich zu einem äußerst produktiven Autor und Dozenten, um den Menschen seine revolutionären Ideen und Erfindungen näherzubringen. Er entwickelte ein Auto, das sich zu Wasser und zu Lande fortbewegen und sogar fliegen konnte. Das »aerodynamische Dymaxion-Auto«, das an Land eine Geschwindigkeit von 75 Stundenkilometern hatte, war seiner Zeit um 20 Jahre voraus. Als er der Öffentlichkeit sein kreisförmiges »Dymaxion-Haus« vorstellte, wurde er mit einer Flut von 30 000 Aufträgen überschüttet.

Doch seine erfolgreichste architektonische Erfindung, die ihn weltberühmt machte, war die »geodätische Kuppel« – die einfachste und stabilste, ökonomischste und eleganteste architektonische Konstruktion, die je entwickelt worden ist. Sie ließ sich innerhalb weniger Stunden zusammenbauen und hielt Winden von einer Geschwindigkeit bis zu 125 Stundenkilometern stand. Die US-Marine kaufte über 300 Stück davon, und die Luftwaffe setzte sie als Stützpunkte in der Antarktis ein. Bucky Fullers berühmtes »Kaiser Dome Auditorium« in Honolulu, das einen Durchmesser von ungefähr 45 Metern hat und außen ganz aus Aluminium ist, wurde in nur 22 Stunden erbaut.

Außerdem entwarf Bucky eine mit Solarenergie betriebene Pyramidenstadt der Zukunft, die auf dem Meer dahintreiben und sich völlig selbst versorgen konnte. Seine leichtgewichtigen, durchsichtigen Kuppelkonstruktionen können ganze Städte überspannen und ein perfektes Klima schaffen. Als bahnbrechender Visionär sah er die Menschheit als ein Team von Astronauten, das auf dem Raumschiff Erde durch die Galaxie schwebt – nicht als Angehörige einzelner Nationen, sondern als Bürger des Universums.

Natürlich konnte er Anne und Alegra jetzt ein viel komfortableres Zuhause in einer besseren Gegend bieten. Anne war und blieb die einzige konstante Größe in seinem langen, kreativen, stürmischen Leben. Da Bucky nun ganz sicher war, daß es einen Gott und die Unsterblichkeit jenseits des physischen Todes gab, versprach er Anne, daß er vor ihr sterben werde, um sie im Jenseits empfangen und begrüßen zu können.

Eines Tages bekam Bucky, der inzwischen schon über achtzig war, nach einem Vortrag in New York einen Anruf. Anne, die in Los Angeles zurückgeblieben war, lag schwerkrank im Hospital. Er nahm das nächste Flugzeug zurück nach Hause, doch als er ankam, lag Anne schon im Koma. Die Ärzte bezweifelten, daß sie wieder zu sich kommen würde. Wieder einmal war Bucky zu spät zurückgekommen. Vielleicht erinnerte er sich in diesem Augenblick an sein herzzerreißendes Erlebnis vor vielen Jahrzehnten – sein vergessenes Versprechen, seiner im Sterben liegenden Tochter Alexandra einen Stock mitzubringen.

Bucky Fuller setzte sich an Annes Bett. Sie war bewußtlos und atmete nur noch schwach. Er sprach ein paar Sekunden lang leise zu ihr. Dann lehnte er sich zurück, schloß die Augen und starb in aller Stille. Ein paar Minuten später kam eine Krankenschwester herein und entdeckte den tot Daliegenden. Bucky hatte sein Versprechen gehalten. Anne, die große Liebe seines Lebens, folgte ihm ein paar Stunden später.

Vielleicht wartete Alexandra drüben, um die beiden im Jenseits zu begrüßen.

Frei wie ein Vogel:

Ein Liebesgeschenk aus dem Jenseits

Solange er zurückdenken konnte, hatte Boyd Jacobson Vögel geliebt. Schon als kleiner Junge, als er im Staat Washington auf dem Land von seiner Großtante Karn aufgezogen wurde, hatte er Stunden damit zugebracht, all die Vögel zu beobachten, die im Nordwesten der USA heimisch waren. Er lauschte gern ihren Rufen und sammelte ihre Federn, Nester und Eierschalen.

Da Boyd keine längeren Strecken zu Fuß gehen konnte, beschränkten sich seine ornithologischen Expeditionen auf die Felder und Wiesen rund um den Hof. Als kleines Kind hatte er an der Perthes-Krankheit gelitten, weshalb sein deformierter rechter Beinknochen kürzer war als der linke. Er konnte nie barfuß gehen, ohne zu hinken, was ihm große Schmerzen bereitete. Selbst mit Einlagen im rechten Schuh konnte Boyd nicht schnell laufen oder Sport treiben, ohne daß sich die Schmerzen in seiner Hüfte verschlimmerten. Aber Radfahren fiel ihm leicht, und deshalb machte er es zu seinem Lieblingshobby.

Als Künstler und Freigeist zog Boyd später nach Marin County (Kalifornien), wo er als Filmregisseur arbeitete. Oft fuhr er mit dem Rad die steilen Serpentinenpfade seines geliebten Mount Tamalpais hinauf – eines heiligen Berges der amerikanischen Ureinwohner, die seine Hänge einst bewohnten.

Boyd war verheiratet, und eines Tages wurde ihm eine Tochter, Karie, geschenkt. Später trennte er sich in aller Freundschaft von seiner Frau, hatte aber nach wie vor eine enge, liebevolle Beziehung zu Karie.

Im Jahr 1989, als Karie 17 Jahre alt wurde, lernte Boyd Allison James kennen und verliebte sich in sie. Allison arbeitete wie er in der Filmbranche. Ein Jahr später waren die beiden bereits verlobt und wohnten zusammen mit Karie und Boyds »Mutter« Karn in einem Haus in der Nähe des Mount Tamalpais. Allison war begeistert von Boyds unkonventionellem Naturell und seinem Humor – genau wie die meisten seiner Freunde. Boyd war ein Original – witzig und verrückt. Er brachte die Leute zum Lachen, und mit seinem unkonventionellen Äußeren und Verhalten erweiterte er ihren Begriff von der Realität.

Auch als Erwachsener hatte Boyd immer noch ein Faible für Vögel. Er sah sich zwar als Mensch; aber in seinen Träumen war er ein Vogel. Seine Freunde bezeichneten ihn als »Vogelmenschen«. Einer fertigte für ihn einen Vogel aus Keramik an, der in einem Käfig auf der Stange saß und sang, wenn man an einem Schalter drehte. »Wenn Boyd einem auf dem Anrufbeantworter eine Nachricht hinterließ«, erzählt Allison, »hörte man nur einen Vogelruf und wußte sofort: Das war Boyd. Sogar auf seiner Visitenkarte war eine Karikatur von ihm als Vogel abgebildet.«

Nach ihrer Verlobung beschlossen Boyd und Allison, nach Bali zu reisen, um dort alles für ihre Hochzeit zu planen. Boyd wünschte sich so sehr, ohne dieses schmerzhafte Hinken mit seiner neuen Liebe barfuß am Strand entlangwandern zu können; deshalb beschloß er, sich nun endlich der Hüftoperation zu unterziehen, die notwendig war, um das kaputte Gelenk in Ordnung zu bringen. Als Chirurgen für diesen Routineeingriff wählte er einen alten Bekannten vom College. Nachdem er seinen Angehörigen versichert hatte, daß schon alles gutgehen würde, bekam Boyd Jacobson eine Vollnarkose. Doch durch einen tragischen Kunstfehler seines Chirurgen wachte er nie wieder auf. Sein vollkommen unerwarteter Tod schmetterte alle Menschen nieder, die ihn geliebt hatten, vor allem Allison, Karie und Mutter Karn.

Und was ihnen noch mehr das Herz zerriß: Boyd war fortgegangen, ohne sich von ihnen zu verabschieden.

Nachdem er eingeäschert worden war, setzte man die Hälfte seiner Asche im Grab seiner Familie in Washington bei. Allison und Karie beschlossen, die restliche Asche auf seiner Lieblingswiese auf dem Gipfel seines geliebten Mount Tamalpais zu verstreuen. Zwei seiner Freunde brachten die Asche auf seinem Mountainbike zum Gipfel und fuhren dabei seinen Lieblingsweg entlang. Allison und Karie fuhren voraus und suchten einen schönen Platz auf der Wiese in der Nähe zweier Granitfelsblöcke aus. Nachdem Boyds Freunde am Gipfel angelangt waren, veranstalteten sie gemeinsam eine schlichte Zeremonie und verstreuten dann seine Asche auf der Wiese.

Ein paar Wochen nach Boyds Tod hatte Allison einen lebhaften Traum: Sie war zu Fuß unterwegs, um etwas für das Filmstudio zu besorgen, für das sie arbeitete; da hörte sie in der Nähe Boyds unverwechselbaren Vogelruf. Sie betrat einen Laden und folgte seinem Ruf bis in die hinterste Ecke des Geschäfts, wo sie ihm begegnete. Er sprach eine Weile mit ihr und sagte, sie solle »das Richtige tun«. Mit einer Hand hielt Boyd ihr den Futternapf ihrer Katze Chelsea entgegen und sagte, er wisse, daß sie Hunger habe. Dann streckte er spielerisch die andere Hand aus, die er zur Faust geschlossen hatte, drehte sie um und öffnete sie. Auf Boyds Handfläche saß ein kleiner weißer Vogel – ein Traumgeschenk für Allison.

Als sie erwachte, war sie überzeugt davon, tatsächlich Boyds Geist begegnet zu sein. Chelsea miaute sie hungrig an: Ihr Freßnapf war leer. Für Allison bedeutete Boyds Botschaft »Tue das Richtige«, daß sie seine Mutter Karn, die jetzt 87 Jahre alt war, bis ans Ende ihres Lebens versorgen sollte, genau wie er selbst es getan hätte, wenn er noch gelebt hätte. Allison versprach Boyd im stillen, das auf jeden Fall zu tun. Später erzählte sie Karie und Karn von ihrem Traum.

Ein paar Tage später schaute Karie ein paar von Boyds Sachen durch, als Allison sie plötzlich ausrufen hörte: »O Gott!« Karie ging die Treppe hinauf zu Allison, hielt ihr ihre geschlossene Faust entgegen und sagte: »Das muß für dich sein.« Dann drehte Karie die Hand um und öffnete sie – da lag ein kleiner weißer Vogel aus Keramik. Den beiden lief es kalt den Rücken hinunter, und Allison stiegen Tränen in die Augen.

Zwei Monate nach Boyds Tod bekam Allison einen Anruf von Glenn, einem Freund von Boyd, der weiter weg wohnte und die Gedenkfeier versäumt hatte. Glenn plante einen Besuch in der Stadt und wollte Boyds Wiese auf dem Mount Tamalpais sehen. Also fuhren Glenn, Karie, Allison und ihre Freundin Barbara gemeinsam zum Gipfel und parkten ihr Auto am oberen Ende des Pfades.

Glenn und Karie gingen einen anderen Weg, um ein paar Dinge miteinander zu besprechen; deshalb kamen Allison und Barbara zuerst bei der Wiese an. Sie näherten sich dem ersten der beiden Granitfelsblöcke, die Boyds Grabstätte markierten. Auf dem hinteren Felsblock, knapp zwei Meter entfernt, saß ein großer, schöner, reinweißer Vogel, der direkt zu ihnen hinüberschaute. Allison und Barbara blieben wie angewurzelt stehen, um den Vogel nicht zu verscheuchen, und warfen sich einen erstaunten Blick zu. Sie setzten sich in der Nähe des ersten Felsblocks nieder.

Sofort flog der Vogel zu diesem Felsen hinüber. Jetzt war er nur noch einen knappen Meter von Allison entfernt. Einem inneren Impuls folgend, streckte sie die Hand aus und machte eine lockende Geste. Da flatterte der Vogel ihr in den Schoß. Instinktiv spürte sie, daß er eine Botschaft von Boyd war, genau wie der kleine weiße Vogel aus ihrem Traum und der Keramikvogel, den Karie unter seinen Sachen gefunden und ihr gebracht hatte. In diesem Augenblick spürte sie eine tiefgreifende Veränderung in ihrem Trauerprozeß. Etwas in ihrer Seele, das zerrissen gewesen war, begann zu heilen. Es war, als hätte Boyd ihr diesen Vogel als Boten des Trostes geschickt, um Abschied von ihr zu nehmen – als Beweis, daß sein Geist lebendig und frei war wie ein Vogel.

Allison saß eine Dreiviertelstunde lang stumm da und streichelte den Vogel. Auch Barbara, Karie und Glenn schwiegen. Es war wie eine spontane Abschiedszeremonie, ein Akt der Gnade, ein Wunder. Schließlich sagte Allison dem Vogel Lebewohl, dankte ihm, Boyd und dem Universum und wollte zum Auto zurückgehen. Langsam erhob sie sich und erwartete, daß der Vogel davonfliegen würde. Aber er hüpfte auf ihre Schulter. Erstaunt wanderte sie mit ihrem gefiederten Freund den Weg hinunter.

Nachdem sie eine kleine Strecke gegangen waren, nahm Allison den Vogel sanft in ihre Hand und setzte ihn auf Karies Schulter, damit auch sie die lebendige Verbindung zu ihrem Vater physisch spüren konnte. Nach ungefähr 20 Schritten blieb Karie stehen und blickte sich um. Da flog der Vogel auf Allisons Schulter zurück und blieb dort.

Als die vier beim Auto angelangt waren, neigte der Nachmittag sich schon dem Ende zu, und es wurde allmählich kalt. Sie beschlossen, nach Mill Valley zu fahren und sich in einem der dortigen Cafés bei einer Tasse Kaffee aufzuwärmen. Wieder verabschiedete Allison sich von dem Vogel – denn ihr war klar, daß sie ihn nicht mitnehmen konnte. Aber der Vogel flog nicht fort. Er blieb unerschütterlich auf Allisons Schulter sitzen, auch als sie ins Auto stieg, ins Tal hinunterfuhr, ins Café ging, sich an einen Tisch setzte und einen Cappuccino bestellte. Als Allison und Karie nach Hause kamen, um Mutter Karn die Geschichte von Boyds Boten zu erzählen, saß der Vogel immer noch auf ihrer Schulter.

1998 zogen Allison, Karn und Karie in getrennte Wohnungen. Der weiße Vogel – sie haben ihn Birdie getauft – lebt immer noch bei Allison und gehört inzwischen zur Familie. Allison baute ihrem gefiederten Freund einen schönen, geräumigen Käfig, versicherte ihm aber von Anfang an, daß er jederzeit fortfliegen dürfe, wenn er wollte. Sie läßt ihn oft frei im Haus herumfliegen, und er folgt ihr gern nach draußen, wenn sie im Garten arbeitet. Aber Birdie ist noch nie so weit weggeflogen, daß sie ihn nicht mehr sehen konnte.

Allison forschte nach und bekam heraus, daß es sich bei Birdie um eine spezielle Taubenart handelte; aber ob es ein Männchen oder ein Weibchen war, konnte sie nicht feststellen. In der Woche von Boyds erstem Todestag legte Birdie ein einziges weißes Ei, so klein, daß man es in der geschlossenen Faust verschwinden lassen konnte.

Birdie, ein göttliches Geschenk von Boyd, machte Allison klarer als je zuvor, daß das Universum ein sehr geheimnisvoller Ort und der Tod nicht das Ende des Lebens oder der Liebe ist.

Wie vom Blitz getroffen:

Die plötzliche Befreiung eines Gefangenen

Huang Yao Rong kam in den dreißiger Jahren des 20. Jahrhunderts in der chinesischen Provinz Sichuan zur Welt. Seine Familie war zu arm, um ihn großzuziehen, und schickte ihn nach Hongkong, wo er bei seiner Tante lebte – der Frau eines Beamten der Nationalen Volkspartei (Kuomintang), die damals mit den Kommunisten um die Herrschaft über China rang. In Hongkong besuchte Huang eine britische Schule. Anschließend kehrte er nach China zurück, um für die kantonesische Eisenbahngesellschaft zu arbeiten.

Als Anfang der fünfziger Jahre die Kommunisten siegten, floh die Kuomintang nach Taiwan. Huang war nun mit dem politischen Makel behaftet, einen Onkel und eine Tante zu haben, die dieser Partei angehörten. Und zu allem Übel war er auch noch Christ, denn er war 1946 getauft worden. Wie Millionen anderer politisch suspekter chinesischer Staatsbürger wurde Huang daher von der Kommunistischen Partei genau überwacht.

Da er mit seiner Ingenieursausbildung für die Modernisierung Chinas gebraucht wurde, durfte er sich trotzdem relativ frei bewegen und seinen Beruf ungehindert ausüben. Doch im Sturm der wechselnden politischen Bewegungen, der nun über China hinwegfegte, wurde Huang häufig in aller Öffentlichkeit kritisiert und zweimal wegen angeblicher krimineller politischer Aktivitäten festgenommen. In den gewalttätigen Wirren der Kulturrevolution wurde er schließlich am 10. August 1968 als Spion verhaftet. An Händen und Füßen gefesselt, eine Narrenkappe auf dem Kopf, wurde er verprügelt und unter dem Hohngelächter der Massen durch die Straßen geschleift; dann steckte man ihn in ein behelfsmäßiges Gefängnis im selben Gebäude, in dem er vorher gearbeitet hatte. Seine früheren Kollegen waren nun seine Gefängniswärter.

Millionen von Menschen in ganz China erlitten ein ähnliches Schicksal. Hunderttausende von Lagerhallen, Auditorien und sonstigen Gebäuden wurden zu provisorischen Gefängnissen umfunktioniert, nachdem die bereits vorhandenen Gefängnisse alle gefüllt waren. Jeden Morgen und jeden Nachmittag wurde Huang gezwungen, stundenlang auf Knien und mit gesenktem Kopf an öffentlichen Versammlungen teilzunehmen, in denen er beschimpft und körperlich mißhandelt wurde. Jede Nacht mußte er Berichte schreiben, in denen er sich selbst anklagte und politische Vergehen gestand, die er nie begangen hatte. Wenn er sich weigerte, wurde das als Beweis seiner Schuld angesehen und mit Schlägen bestraft.

Als Huang das alles nicht mehr mitmachen wollte, folterte man ihn so, daß ihm beide Hand- und Fußgelenke, drei Rippen und ein Arm, die Lendenwirbel und der Schädel gebrochen wurden. Von den Schlägen war sein Körper mit offenen, blutenden Wunden übersät, die schmerzhaft brannten, wenn er in der Sommerhitze schwitzte. Die unbarmherzigen nächtlichen Verhöre waren ein einziger Alptraum: Kräftige junge Männer schlugen mit Fäusten auf seine Brust ein und ließen auch nicht von ihm ab, als er Blut zu erbrechen begann. Er konnte nicht mehr gehen; man mußte ihn aus seiner Zelle heraus- und wieder hineinschleifen. Trotzdem verweigerte man ihm ärztliche Behandlung; er mußte Tag und Nacht aufrecht in seiner Zelle sitzen und durfte nur einmal täglich für eine Minute auf die Toilette gehen. Huang verlor die Kontrolle über seine Blase und seinen Darm und beschmutzte sich täglich.

So vergingen die ersten zwei Wochen seiner Gefangenschaft.

Dann brach der Monsun über die Provinz Kanton herein. Huangs Zelle erbebte unter einem heftigen Gewitter, und unter den starken Windböen zerbrach das Fenster seiner Gefängniszelle. »Ich saß an der Wand«, erzählt Huang. »In dem trüben Licht blickte ich an mir herab und sah meinen von Blut und Schmutz verkrusteten Körper. Nach den vielen Prügeln sah ich gar nicht mehr wie ein Mensch aus. Ich wußte, daß ich sterben würde, wenn es so weiterging. Deshalb beschloß ich, nicht auf den Tod zu warten, sondern meinem Leben selbst ein Ende zu setzen – aus Haß auf meine Feinde und damit die Schmerzen endlich aufhörten. Doch kaum war mir diese Idee gekommen, mußte ich an meine Frau und meine Mutter denken. Ein Widerstreit der Gefühle tobte in meinem Herzen, und meine Verzweiflung wuchs. Ich biß die Zähne zusammen und nahm eine Glasscherbe aus dem Fenster, das der Monsunwind zerbrochen hatte. Meine Hände zitterten unkontrollierbar, als ich mir die linke Pulsader aufzuschneiden versuchte.

Da krachte ganz in meiner Nähe ein Donnerschlag und ein Blitz fuhr durch das zerbrochene Fenster direkt in meine Zelle hinein. In der gleichen Sekunde erstrahlte ein helles Licht in meinem Herzen – ich kann es nur so beschreiben. Da erwachte ich. Ich sah ganz deutlich, daß mein Leben etwas Heiliges war, ein Geschenk einer göttlichen Macht; ich hatte nicht das Recht, mich selbst zu zerstören.

In diesem Augenblick wurde mir vieles offenbart. Ich sah die Uneinigkeit und den Haß, der mein Land zerrissen hatte. Meine Gefängniswärter und Folterer hielten mich für böse, genau wie ich sie für böse hielt. Unser gegenseitiger Haß schien völlig gerechtfertigt zu sein. Nun erkannte ich, daß dieser Teufelskreis immer weitergehen würde, solange ich sie haßte. Nicht einmal mein Tod würde das alles beenden. Nur Liebe konnte dem Haß ein Ende setzen. Und ich hatte die Möglichkeit, mich für die Liebe zu entscheiden. In diesem Augenblick, in dem es um Leben und Tod ging, wurde mir klar, daß keine menschliche Anstrengung mich retten und aus meiner ausweglosen Situation befreien konnte, sondern nur eine höhere Macht. Ich hatte schon seit 20 Jahren nicht mehr gebetet. Jetzt wußte ich, daß Reue und Gebet der einzige Ausweg aus dieser Einbahnstraße waren, die in den Tod führte.«

Plötzlich war Huangs Zorn auf seine Peiniger verschwunden. Er sah nun ganz deutlich, daß diese fanatischen Idealisten, die großenteils Jugendliche oder junge Männer Anfang Zwanzig waren, vom politischen System dazu erzogen worden waren, ihre Feinde zu hassen. Trotz der Grausamkeiten und der furchtbaren Schmerzen, die sie ihm zugefügt hatten, floß Huangs Herz über vor Mitgefühl. Jetzt begriff er den Sinn der Worte Jesu Christi am Kreuz: »Vater, vergib ihnen, denn sie wissen nicht, was sie tun.«

Huang betete die ganze Nacht, während um ihn herum der Donner krachte, Blitze zuckten und der Regen durch das zerbrochene Fenster hereinströmte. Als der Tag anbrach, hatte sich der Sturm gelegt, und auch in Huang Yao Rongs Herz war Frieden eingekehrt. Die verzweifelten Selbstmordgedanken und die emotionalen Qualen der vergangenen zwei Wochen waren wie weggewaschen; an ihre Stelle war eine ganz neue Gelassenheit und innere Klarheit getreten, ein tiefes Vertrauen in Gott. Huang war sich bewußt, daß von innen heraus eine göttliche Kraft in ihm wirkte.

Wie durch einen göttlichen Segen gewann er plötzlich Mut, bat um Papier und Füllfederhalter und kritzelte mit seiner gebrochenen Hand einen Brief an den Vorsitzenden des militärischen Kontrollkomitees, in dem er ohne Bitterkeit seinen jetzigen Zustand und die Folter beschrieb, die er erlitten hatte. Er empfand jetzt keine Feindseligkeit mehr gegen diese Leute; für ihn waren es Menschen wie er selbst.

Bald begannen die jungen Wärter ihn anders zu behandeln: immerhin ließen sie ihn während der Verhöre auf einem Stuhl sitzen. Zwar verprügelten sie ihn danach noch ein paarmal, aber nicht mehr so brutal. Die Folterungen hörten ganz auf. Er bekam besseres Essen, und man ließ ihn zur Toilette gehen, wann immer er mußte. Außerdem durfte er duschen und an seine Familie schreiben.

Huang brachte noch fünf Jahre im Gefängnis zu, ehe er für unschuldig erklärt und freigelassen wurde. Weitere fünf Jahre später wurde er offiziell von allen Anschuldigungen freigesprochen. Durch die Wirbelsäulen- und Kopfverletzungen, die er während der Folterungen erlitten hatte, wurde er jedoch rechtsseitig gelähmt.

Im Jahr 1997 reiste Huang, der heute in den Vereinigten

Staaten lebt, nach Kanton. Dort erzählte ihm einer seiner alten Freunde und Kollegen folgende Geschichte: Ein paar Monate zuvor war ein ehemaliger Wärter des Gefängnisses in dem Gebäude, in dem sie beide gearbeitet hatten, an einem Gehirntumor gestorben. Vor seinem Tod hatte er ihm gestanden, daß er während der Kulturrevolution zwei Menschen grausam gefoltert hatte – einer von ihnen war Huang gewesen. »Seitdem habe ich keinen Frieden mehr gefunden«, erklärte der todkranke Mann. »Ich mußte es einfach jemandem erzählen.« Ein paar Tage später starb er.

Der Freund fragte den durch die Folter vor 30 Jahren verkrüppelten Huang, ob er die Menschen hasse, die ihm das angetan hatten. »Nein«, erwiderte Huang. »Wenn ich hasse, verliere ich meinen Frieden; wenn ich verzeihe, wird mir Frieden geschenkt. Wie sinnlos wäre mein Haß auf einen Mann gewesen, der seine Taten all die Jahre so bitter bereut hat!«

»Es hat sich alles so zugetragen, wie ich es erzählt habe«, sagt Huang Yao Rong heute. »Der göttliche Segen, der mir zuteil wurde, geht über jede Beschreibung hinaus. Trotz meiner schweren körperlichen Behinderung habe ich großes Glück und inneren Frieden gefunden. Und ich habe Hoffnung. Ich vertraue darauf, daß das Göttliche in seiner höchsten Weisheit mich durch alle schweren Zeiten hindurchführen wird. Ich bete jeden Tag und lebe, um Gottes Werk zu vollbringen. Natürlich habe ich auch hin und wieder Fehler gemacht. Aber ich habe nie meinen Glauben verloren.«

Heute lebt Huang Yao Rong in San Francisco und hält Vorträge in Kirchen, in denen er seine Geschichte erzählt und den Menschen seine Botschaft der Vergebung vermittelt. Sein Beispiel zeigt, wie wir mit Gottes Hilfe den Teufelskreis des Hasses durchbrechen und durch die Kraft des Glaubens, des Gebets und der Vergebung inneren Frieden finden können.

Wir sind alle Brüder:

Ein Augenblick der Gnade verhindert einen Kampf auf Leben und Tod

Doug wurde im Sommer des Jahres 1956 in Kentucky geboren. Seine Familie blieb selten länger als zwei Jahre an einem Ort; mit zwölf war er schon achtmal in acht verschiedene Bundesstaaten umgezogen. 1968, als die Proteste gegen den Vietnamkrieg ihren Höhepunkt erreichten, zog Dougs Familie nach Grand Forks (North Dakota), eine Farmerstadt mit einer Universität und einem militärischen Stützpunkt.

Es herrschte ein sehr gespanntes Verhältnis zwischen den Angehörigen der Armee und den protestierenden Schülern und Studenten, mit denen Doug – abgesehen von seinen langen Haaren – keine Ähnlichkeit hatte. Das genügte jedoch, um die Feindseligkeit seiner Lehrer und Mitschüler zu wecken. Als ein paar Schlägertypen unter den Schülern einen Kleinkrieg gegen Doug zu führen begannen und ihn immer wieder schikanierten, um ihn dazu zu zwingen, sich die Haare zu schneiden, weigerte er sich, klein beizugeben. Als Folge mußte er in den nächsten drei Jahren sowohl an der Schule als auch privat viele Schmerzen und Demütigungen hinnehmen: Teenagerbanden und andere Rowdys griffen ihn immer wieder an.

Noch Jahre danach lebte Doug in ständiger Alarmbereitschaft; die Angst saß ihm im Nacken, und in seinem Herzen brannte der Zorn. Als er im Alter von 20 Jahren in San Francisco lebte, begann er die Kampfkünste zu studieren. Nach drei Jahren intensiven Trainings wußte er, daß er sich jetzt gut verteidigen konnte, und ein berauschendes Gefühl der Freiheit überkam ihn. Seine Angst vor Überfällen wich einer geradezu leichtfertigen Selbstsicherheit – manchmal zog er mitten in der Nacht durch das berüchtigte Tenderloin-Viertel von San Francisco und genoß sein Gefühl der Freiheit in einer der gefährlichsten, kriminellsten Gegenden der Stadt.

Es kam ihm nie in den Sinn, daß er damit vielleicht das Schicksal herausforderte.

Unterdessen machte der in seinem Inneren verschüttete Zorn sich in einer endlosen Serie von Kampfsportfantasien Luft. Immer wieder stellte Doug sich physische Attacken vor, wie er sie früher hatte erleben müssen, und malte sich aus, wie er jetzt dank seiner neu erworbenen kämpferischen Fähigkeiten leicht mit allen Gegnern fertig würde. Obwohl er von seiner Lebensphilosophie her Pazifist war, wollte ein Teil seiner selbst es insgeheim immer noch den »gemeinen Kerlen« heimzahlen, die ihn jahrelang zum Opfer gewalttätiger Übergriffe gemacht hatten.

Als er im Jahr 1978 an einem kalten Morgen um drei Uhr von einem Besuch bei einem Freund nach Hause ging und in die Straße einbog, in der er wohnte, sah er knapp 30 Meter vor sich zwei junge Burschen, die von den Schuhen bis zu den gestrickten Wollmützen ganz in Schwarz gekleidet waren. Als einer der beiden mit einem metallischen Geräusch ein 30 Zentimeter langes Rohr gegen ein Backsteingebäude schlug, lief es ihm plötzlich kalt den Rücken hinunter.

»Okay, Jungs«, flüsterte er, »geht einfach an meinem Haus vorbei und laßt mich hineingehen.« Doch einer der beiden Typen drehte sich um, sah Doug und stieß seinen Freund mit dem Ellenbogen an. Jetzt drehte sich auch dieser zu ihm um, und beide riefen ihm höhnische Worte und Drohungen entgegen. Da spürte Doug, wie ein Adrenalinstoß ihn durchfuhr, und er ging weiter – genau so wie er sich vor vielen Jahren trotz Drohungen und physischer Gewalt geweigert hatte, seine Haare zu schneiden, weigerte er sich jetzt, sich von seiner eigenen Wohnung vertreiben zu lassen.

Die beiden Kerle zogen sich in den nächsten Türeingang zurück und warteten dort auf ihn.

Als Doug auf sie zuging, war sein Körper wie elektrisiert und sein Kopf außergewöhnlich klar. Er war sicher, daß er mit der Situation fertig werden würde. Gut, es waren zwar zwei gegen einen, aber sie waren eindeutig zu siegessicher; er sah zwar harmlos aus, hatte aber trainiert, gegen mehrere Gegner gleichzeitig zu kämpfen, und mit diesem Überraschungseffekt konnte er sie verblüffen. Mit geschärften Sinnen bereitete Doug sich innerlich auf einen Kampf vor, der, wie er vermutete, nicht länger als ein paar Sekunden dauern würde.

Als er sich den jungen Burschen näherte, achtete er genau auf ihre Position und visualisierte, wie sie ihn angreifen und wie er darauf reagieren würde. Sie würden aus dem Türeingang hervortreten – er würde dem Mann mit dem Rohr seine Schlüssel ins Gesicht werfen und dann beide mit Fußtritten in den Magen und Handkantenschlägen auf den Kopf traktieren, wie er es jahrelang geübt hatte. Er sah schon vor sich, wie sie zu Boden stürzten, sich vor Schmerzen krümmten und aus Mund und Nase bluteten, weil sie bei seinen Schlägen innere Verletzungen davongetragen hatten.

Doch innerhalb einer Sekunde wandelte Dougs Bewußtsein sich grundlegend auf eine Art, die sein Leben für immer verändern sollte. Wie ein Schlag traf ihn die Erkenntnis, daß es zwar in seiner Macht stand, diese beiden Fremden zu verletzen, aber nicht, sie zu heilen. Ein tiefer Widerwille überkam ihn – ein Gefühl des Kummers und der Reue über das, was er jetzt gleich tun würde. Plötzlich ergab die Szene, die er sich ausgemalt hatte und die sich jetzt gleich abspielen würde, keinen Sinn mehr. Er beschreibt, was als nächstes geschah:

»Ich ging in einer Art gedankenverlorener Verwirrung auf die beiden Jungs zu. Mein Gehirn hatte plötzlich auf eine erweiterte Perspektive umgeschaltet, aus der unser kleines Drama vollkommen lächerlich wirkte. Da standen wir: drei Idioten inmitten von Milliarden von Menschen auf der Erde, gefangen in einem albernen Spiel. Mir war klar, daß wir alle drei keine Ahnung hatten, warum wir das taten – geschweige denn, wie wir überhaupt auf diesen Planeten gekommen waren. Wir waren uns noch nie begegnet, und trotzdem waren wir jetzt im Begriff, uns auf einen tödlichen Kampf einzulassen, als seien wir Feinde. Es war so absurd! Mich überkam ein tiefes, beglückendes Gefühl der Brüderlichkeit, ja sogar Zuneigung für diese beiden jungen Männer. Meine Angst und all meine Angriffspläne waren wie weggeblasen. Es war nicht etwa so, daß ich beschlossen hätte, *nicht* zu kämpfen – nein, diese Möglichkeit wurde einfach aus meinem Gehirn ausgelöscht, in einer Art göttlichen Gedächtnisverlusts, für den ich bis heute keine Erklärung habe. Ich hatte keine Angst und auch nicht das Gefühl, in Gefahr zu sein – nur die absolute, freudige Gewißheit, daß ich diese beiden Männer wie meine Brüder liebte.«

Das war keine Strategie oder Philosophie, sondern eine Erkenntnis. Doug, ein geübter Kampfsportler ohne religiöse Erziehung oder Erfahrung, glaubte keineswegs daran, daß die Liebe alles besiege oder daß man eine gewalttätige Auseinandersetzung durch positives Denken beilegen könne. In seinem gewohnten Geisteszustand wäre ihm dieses Verhalten unrealistisch und gefährlich erschienen. Aber Doug war nicht in seiner gewohnten geistigen Verfassung.

Die beiden Jungs traten aus dem Türeingang und kamen auf ihn zu. Der eine hatte das Rohr zum Schlag erhoben, genau wie Doug es sich vorgestellt hatte. Er grinste die beiden an, wie man Freunde begrüßt, die man schon lange nicht mehr gesehen hat – in seinem völlig veränderten Bewußtseinszustand *kam es ihm gar nicht in den Sinn,* daß er in Gefahr war, daß diese beiden – seine Brüder – ihm vielleicht etwas antun könnten. »Ich war außer mir vor Freude, sie zu sehen«, erinnert er sich. Mit strahlendem Lächeln blickte er in die Augen eines jungen Schwarzen, der ungefähr so alt war wie er selbst, und sagte mit lauter, herzlicher Stimme: »Hallo! Wie gehts?« Der Bursche erstarrte zur Salzsäule, die Hand mit dem Rohr immer noch zum Schlag erhoben. Als nächstes lächelte Doug seinen anderen Freund, einen jungen Puertoricaner, an und sagte: »Guten Abend!«

Doug sieht die fassungslosen Gesichter der beiden Männer immer noch vor sich. »Ich glaube, sie spürten, daß ich sie liebte, und wußten nicht, was sie tun sollten – ich hatte ihnen den Wind aus den Segeln genommen. Ohne mich zu beeilen, ging ich an ihnen vorbei und zwei Häuser weiter, bis ich vor meiner Haustür stand. Mir war, als schwebte ich. Nachdem ich das Haus betreten hatte, blieb ich im dunklen Hausflur stehen. Ein Gefühl der Ekstase überkam mich; ich war von einer wundersamen unsichtbaren Macht erfüllt. Klar und deutlich sah ich die Welt vor mir, in Licht gebadet ... und absolut lebendig, von göttlicher Vollkommenheit. Ich wußte, daß alle Menschen meine Brüder und Schwestern waren. Ich liebte die ganze Welt und alle, die darin lebten. Während ich immer noch in diesem erstaunlichen Zustand schwelgte, hörte ich die beiden jungen Kerle die Straße entlangrennen.«

In den nächsten Tagen und Wochen dachte Doug über sein Erlebnis nach. Was war geschehen? Es war weit mehr gewesen als eine überschwengliche Stimmung oder ein bloßer Glücksfall. Dieses Ereignis hatte sein Leben verändert. Früher war er Atheist und Skeptiker gewesen; doch dieser Zwischenfall hatte in ihm eine tiefe Neugier im Hinblick auf das Wesen der Realität, das Wesen Gottes geweckt, die ihn kurze Zeit später zum Gebet und zur Meditation hinführte. Doug begab sich auf eine spirituelle Suche, die viele Jahre dauern sollte.

»Aus diesem Erlebnis habe ich gelernt, daß es für jedes Problem eine höhere Lösung gibt«, erklärt Doug. »Und immer, wenn es schwierig wird, suche ich nach diesem höheren Weg. Ich habe auch begriffen, daß es zweifellos eine geheimnisvolle höhere Macht gibt, die jedem Menschen zugänglich ist, der sich ihr öffnet. Und schließlich wurde mir klar, daß unsere größte Kraft in unserer Fähigkeit liegt, in einen einfachen, liebevollen Kontakt zu anderen Menschen zu treten.«

Haß mit Liebe zu begegnen gehört zu den edelsten und gleichzeitig schwierigsten Dingen im Leben. Doug wäre völlig im Recht gewesen, wenn er sich verteidigt und diesen Männern »bessere Manieren« beigebracht hätte.

Statt dessen erkannte er, daß sie seine Brüder waren.

Ein lebendiges Opfer:

Wunderheilungen eines heiligen Herzens

In ihrem erstaunlichen, genau beobachteten und in den Quellen ausführlich beschriebenen Leben zeigten sich bei Therese Neumann nahezu alle wunderbaren Phänomene der Heiligkeit. In ihrer Kindheit führte sie das typische Leben einer katholischen Bauerntochter in einem kleinen bayerischen Dorf an der tschechischen Grenze. Es bestand hauptsächlich aus Hausarbeit, Schule und Kirche. Als ältestes von zehn Kindern mußte sie sich um die ganze Schar jüngerer Geschwister kümmern. Im Alter von zwölf Jahren begann sie sich als Magd und Haushaltshilfe auf anderen Bauernhöfen zu verdingen, um das magere Einkommen ihrer großen Familie ein wenig aufzubessern.

Thereses Kindheitstraum, als Missionarin nach Afrika zu gehen, zerschlug sich, als sie 20 Jahre alt war. Zuerst verletzte sie sich am Rücken, und bald darauf fiel sie die Treppe hinunter, wobei sie schwere innere Verletzungen und eine Kopfwunde davontrug. Seitdem bekam sie immer wieder so heftige Krampfanfälle, daß sie dabei manchmal sogar aus dem Bett fiel. Nach ihrem Sturz wurden ihre Augen rapide schlechter; und ein paar Monate später war sie völlig erblindet.

Die nächsten fünf Jahre verbrachte Therese im Bett, blind und verkrüppelt.

Therese weihte ihr Leben in diesen Jahren der Dunkelheit und des Leidens ganz Jesus Christus, ergab sich in Gottes Willen und betete inbrünstig zu der von ihr so verehrten Theresia von Lisieux, der zahlreiche Wunder zugeschrieben wurden.

Am 19. April 1923, dem Tag, an dem Theresia selig gesprochen wurde, lag die inzwischen 25jährige Therese Neumann in ihrer gewohnten ewigen Finsternis im Bett, als sie plötzlich spürte, wie eine Hand sie berührte. Im selben Moment war ihr Augenlicht vollkommen wiederhergestellt. Später sammelte ihr Vater Rosenblütenblätter vom Grab der Theresia von Lisieux und steckte sie in den Verband um Thereses Fuß. Innerhalb von ein paar Tagen heilte daraufhin ihre verfaulte Haut.

»Am 17. Mai 1925, dem Tag, an dem Theresia von Lisieux heiliggesprochen wurde«, schreibt Therese Neumann, »nahm ich vor meinen Augen ein helles Strahlen wahr. Dieses Licht war unbeschreiblich schön und angenehm für die Augen. Dann begann eine Stimme zu mir zu sprechen: ›Möchtest du nicht gern wieder gesund sein?‹«

»Ich bin mit allem einverstanden, was Gott in seiner Liebe für mich wünscht – gesund zu werden, krank zu bleiben oder zu sterben.«

Da verkündete die Stimme Therese, sie werde geheilt werden, ihr stehe aber noch mehr Leiden bevor, das kein Arzt zu kurieren vermöge; und sie könne helfen, die Seelen anderer Menschen zu retten.

»Alles, was der Herr wünscht, ist mir recht«, wiederholte Therese.

Daraufhin wurde sie von einer Sekunde zur anderen von ihrer Lähmung, ihren verkrüppelten Beinen und ihren verschobenen Rückenwirbeln geheilt. Sie war zwar immer noch geschwächt von den sieben Jahren, die sie ans Bett gefesselt gewesen war, konnte aber aufstehen und am Stock gehen.

Am 30. September, dem Todestag der heiligen Theresia von Lisieux, erschien Therese wieder das strahlende Licht. Auch die Stimme sprach zu ihr und erinnerte sie an die kommenden Leiden, die sie wie Jesus Christus um anderer Menschen willen ertragen müsse. »Bleibe immer einfachen, schlichten Gemütes wie ein Kind«, ermahnte die Stimme sie.

Danach konnte Therese ohne Stock gehen.

Am 13. November 1925 diagnostizierte Dr. Otto Seidl bei

der inzwischen 27jährigen Therese eine akute Blinddarmentzündung und ordnete eine sofortige Operation an.

»Wenn ich es meiner kleinen Heiligen sage, kann sie mir vielleicht helfen, ohne daß man mir den Bauch aufschneiden muss«, erklärte Therese in einem Gespräch mit dem Pfarrer.

»Glaubst du wirklich, daß die heilige Theresia für dich Wunder wirkt?« fragte der skeptische Dr. Seidl. Daraufhin sammelte ihre Familie wieder Rosenblütenblätter vom Grab der heiligen Theresia und legte sie auf Thereses Körper – diesmal auf die Stelle, wo der Blinddarm sitzt. Dann beteten Therese, ihre Familie und der Pfarrer gemeinsam zur heiligen Theresia und baten um ein Wunder. Zu Dr. Seidls großem Erstaunen war Therese innerhalb von ein paar Minuten völlig geheilt.

»Es gab keine natürliche Erklärung für diese außergewöhnlichen Heilungen und die darauffolgenden Phänomene«, bezeugt Dr. Seidl später.

Am 28. März 1926, unmittelbar nach einer Vision der Leidensgeschichte Jesu Christi, erschienen die Wundmale an Thereses Körper. Manchmal leuchteten sie sogar (was auf Fotos festgehalten wurde). Diese Stigmata blieben bis ans Ende ihres Lebens bestehen und inspirierten viele Menschenseelen. Es bildeten sich auch harte, nagelförmige Vorsprünge in ihren Wunden, die den unheimlichen Eindruck erweckten, als seien ihr tatsächlich Nägel durch Hände und Füße getrieben worden. Mit der Zeit zeigten sich noch weitere Verletzungen: Fleischwunden am Rücken, solche, die von einer Dornenkrone auf dem Kopf herzurühren schienen, und sogar eine tiefe, offene Wunde an Thereses Seite, so wie die Verletzung, die der römische Soldat Jesus mit seiner Lanze zugefügt hatte. Therese Neumann entwickelte nun selbst die Fähigkeit zu heilen.

Im Lauf der Jahre kamen Tausende von Menschen zu ihr; und viele ihrer Wunderheilungen sind eindeutig belegt. Aber sie wies die Leute stets darauf hin, daß sie diese nicht aus eigener Kraft vollbrachte, sondern durch den göttlichen Geist und die göttliche Kraft, die von ihr ausgingen. Sie war nur ein Gefäß für den Geist; doch sie soll auch öfters Menschen erschienen sein, die weit von ihr entfernt waren oder sogar auf einem anderen Kontinent lebten und ihr geschrieben oder zu ihr gebetet hatten; und auch diese Menschen heilte sie auf unerklärliche Weise.

Wie bei anderen Heiligen hat man auch bei Therese beobachtet, daß sie im Zustand der Ekstase levitierte; und oft wurde sie zur gleichen Zeit an zwei verschiedenen Orten gesehen. Wenn sie die heilige Kommunion empfing, schwebte die Hostie manchmal aus der Hand des Pfarrers durch die Luft auf ihre Zunge – oder sie löste sich in Luft auf, bevor Therese sie hinunterschlucken konnte; und während ihrer häufigen ekstatischen Zustände erschien manchmal aus dem Nichts heraus eine Hostie auf ihrer Zunge. Viele zuverlässige Zeugen haben diese erstaunlichen Begebenheiten bestätigt.

Aber das wohl außergewöhnlichste und am besten belegte Phänomen, das Thereses Heiligkeit belegt, ist die Tatsache, daß sie außer ihrer täglichen Kommunionshostie weder Nahrung noch Flüssigkeit zu sich nahm. Therese Neumann hat in den letzten 40 Jahren ihres Lebens nichts gegessen und nichts getrunken – was um so erstaunlicher ist, wenn man bedenkt, wieviel Blut sie durch ihre Wundmale verlor und welche Schmerzen sie dadurch ständig litt. Sie empfing ihre physische Nahrung auf unsichtbarem Weg von einer höheren Macht – ein weiterer Beweis für die Wahrheit, daß wir nicht vom Brot allein leben.

Dies sind nur ein paar der Wunder, die in den sehr detaillierten Quellen zur Geschichte der heiligen Therese Neumann aufgezeichnet sind. Niemand – nicht einmal Therese selbst – wußte genau, wie diese Phänomene zustande kamen. Aber *daß* sie tatsächlich existierten, ist eine erwiesene Tatsache, denn sie wurden sowohl von ihren Anhängern als auch von Skeptikern, von Ärzten ebenso wie von Wissenschaftlern beobachtet. Im 20. Jahrhundert wurden moderne Wissenschaft und zeitloser Glaube gleichermaßen in stiller Ehrfurcht Zeugen des wunderbaren Lebens der Therese Neumann – eines Mysteriums, für das es vielleicht nie eine Erklärung geben wird.

Sieg des Geistes über die Materie:

Vom Schwächling zum Übermenschen

Am heißen Abend des 15. Juli 1893 stürzte Chaya Greenstein, als sie im ärmsten Viertel von Suwalki (Polen) zwei große Krüge Wasser nach Hause trug. Daraufhin setzten ihre Wehen ein, und sie brachte einen nur dreieinhalb Pfund schweren Jungen zur Welt – drei Monate zu früh. Damals hatten Frühgeburten kaum eine Überlebenschance, vor allem in den ärmeren Familien. Deshalb sprach es sich rasch herum, als dieses winzig kleine Baby, das mit einer Augentropfenpipette gefüttert wurde und in einem mit Baumwolle bezogenen Bett von der Größe eines Schuhkartons schlief, die erste Woche überlebte. Drei Ärzte, die zu Rate gezogen wurden, kamen zu dem Schluß, daß sie nichts für das Kind tun konnten. Doch das Baby, das nach Luft rang und zu schwach zum Schreien war, klammerte sich ans Leben. Schließlich bekam der kleine Junge einen Namen: Yoselle oder Joseph.

Sechs Jahre vergingen. Der kleine Joseph – inzwischen ein schwächlicher, anfälliger kleiner Junge, für den die Mutter ganz allein sorgen mußte, denn der Vater war vor einem Jahr gestorben – stapfte durch den winterlichen Schnee zur Schule. An den Füßen trug er nichts als Lumpen. Blaß und kurzatmig, ein Asthmatiker wie sein verstorbener Vater, kämpfte Joseph trotz seiner Gebrechlichkeit nach wie vor ums Überleben. Als er 14 Jahre alt war, mußte er im Winter nach einer ärztlichen Untersuchung mit anhören, wie der Arzt seiner Mutter sagte, er werde wahrscheinlich seinen 18. Geburtstag nicht mehr erleben. Er sah, wie seine Mutter mit den Tränen kämpfte.

Auf dem Heimweg von der Arztpraxis kamen sie an einem kleinen Zirkus vorbei. Joseph sah ein Plakat mit einem starken Mann, dessen Muskeln so plastisch hervortraten, als seien sie aus Marmor. Darunter stand: »Meister Volanko.« Fasziniert von diesem Bild – einem Inbegriff der Gesundheit, Kraft und Vitalität – bat er seine Mutter, die Vorstellung besuchen zu dürfen. Leider hatte sie nicht genug Geld, um den Eintritt zu bezahlen.

Doch irgendwie wußte Joseph, daß er diesen Meister sehen mußte. Als er beobachtete, wie ein paar Jungen heimlich unter der Zeltplane durchkrochen, tat er es ihnen nach – und stand vor einem Hilfsarbeiter des Zirkus, der ihn zu schlagen und mit Fußtritten zu traktieren begann. Doch im nächsten Augenblick erschien wie aus heiterem Himmel Meister Volanko selbst, befahl dem Arbeiter, den Jungen in Ruhe zu lassen, und schloß sofort Freundschaft mit Joseph. Die wenigen Worte, die Volanko damals sprach, beeindruckten den kränklichen Jungen so sehr, daß sie sein ganzes Leben veränderten. »Ich war früher noch schwächlicher als du«, sagte Volanko. »Viele der größten Athleten waren in ihrer Kindheit schwach und gebrechlich. Möchtest du denn sterben?« fragte er Joseph dann ohne Umschweife. Joseph wollte in jedem Fall weiterleben und bat Volanko, ihm zu zeigen, was er dazu tun müsse. So wurde der starke Mann zum Mentor und Vater des schwächlichen Jungen.

An diesem Abend verabschiedete Joseph sich unter Tränen von seiner Mutter. Voller Hoffnung – denn viel mehr hatte er nicht – verließ er die Stadt und zog als Volankos Gehilfe und Schüler mit dem Zirkus mit.

Manchmal kommt das Göttliche in Gestalt eines lichtvollen Engels zu uns, manchmal aber auch in Form eines starken jüdischen Zirkusmeisters mit breitem russischem Akzent und Muskeln, die aussehen wie aus Marmor gemeißelt.

Joseph lernte zwei wichtige Dinge von Volanko, die er nie mehr vergaß: Erstens durfte er nicht daran glauben, daß es Grenzen gab; zweitens mußte er sich bemühen, jeden Tag ein bißchen mehr zu schaffen, als er sich zutraute. Wenn der muskulöse Volanko nur mit einem Lendenschurz bekleidet im Schnee stand und schwere Gewichte hob, schaute der magere kleine Junge ihm zu, fasziniert von dessen Vitalität. Im Bestreben, ihm nachzueifern, rieb er seine nackte Haut mit Schnee ein und hob Eimer, die Volanko nach und nach immer höher mit Sand füllte – jeden Tag eine Handvoll mehr. Von seinem Lehrer lernte Joseph, nahrhaftes Getreide zu essen, hart zu trainieren und seine Krankheit zu vernichten, bevor sie eine Chance hatte, ihn zu vernichten. Volanko lehrte Joseph praktische Dinge, aber auch spirituelle Weisheit.

»Es ist schwer, ein Jude zu sein, schwer, ein Mann zu sein, aber du mußt dein Bestes tun.«

Als Joseph ringen lernte, erfuhr er eine Menge über seine Gedanken und seinen Geist. Sein quälender Husten begann ebenso von ihm abzufallen wie sein ganzes früheres Leben, als er übte, tief zu atmen. Er erweiterte die Grenzen seines Geistes und seines Körpers jeden Tag ein bißchen mehr.

»Du mußt immer denken: nur noch einen Schritt weiter, nur noch einen einzigen Schritt weiter«, drängte Volanko ihn.

In seiner »Biografie eines Übermenschen«, *The Spiritual Journey of Joseph L. Greenstein: The Mighty Atom*, beschreibt Ed Spielman, wie Joseph später durch Europa und nach Asien reiste, um mentale Praktiken und Trainingsmethoden zu erlernen, die ihm außergewöhnliche Kraftakte ermöglichten – Dinge, die vorher noch niemand vollbracht hatte und die ihm auch später kaum jemand nachgemacht hat.

In Houston, in den Vereinigten Staaten, wo Joseph und seine Frau Leah sich schließlich niederließen, führte Joseph seinem Publikum erstaunliche Kunststücke vor: Er biß Stahlnägel entzwei; zerriß schwere Ketten, indem er seine Brustmuskeln anspannte; verbog schwere Eisenstangen mit den Fingern; bog dicke Nägel zu Ringen zusammen; drehte fünf Zentimeter dicke Stahlstangen um seinen Arm; jonglierte mit 300 Pfund schweren Hanteln, als sei es Kinderspielzeug; lag auf einem mit Nägeln gespickten Brett, während ein großes Pferd, eine Kuh und vier Männer auf seiner Brust standen; zog einen 20 Tonnen schweren Feuerwehrwagen mit 20 Männern darauf rund um den Häuserblock; trieb Nägel mit einem einzigen Schlag seiner bloßen Faust durch ein fünf Zentimeter dickes Holzbrett; verbog Eisenstangen über seinem Nasenrücken; bog Hufeisen mit bloßen Händen gerade und brach sie dann entzwei; ließ sechs Leute, die alle an seinem langen Haar hingen, wie auf einem Karussell durch die Luft fliegen, indem er sich um seine eigene Achse drehte; und hinderte zwei Autos mit starken Motoren daran, in entgegengesetzter Richtung davonzufahren, indem er sie mit einem Seil in jeder Hand festhielt.

Doch selbst diese erstaunlichen Kraftakte waren noch nicht Josephs eindrucksvollste Demonstrationen seines Glaubens an die göttliche Macht des Geistes über die Materie. Nachdem er durch langes Training seine Kopfmuskulatur und seine Kopfhaut gestärkt hatte, band er sein Haar an ein Seil und das Seil an eine Kette, die er an einem neuen Fairchild FC-2-Flugzeug mit Neunzylindermotor befestigte – es war der gleiche Flugzeugtyp, mit dem Lindbergh 16 Monate zuvor über den Atlantik geflogen war. Dann tat Joseph etwas, das die Experten für nicht menschenmöglich hielten: Er stand auf der Startbahn hinter der Maschine, deren Motor auf über 1600 Umdrehungen pro Minute hochgefahren wurde, aber das Flugzeug konnte nicht abheben, weil Joseph auf dem Boden stehen blieb und es festhielt. (Später versuchte ein kräftiger junger Stuntman das gleiche Kunststück zu vollbringen und kam dabei ums Leben.)

Fotos von Joseph Greenstein zeigen einen gut durchtrainierten Mann von kleiner Statur, nur knapp einen Meter sechzig groß. Im Vergleich zu den High-Tech-Muskelmassen der heutigen Bodybuilder und Gewichtheber wirkt sein Körperbau eher bescheiden. Und doch kommt keiner der heutigen starken Männer auch nur im entferntesten an Josephs scheinbar übermenschliche Leistungen heran. Seine Fähigkeiten entsprangen mehr seinem Glauben und seinem Geist als seinen Muskeln. Und auch die göttliche Quelle seiner Kraft lieferte ihm unglaublichen Schutz und Unterstützung, wie die folgende Begebenheit zeigt.

Am 12. Oktober 1914 schoß ein geistesgestörter Jugendlicher, der in Josephs Frau Leah verliebt war, aus kürzester Entfernung mit einem Revolver Kaliber 38 auf Joseph. Die Kugel traf ihn genau zwischen den Augenbrauen, und er stürzte zu Boden. Betäubt und mit blutüberströmtem Gesicht lag er da. Er wußte, daß er zwischen den Augen getroffen worden war. Nach einer Weile drückte er den Daumen gegen das Loch, das die Kugel hinterlassen hatte, um den Blutstrom zu stillen, stand auf und taumelte über die Straße zur Apotheke. Als er sie betrat, verließen mehrere Kunden fluchtartig den Laden – einer fiel sogar in Ohnmacht. Der Apotheker, der schon mehrere Schußwunden gesehen hatte, warf nur einen Blick auf Josephs Stirn und fragte: »Sie leben noch?«

»Schließlich spreche ich mit Ihnen, oder nicht?« antwortete Joseph.

Auf der Unfallstation fand der Arzt die Kugel, die an Josephs Schädel abgeprallt und plattgedrückt war; sie war kaum in den Knochen eingedrungen.

»Ich wurde von einer Kugel zwischen den Augen getroffen«, sagte Joseph. »Warum lebe ich noch?«

Die Ärzte hatten keine Erklärung dafür. Am 13. Oktober 1914 untersuchten drei Houstoner Zeitungen den Zwischenfall und berichteten darüber – die *Press*, der *Houston Chronicle* und die *Daily Post*. Die Fakten waren eindeutig: Eine echte Kugel aus einer funktionierenden Pistole war aus kürzester Entfernung auf Joseph Greensteins Stirn abgefeuert worden. Das Ergebnis: nur ein kleiner Kratzer in seinem Schädel und eine Fleischwunde.

Dieses offensichtliche Wunder bewog Joseph dazu, über den tieferen Sinn seines Lebens nachzudenken. Er teilte das Ergebnis seiner Überlegungen seiner Frau mit: »Leah, ich lag auf dem Boden; ich wußte, daß ich erschossen worden war; und dann war ich plötzlich nicht mehr ich selbst, sondern viel mehr. In diesem Augenblick wußte ich, daß ich nicht sterben würde, daß ich gar nicht sterben konnte – noch nicht. Es hat einen Grund, Leah. Alles ... Volanko, die Kugel, alles.«

Mit diesem göttlichen Eingriff in sein Leben, der in seiner Bedeutung nur mit der Begegnung mit Meister Volanko vergleichbar war, wurde Joseph, die »halbe Portion mit Bärenkräften«, zur Inspiration für Menschen auf der ganzen Welt. Denn er demonstrierte nicht nur die Kraft seines Körpers, sondern auch die Kraft des menschlichen Geistes und der menschlichen Seele.

Einst ein zu früh geborenes Baby, das mit einer Pipette gefüttert werden mußte, wurde Joseph nicht nur der stärkste Mann der Welt, sondern gleichzeitig ein treuer, liebevoller Ehemann, Vater von zehn Kindern, Schausteller, Erfinder und Dozent, der Vorträge über Körperkultur und Gesundheit hielt – ein Mann seiner Zeit, der über seine Zeit hinausgewachsen war.

Indem er sich eine Kraft jenseits unserer physischen Welt zunutze machte, zeigte Joseph Greenstein den Menschen einen Weg, scheinbare Grenzen mit den vereinten Kräften von Geist, Wille, Mut und Seele zu überwinden. Bis zu seinem Tod inspirierte und belehrte Joseph viele Menschen, die zu ihm kamen. Meister Volanko, der von Gott gesandte starke Mann, der damals Josephs Leben in die Hand genommen hatte, wäre sehr stolz auf das Leben und die Lehren dieser »halben Portion« gewesen.

Visionäre Führung von Tunkashila:

Ein Mann bewahrt den Geist seines Volkes

Von allen Völkern dieser Erde sind die amerikanischen Ureinwohner ganz besonders für ihre spirituelle Demokratie bekannt. Denn sie wissen, daß jeder Mensch visionäre Führung von Tunkashila erhalten kann, dem Großen Geist, der Erde und Himmel, Blitz und Donner, Wind und Regen erschaffen hat und allen lebenden Dingen innewohnt. Bei den Indianern war es Tradition, daß alle jungen Krieger sich allein in die Wildnis hinauswagten, um dort zu fasten und zu beten, bis sie eine heilige Vision empfingen, an der sie sich in ihrem Leben orientieren konnten. Die größten indianischen Krieger, Heiler und heiligen Männer waren diejenigen, die besonders bedeutende Visionen empfangen haben. Durch einen solchen Menschen, so sagen die Indianer, fließt die Kraft Tunkashilas hindurch wie strömender Regen.

So war es auch bei Black Elk, dem großen Krieger, Heiler und heiligen Mann der Oglala Sioux. Er kam im Jahr 1863 zur Welt – einer traurigen Zeit für die Indianer, die ihren Kampf gegen die Übergriffe des weißen Mannes damals langsam, aber sicher verloren. Trotzdem wuchs er in der Hoffnung auf, daß sein Volk vielleicht in einer großen, geeinten Nation überleben würde. Von Anfang an war sein Leben von der brutalen Gewalt jener Zeit geprägt. Eine seiner frühesten Kindheitserinnerungen war ein Sieg der Sioux über die weißen Soldaten – bekannt geworden als *Battle of a Hundred Slain* –, aus dem allerdings sein Vater verkrüppelt hervorging. »Ich erinnere mich an den Winter der Hundred Slain, so wie man sich an einen schlimmen Traum erinnert«, sagt er später. »Es war entsetzlich, nebelhaft, eine Zeit, in der alles in Aufruhr geraten zu sein schien und sich Furcht ausbreitete.«

Als Black Elk vier Jahre alt war, hörte er zum ersten Mal Geisterstimmen, die ihn riefen. Und als er einmal im Alter von fünf Jahren durch den Wald ritt, begegnete er seinen Führern aus der Geisterwelt. »Ich blickte zu den Wolken hinauf, und da kamen zwei Männer mit dem Kopf voran auf mich zu wie Pfeile, die vom Himmel abgeschossen wurden; und sie sangen ein heiliges Lied und Donner erschallte wie ein Trommelwirbel. ›Siehe da‹, sangen sie, ›eine heilige Stimme ruft dich; überall am Himmel ruft eine heilige Stimme nach dir.‹«

In den nächsten vier Jahren, einer Zeit tiefgreifender Veränderungen, hörte Black Elk immer wieder diese Stimmen; aber er verstand nicht, was sie von ihm wollten. Als er neun Jahre alt war – er saß gerade in einem Tipi und aß –, sprach eine Stimme ganz laut und deutlich zu ihm und sagte: »Es ist Zeit; jetzt rufen sie dich.«

Er ging hinaus, um nachzuschauen, konnte aber nichts entdecken. Da taten ihm plötzlich die Beine weh; und am nächsten Tag brach er zusammen und wurde krank. Als er in seinem Tipi lag und durch die offene Rauchklappe zum Himmel aufschaute, sah er wieder die zwei Männer wie Pfeile von den Wolken herabkommen. Das war der Beginn von Black Elks erster großer Vision. »Jetzt trug jeder der beiden Krieger eine lange Lanze, von der Blitze hinabzuckten. Ich trat aus dem Zelt, um ihnen entgegenzugehen; ich fühlte mich leicht wie ein Geist. Da schwebte eine Wolke vom Himmel herab und hob mich in die Luft empor. Dort wurde ich zu den sechs Geistern der Großväter gerufen. Also ging ich in ihr Zelt und stand vor ihnen. Sie sahen älter aus, als Menschen je sein können – alt wie Hügel, wie Sterne.«

Diese alten Himmelskrieger offenbarten Black Elk vieles über ihn selbst, sein Volk und das tragische Geschick, das den Indianern bevorstand. Sie gaben ihm Geschenke, denen besondere Kräfte innewohnten: darunter eine hölzerne, mit Wasser gefüllte Tasse, in der er den Himmel sehen konnte, und einen Bogen. Das Wasser in der Tasse war das Wasser des Lebens, dem die Kraft des Heilens innewohnte. Der Bogen war eine Kriegswaffe, welche die Kraft der Zerstörung besaß.

Dann hatte Black Elk eine apokalyptische Vision, die in ihrer mythischen Tiefe und Vielschichtigkeit den großen Visionen der biblischen Propheten gleichkommt. Sie dauerte zwölf Tage. Am Ende dieser Vision stand er allein in der Prärie, weit von seinem Dorf entfernt. Rasch ging er nach Hause, schlüpfte in sein Tipi und sah seine Eltern neben einem kranken Jungen sitzen, der unter einer Decke lag. Dieser Junge war Black Elk selbst: Und im nächsten Augenblick war er wieder in seinem Körper unter der Decke.

Aber auch nachdem Black Elk wieder in seine irdische Gestalt zurückgekehrt war, leuchtete seine Vision hell in seinem Geist. »Ein Teil von mir sah sie immer noch vor sich und spürte ihre Bedeutung – es war wie eine seltsame Macht, die in meinem Körper glühte.« Da er erst neun Jahre alt war, begriff er noch nicht alles, was er gesehen hatte – der Sinn sollte sich ihm erst später allmählich enthüllen –, aber die Vision hatte sich seinem Gedächtnis und seiner Seele so tief eingeprägt, daß Black Elk sie bis ans Ende seines Lebens nicht mehr vergaß. »Nichts, was ich je mit meinen Augen gesehen habe, war so klar und leuchtete so hell wie das, was meine Vision mir offenbart hat; keine Worte, die ich je mit meinen Ohren gehört habe, waren so wie die Worte, die ich damals vernahm. Ich brauchte mir diese Dinge gar nicht zu merken; sie sind mir all die Jahre ganz von selbst im Gedächtnis geblieben ... Noch heute weiß ich, daß mir damals mehr gezeigt wurde, als ich sagen kann.«

Was er gesehen hatte, ließ ihn nicht mehr los. Oft zog Black Elk sich in die Einsamkeit zurück und dachte darüber nach. Aber er sprach mit niemandem darüber. »Ich wollte allein sein; es schien, als gehörte ich nicht mehr zu meinem Volk, sondern zur Geisterwelt. (...) Ich konnte nicht viel essen; und mein Vater und meine Mutter dachten, ich sei immer noch krank, aber das stimmte nicht – ich war nur krank vor Heimweh nach dem Ort, an dem ich gewesen war.«

Wie die visionären Führer vor ihm war Black Elk dazu ausersehen, ein Krieger, heiliger Mann und Heiler des Volkes der Sioux zu werden. Als kleiner Junge nahm er an der Schlacht von Little Big Horn teil, wo General Custer die Sioux so tollkühn angriff. Und als junger Mann folgte er dem großen Krieger Crazy Horse, jenem heiligen Helden, der stets seinen Kriegern voran in die Schlacht stürmte und rief: »Hoka Hey! Heute ist ein guter Tag, um zu sterben!«

Auch Crazy Horse hatte in seiner Kindheit eine große Vision empfangen – ihm war die Macht verliehen worden, wie ein Krieger aus der Geisterwelt zu kämpfen, dem Pfeile und Kugeln nichts anhaben konnten. Seine Vision hatte ihm die Kraft gegeben, aus allen Schlachten unverletzt hervorzugehen. Seine Haut trug niemals auch nur einen Kratzer davon, obwohl er sich oft mitten in den Kugelhagel der weißen Soldaten stürzte. Wie viele vom Geist geführte Seelen hatte Crazy Horse keine Angst vor dem Sterben; in einer Vision hatte er genau die Art seines Todes vorausgesehen und trat ihm tapfer entgegen, als die Zeit gekommen war.

Auch Black Elk kämpfte in vielen Schlachten und heilte viele Sioux durch die Kraft, die ihn durchströmte. Manche seiner Visionen, die ahnen ließen, was alles noch auf das indianische Volk zukommen sollte, stammten gar nicht aus der Geisterwelt, sondern waren alptraumhafte Ereignisse in der hiesigen Welt: Als einer der ersten Krieger, die am Schauplatz des Massakers bei Wounded Knee ankamen, entdeckte Black Elk die Leichen von mehreren hundert Stammesangehörigen, hauptsächlich Frauen und Kindern, die bei dem Versuch zu fliehen getötet worden waren. Ihre leblosen Körper lagen wie dunkle Flecken auf den weißen Feldern verstreut und wurden langsam von den fallenden Schneeflocken zugedeckt.

»Als ich das sah«, sagte Black Elk, »wäre ich am liebsten auch tot gewesen.«

Schließlich wurde den Sioux klar, daß der Strom der weißen Männer niemals abreißen und daß sie ihr ganzes Land überschwemmen und für sich beanspruchen würden. Die Sioux und andere Indianerstämme würden nur noch wie Geister sein, für immer ihrer traditionellen Lebensweise beraubt. Doch selbst als diese Welt keinen Sinn mehr zu haben schien, erhielt die spirituelle Macht der Vision, die er als Kind gehabt hatte, Black Elk aufrecht und gab ihm einen Grund zu leben sowie das Gefühl, daß doch nicht alles sinnlos war. Seine Visionen und heilenden Kräfte gaben auch seinen Stammesangehörigen Kraft in dieser unendlich traurigen Zeit.

Jahre später ging er mit Buffalo Bills Wildwestshow auf Europatournee und trat sogar vor Königin Victoria auf. In seinem Herzen blieb er ein heiliger Mann und ein Heiler, der sich bemühte, die alten Traditionen am Leben zu erhalten, damit der Geist seines Volkes nicht starb.

Als sein Leben sich dem Ende zuneigte, war Black Elk manchmal sehr bekümmert, denn er glaubte, es sei ihm nicht gelungen, seine Vision zu erfüllen und die heiligen Traditionen seines Volkes zu bewahren. Obwohl er die Fähigkeit besaß, viele Ereignisse und Entwicklungen vorauszusehen, erkannte er seine eigene Größe nicht und wußte auch nicht, daß er den Sinn seines Daseins in Wahrheit erfüllt hatte. Denn indem er in seiner spirituellen Autobiografie über sein Leben berichtete – und damit die Visionen offenbarte, die Tunkashila ihm gewährt hatte –, gab Black Elk jenes Wissen weiter, das später dazu beitragen sollte, die Bewegung der nordamerikanischen Indianer wiederaufleben zu lassen und in vielen Generationen von Amerikanern eine Renaissance indianischer Spiritualität hervorzubringen. Dieser große Krieger, heilige Mann und Heiler erfüllte seine göttliche Bestimmung, indem er mithalf, die heiligen Traditionen und den Geist der Oglala Lakota Sioux für immer zu bewahren – so lange, wie das Gras wächst und der Wind weht.

Als die Sonne tanzte:

Das Wunder von Fatima

Im Jahre 1915 betete Lucia dos Santos, die achtjährige Tochter eines Hirten, in Fatima (Portugal) in der Nähe ihrer Schafherde den Rosenkranz, als ihr plötzlich eine hell schimmernde menschliche Gestalt inmitten einer leuchtenden Wolke erschien. Ihren Berichten zufolge kam diese Erscheinung im selben Jahr noch dreimal zu ihr.

Wenn das alles gewesen wäre, hätte man diese Erscheinungen vielleicht als Ausgeburt der lebhaften Fantasie eines kleinen Mädchens abgetan. Doch im nächsten Jahr erschien dieselbe leuchtende Gestalt nicht nur Lucia, sondern auch ihren zwei kleinen Vettern Francisco und Jacinta Marto. Die Kinder waren von einem Unwetter überrascht worden und hatten in einer kleinen Höhle Zuflucht gesucht. Als sie in der Nähe des Höhleneingangs spielten, hörten sie von fern ein Grollen und schauten ins Tal hinunter. Da sahen sie, wie eine weiße Lichtkugel, die an eine leuchtende Wolke erinnerte, auf sie zuschwebte. Als die Kugel in ihrer Nähe in der Luft stehenblieb, erkannten sie darin einen Engel – einen wunderschönen jungen Mann.

»Ich bin der Friedensengel«, sagte er. Er brachte den Kindern ein Gebet bei; dann verschwand er wieder. Verzückt sprachen die Kinder das Gebet stundenlang vor sich hin, bis sie schließlich vor Erschöpfung in Ohnmacht fielen.

Im Sommer kehrte der Engel wieder und forderte die Kinder eindringlich zum Gebet auf. Auch im darauffolgenden Herbst erschien er wieder in der Höhle, und ehe er ging, empfingen sie von ihm die heilige Kommunion. Jedesmal waren die Kinder von dieser rätselhaften Erscheinung überwältigt und fielen in eine tranceähnlichen Zustand.

Eine Zeitlang hielten sie diese Besuche geheim. Doch im Jahr 1917 wurde auch vielen anderen Menschen das Wunder dieser Erscheinung zuteil, das vorher nur die drei Kinder erlebt hatten – es waren ehrfurchterweckende Begegnungen mit dem Übernatürlichen, die einen so starken Eindruck hinterließen, daß sie das Leben von fast 100 000 Menschen veränderten und indirekt Millionen von Menschen beeinflußten. In der folgenden Chronik sollen diese mehrfach wiederkehrenden Erscheinungen geschildert werden, die von einer wachsenden Zahl ehrfürchtiger Zeugen beobachtet wurden.

Am 13. Mai nahmen die drei Hirtenkinder einen leuchtendweißen Lichtblitz wahr. Sie gingen auf das Licht zu, das von einer Mulde in ihrer Nähe ausging, und wurden ein paar Sekunden lang von einer helleuchtenden Kugel geblendet, in deren Mitte eine winzig kleine Frau stand. Die Frau erklärte ihnen, sie komme vom Himmel, und bat sie, von nun an jeden Monat am gleichen Tag an diesen Ort zu kommen.

Einen Monat später kamen die Kinder wieder, so wie die Frau es sie geheißen hatte – diesmal in Begleitung von 50 Menschen. Diese wurden Zeugen, wie die Kinder niederknieten und zu einer Gestalt sprachen, die gar nicht zu sehen war. Ihre Gesichter waren von einem überirdischen Licht verklärt. Die Kinder erkannten in der Lichtgestalt Maria, die Mutter Jesu Christi. Die Versammlung endete mit einem explosionsartigen Knall. Dann stieg eine für alle Anwesenden sichtbare kleine Lichtwolke über den Bäumen empor, neben denen die Kinder knieten.

Im nächsten Monat beobachteten 4500 Menschen die Kinder bei ihrem Gespräch mit der unsichtbaren Gestalt. Viele hörten ein dröhnendes Summen; das Licht der Sonne wurde trüb und wärmte nicht mehr; dann erschien rund um den Baum eine leuchtende kleine Wolke, die mit einem lauten Knall in Richtung Osten schwebte.

Die Kinder berichteten den Zuschauern von mehreren Weissagungen, welche die Frau in der Wolke ihnen offenbart hatte. Alle bewahrheiteten sich. Die Frau hatte gesagt, daß der Krieg, der im Augenblick tobte, bald zu Ende sein würde (tatsächlich endete der Erste Weltkrieg ein Jahr später), aber hinzugefügt: »Wenn die Menschen nicht aufhören, Gott zu beleidigen, wird während der Amtszeit von Pius XI. ein noch viel schlimmerer Krieg beginnen.« (1939, im letzten Amtsjahr von Papst Pius, begann der Zweite Weltkrieg.) Die Frau erklärte den Kindern auch: »Wenn Rußland nicht bekehrt wird, dann wird es seine Irrtümer auf der ganzen Welt verbreiten.« All diese Prophezeiungen sind in Form schriftlicher Aufzeichnungen dokumentiert, die noch im selben Jahr gemacht wurden.

Am 13. August dieses Jahres versammelten sich ungefähr 18000 Menschen in dem geheimnisvollen Tal. Die drei Kinder waren diesmal nicht dabei; ein skeptischer Beamter hatte sie eingesperrt und setzte sie nun unter Druck, entweder ihre Geschichte von den wunderbaren Marienerscheinungen zu widerrufen oder ihm die Geheimnisse zu verraten, welche die Muttergottes ihnen enthüllt hatte. Als sie sich weigerten, trennte er sie voneinander und sagte jedem der Kinder, er habe die anderen beiden getötet, weil sie nichts verraten wollten. Trotzdem blieben sie stumm. In der Zwischenzeit hörte die Menschenmenge, die sich in dem Tal versammelt hatte, einen lauten Donnerschlag; dann bildete sich mit einem hellen Lichtblitz eine leuchtende Wolke; diese stieg hoch und verdunstete wie Nebel. Hoch über den Köpfen der Menschen färbten sich die Wolken erst blutrot, dann rosa, dann gelb und schließlich blau. Die Sonne schimmerte durch sie hindurch und tauchte die Menschenmenge in einen regenbogenfarbenen Dunst. Merkwürdige Blütenblätter regneten vom Himmel herab, verschwanden aber wieder, ehe sie den Boden berührten.

Sechs Tage später – der Beamte hatte sie wieder freigelassen – hüteten Lucia und ihre beiden Vettern die Schafe. Da wurde es plötzlich kalt, und wieder war die ganze Landschaft in Regenbogenfarben getränkt, was Tausende von Menschen beobachteten. Die Menschenmenge, die den Kindern nun folgte, erblickte einen hellen Blitz; dann war jener Baum wieder in eine leuchtende Wolke gehüllt. Inmitten der Wolke stand eine hellstrahlende, in Gold und Weiß gekleidete Frau. Da fielen Berichten zufolge alle Menschen auf die Knie – »ihre Seelen waren in einem Zustand der Verzückung«. Die Frau sprach zu den Kindern und forderte sie auf, »Opfer für Sünder zu bringen«. Dann erhob sie sich in die Luft und flog langsam in Richtung Osten. Alle hörten ein Rauschen wie von einem heftigen Sturm.

Am 13. September waren die Wiesen rund um den Baum in der kleinen Mulde, wo die Kinder warteten, von einem Heer von mittlerweile 30 000 Menschen übersät, deren Seelen durch diese Ereignisse zum Glauben bekehrt worden waren. Um die Mittagszeit verdüsterte sich die Sonne, obwohl der Himmel wolkenlos war. Die Schreie Tausender von Menschen erfüllten das Tal, als von Osten her eine leuchtende Kugel heranschwebte und sich auf dem Baum neben den Kindern niederließ. Die Kugel verwandelte sich in eine Wolke, aus der wieder leuchtende Blütenblätter herabfielen und sich in nichts auflösten, bevor sie die ausgestreckten Hände der entzückten Menschen berührten. Die Frau in der Kugel sprach zu Lucia und versprach ihr, am 13. Oktober ein Wunder zu vollbringen. Dann stieg sie in ihrem Lichtkokon wieder zum Himmel empor und schoß vor den Augen der überraschten Zuschauer blitzschnell nach oben in die Sonne hinein. Unter den vielen Zeugen waren auch zwei Priester, die extra gekommen waren, um die mittlerweile weithin bekannt gewordenen Wunder als Täuschung zu entlarven. Die beiden frommen Skeptiker wurden auf der Stelle eines Besseren belehrt.

Die Nachricht, daß am 13. Oktober ein Wunder stattfinden sollte, hatte sich überall herumgesprochen. 70 000 Menschen standen an diesem Tag unter dicken grauen Wolken in strömendem Regen rund um die kleine Mulde, in der die Kinder saßen. Etwa zur Mittagszeit erschien ein Lichtblitz, begleitet von einem seltsamen, süßen Duft. Die drei Kinder, deren Gesichter in strahlendes Licht getaucht waren, sprachen kurz mit der Frau in der Lichtkugel.

Dann stieg die Erscheinung wieder zum Himmel empor. Der

Regen hörte auf, und die dichten Wolken teilten sich von einer Sekunde zur anderen. Jetzt erschien die Sonne als leuchtende silberne Scheibe. Wie Tausende von Zeugen hinterher bestätigten, drehte die silberne Sonne sich blitzschnell und schleuderte bunte, leuchtende Lichtstrahlen in alle Richtungen. William Thomas Walsh, der Autor des Buches *Our Lady of Fatima*, hat viele Zeugen interviewt und schildert das Ereignis so, wie es ihm beschrieben wurde: »Während sie fassungslos zum Himmel starrten, begann der riesige Ball zu ›tanzen‹. (...) Eine Zeitlang wirbelte er in schwindelerregendem Tempo durch die Luft wie ein riesengroßes Feuerrad. Schließlich erschien rund um die Sonne ein karminroter Ring, der blutrote Flammenbänder über den Himmel zucken ließ, die sich auf der Erde, den Bäumen und Sträuchern, den Kleidungsstücken und den nach oben gewandten Gesichtern der staunenden Menschenmenge nacheinander in den verschiedensten leuchtenden Farben widerspiegelten: grün, rot, orange, blau, violett – das ganze Farbenspektrum. Dreimal wirbelte der Feuerball rasend schnell herum, dann schien er zu erzittern und zu erschauern und schließlich in gewaltigen Zickzacklinien auf die Menschenmenge zuzustürzen.«

Zehntausende von Menschen warfen sich auf die schlammige Erde nieder und beteten um ihr Leben und um ihr Seelenheil. Doch im letzten Augenblick beendete die Scheibe ihren apokalyptischen Sturz zur Erde, machte kehrt, und oben am Himmel erschien die echte Sonne, die hinter der Scheibe verborgen gewesen war. Mit atemberaubender Geschwindigkeit stieg die silberne Scheibe wieder zum Himmel auf und flog in die Sonne hinein. Dieses faszinierende Schauspiel hatte ganze zehn Minuten gedauert. Die erstaunten Menschen, die noch vor ein paar Minuten total durchnäßt gewesen waren, stellten fest, daß ihre Kleider völlig getrocknet waren! Hunderte von Menschen waren auf wunderbare Weise von den verschiedensten Krankheiten und Verletzungen geheilt worden: bösartigen Tumoren, Wunden und Verkrüppelungen. Viele waren zutiefst erschüttert und gingen weinend nach Hause.

An jenem Tag änderte sich das Leben Tausender von Grund auf – auch jener, die das Wunder nur aus einer Entfernung von

50 Kilometern beobachtet hatten. Auch dort waren die Lichter am Himmel deutlich sichtbar gewesen.

43 Jahre später – im Jahre 1960 – bestätigt ein Rechtsanwalt namens Mendes, der bei diesem »Wunder in Fatima« dabei gewesen war, den tiefen Eindruck, den diese Begebenheit bei vielen Menschen hinterlassen hat. »Ich sehe das Ganze heute noch genauso lebendig vor mir wie in dem Augenblick, als es passierte. Ich habe das Gefühl, daß dieses außergewöhnliche Ereignis meine Gedanken noch immer beherrscht.«

Tausende von Augenzeugen, die in einer offiziellen Untersuchung der katholischen Kirche befragt wurden, beschrieben die verschiedensten Phänomene. Manche behaupteten, zwei Wesen gesehen zu haben, die auf einer Leiter von der Kugel herabstiegen. Andere sahen Mond und Sterne am Himmel erscheinen, obwohl es Mittag war. Bewohner anderer, kilometerweit entfernter Dörfer berichteten, daß die Regenbogenfarben sich in Gegenständen und Gebäuden widergespiegelt hätten. In allen Städten waren die Kirchen zum Bersten gefüllt gewesen.

Noch heute besuchen jedes Jahr Millionen von Menschen das Dörfchen Fatima in Portugal – inzwischen ein heiliger Ort, an dem immer noch viele Wunderheilungen stattfinden. Eine letzte Prophezeiung, die Lucia von der Muttergottes von Fatima empfing, wurde niedergeschrieben in einem verschlossenen Umschlag an den Vatikan geschickt mit der Weisung, der Papst solle ihn im Jahr 1960 öffnen. Der Umschlag wurde auch tatsächlich geöffnet.

Das 1981 auf Papst Johannes Paul II. verübte Attentat, so verkündete er, sei die Erfüllung eines Teils der Prophezeiung von Fatima gewesen.

Heilung eines Soldaten:

Vom Vietnamveteranen zum genialen Dramaturgen

Sean Kilcoyne kam 1946 in der Industriestadt Worcester (Massachusetts) in einer irisch-katholischen Fabrikarbeiterfamilie zur Welt. Er ging getreulich jeden Sonntag in die Kirche und war vier Jahre lang Meßdiener. Sean wollte Pfarrer werden; doch als er zwölf Jahre alt war und die Aussicht auf lebenslange sexuelle Enthaltsamkeit aus der Sicht des Pubertierenden betrachtete, änderte er seine Meinung. Nun übertrug er seinen religiösen Eifer auf weltliche Dinge und wurde der jüngste Pfadfinder bei den *Eagle Scouts* in der Geschichte von Massachusetts.

Als Teenager arbeitete Sean in den Sommerferien in Fabriken, fertigte Nägel und nahm Hühner aus. Er quälte sich durch drei verschiedene Gymnasien, bestand die Abschlußprüfung mit Auszeichnung und wurde ins Holy Cross College aufgenommen. Doch er fühlte sich in der elitären Atmosphäre dieser Schule, deren Studenten alle der oberen Mittelklasse angehörten, wie ein Fremder. Obwohl er sogar zum Schulsprecher des Colleges gewählt wurde, gab er sein Studium nach dem ersten Jahr auf und arbeitete wieder in der Fabrik. Im Jahr 1966 wurde er zum Kriegsdienst eingezogen.

Wie die meisten Amerikaner jener Zeit hatte Sean vorher kaum etwas von Vietnam gehört. Er war zwar kein Katholik mehr, hatte aber schon immer eine tiefe innere Abneigung gegen den Krieg gehabt. So reichte er drei Gesuche bei der Einberufungsbehörde ein, um dem Kriegsdienst zu entgehen. Als seine Gesuche abgelehnt wurden, ging er zur Marine, weil er dachte, daß die dort herrschende Disziplin zumindest seine Überlebenschancen verbessern würde. Als Sean nach Vietnam geschickt wurde, schwor er sich, daß er irgend etwas Sinnvolles aus dieser Kriegserfahrung machen würde – falls er sie überlebte.

Er wurde einem Munitionskonvoi zugeteilt und traf in Da Nang in der Nähe von Monkey Mountain ein. An diesem ersten Tag fuhr sein Bataillon übers Land, vorbei an langen Reihen von Bauern, die am Straßenrand entlangwanderten und Körbe und Waren auf ihren Köpfen und Fahrrädern transportierten. Die mißtrauischen Bauern beobachteten die Soldaten mit ängstlichen, feindseligen Blicken. Eine unheimliche, niederdrückende Szene folgte – Sean sah, wie einige Soldaten ihre Gewehre aus den Lastwagen heraussteckten und wie Golfschläger hin und her schwangen. Eines der Gewehre traf eine Frau und brach ihr den Arm; sie schrie klagend auf und umklammerte ihren zerschmetterten Arm. Ein anderer Soldat rammte einem alten Mann lachend seinen Gewehrkolben in den Hinterkopf. Der Mann stürzte zu Boden.

Abgestoßen von so viel Unmenschlichkeit, begann Sean zu weinen. Plötzlich überkamen ihn Trauer und Angst – Gefühle, die ihn auch noch lange nach Ende seines Kriegsdienstes in Vietnam verfolgen sollten, der noch ein Jahr, einen Monat und einen Tag dauern würde. »Ich glaubte, daß wir gekommen waren, um den Menschen zu helfen. Doch sie sahen in uns eine Macht des Bösen, die entscheidenden Anteil an ihrem Leiden hatte – und sie hatten recht.« Die ständige Angst, das Gemetzel des Krieges und ein wachsendes kollektives Gefühl der Sinnlosigkeit, Desillusionierung und des Verratenseins machten den jungen Soldaten, die in diesem Land fern der Heimat kämpfen mußten, schwer zu schaffen. Sie nahmen an einem Krieg teil, in dem ihr Erfolg an der Zahl der Toten gemessen wurde und in dem man ihr Leben routinemäßig in waghalsigen Aktionen aufs Spiel setzte, um bereits aufgeblähte Statistiken noch weiter in die Höhe zu treiben – einem Krieg gegen eine Guerillaarmee, die überraschend aus dem Hinterhalt angriff, um sich dann wieder im Dschungel zu verbergen.

Es war nur allzu bekannt, daß unter den Soldaten im Vietnamkrieg Drogenmißbrauch gang und gäbe war. Sean und seine Freunde waren jeden Abend betrunken und high; nur mit Hilfe dieser berauschenden Substanzen konnten sie eine äußere Fassade der Normalität aufrechterhalten.

Als Sean nach Ende seines Kriegsdienstes, der in der Tet-Offensive gipfelte, nach Hause zurückkehrte, war er alkohol- und drogenabhängig. Wenn er durch die Straßen seines Stadtviertels wanderte, horchte er aus alter Gewohnheit ständig auf Gewehrschüsse, die niemals kamen. Sein Leben hatte eine verwirrende, surreale Färbung angenommen. Eines Tages, als er eine Straße in einem gepflegten Vorstadtviertel entlangging, hatte er plötzlich das Gefühl, daß alle Häuser auf dem Kopf standen. Der Alkohol schien ihm zu helfen, mit solchen zermürbenden Wahrnehmungen zurechtzukommen.

Sean träumte davon, das System zu verändern. Da Kriegsveteranen kraft des GI-Gesetzes staatliche Unterstützung für ihr Studium erhielten, ging er wieder aufs College und studierte Politikwissenschaften.

Als Forschungsdirektor für städtische Angelegenheiten in Massachusetts leitete er Jahre später ein Team, das an einem Gesetzentwurf zur Bereitstellung staatlich subventionierter Unterkünfte für alte Menschen arbeitete. Sean schien ein Naturtalent für Politik zu sein – bis ihn eines Tages ein Reporter fragte, ob er vorhabe, sich um ein Regierungsamt zu bewerben. »Ich bin mir noch nicht sicher, aber es ist durchaus möglich«, erwiderte Sean. Am nächsten Tag las er seine eigenen Worte in der Zeitung und war angewidert von ihrer »nichtssagenden Vieldeutigkeit«. Sean brach seine politische Karriere ab – er zog nach Paris, um zu schreiben und sich ganz der Kunst und dem Alkohol hinzugeben.

Knapp ein Jahr später lebte er auf der Straße und wärmte sich seine Hände in der morgendlichen Glut der Straßenfeuer. Der Krieg beherrschte noch immer sein ganzes Denken und verfolgte ihn sogar nachts im Traum. Sean war zwar nicht mehr

Soldat, konnte aber trotzdem keinen Frieden finden. Also zog er nach Guatemala und suchte Vergessen in den Dörfern der Maya. Doch eines Tages wachte er in einem Dorf mitten im Dschungel betrunken auf der Erde liegend auf, und da wurde ihm klar, daß er im Grunde genommen immer noch versuchte, nach Vietnam zurückzukehren. Es sollte noch Jahre dauern, bis er begriff, warum.

1976 flog Sean nach Haight Ashbury in San Francisco. Der Sommer der Liebe war vorüber, und jetzt war Haight Ashbury nichts anderes mehr als eine Irrenanstalt voller Drogenabhängiger. »Ich trank und nahm Rauschgift und hing in obskuren Bars mit Leuten herum, die sich in ihren Zimmern einschlossen, nichts anderes aßen als Kohl und sich Sorgen darüber machten, daß das FBI heimlich Mikrofone unter ihren Türen durchschieben könnte. Jeden Morgen nach dem Aufwachen betrank ich mich und nahm Drogen, bis ich high war. Am Vormittag lag ich auf dem Fußboden unter einer Matratze, die ich über mich gezogen hatte, und heulte. Tagsüber wanderte ich in den Straßen umher und schwatzte wütend vor mich hin – über die Lügen, den Verrat und das Gemetzel des Krieges. Ich war immer noch im Dschungel und auf dem besten Weg, zum Dorfidioten zu werden. Nachts saß ich in meinem Zimmer vor meinem Heizöfchen und dachte an Selbstmord. Aber meine Weigerung zu sterben war das einzige, was mir ein Gefühl der Kraft gab.«

Eines Frühlingsnachmittags im Jahr 1978 wanderte Sean in einem Zustand der Verzweiflung ziellos durch die Straßen von San Francisco und blieb an der Ecke zwischen Ninth Street und Market Street an einer roten Ampel stehen.

In dem Augenblick, als die Ampel auf Grün schaltete, veränderte sich sein Leben.

»Ich blickte auf und sah einen Engel in weißer Hose, etwa einen Meter achtzig groß, dreißig Zentimeter von meiner rechten Schläfe entfernt in der Luft schweben. Der Oberkörper des jungen Mannes war nackt, und aus seinem Rücken wuchsen weiße Flügel. Er hielt einen Vorschlaghammer in der Hand, mit dem er stumm auf einen Amboß einhämmerte. Dann sah ich neben meiner linken Schläfe einen zweiten Engel, der genauso aussah. Auch er schlug schweigend mit einem Hammer auf einen Amboß. Staunen und Ehrfurcht überkamen mich, als ich die Finsternis in meinem eigenen Inneren erkannte und mir zum ersten Mal voll und ganz der Wunde in meinem Inneren bewußt wurde. Ich spürte die tiefe Verzweiflung und die panische Angst, die mich unter meiner Matratze hervor auf die Straße getrieben hatten.

In diesem Augenblick wußte ich, daß ich nicht allein war – und daß mein Leben nicht so enden würde. Als ich diese Engel ansah, erfüllte mich eine unglaubliche Ruhe und Gelassenheit. Diese Wesen wußten von meiner Existenz und waren gekommen, um mir zu helfen, um mich zu beschützen. Ich spürte eine Liebe und Zuwendung, die mir noch nie zuvor geschenkt worden war. Diese Engel, die auf ihre Ambosse einhämmerten, jagten eine Welle der Energie durch meinen Körper. Irgendwie wurde mir durch diese Vision klar, daß ich ein zäher Bursche war und im Leben durchaus meinen Mann stehen konnte. Sie haben mir das Leben gerettet.«

Durch das Eingreifen der Engel entstand eine Atmosphäre der Ruhe rund um Sean. Er trank weniger und dachte dafür über seine Vision und sein Leben nach, unterzog seine selbstzerstörerischen Verhaltensmuster einer kritischen Prüfung und überlegte sich, wie er anders leben konnte. Er suchte Hilfe in einem Krankenhaus für Kriegsveteranen und begann sich mit seinem Trauma auseinanderzusetzen. Bald gab Sean das Trinken und den Drogenkonsum ganz auf und nahm an einer Therapiegruppe teil, zu der noch 20 weitere Veteranen gehörten. Das war im Jahr 1979, als das psychische Belastungssyndrom gerade erst entdeckt wurde. »Vietnam hat vielen von uns eine heilige Wunde zugefügt«, sagt er heute. »Jahrelang war dieses Kriegserlebnis meine einzige Verbindung zur Realität. Irgendwie mußte ich an seine Bedeutung herankommen, mußte es so lange in mir wachhalten, bis ich damit umgehen konnte.«

Sean und andere Männer aus seiner Gruppe traten einer lokalen Veteranenorganisation namens »Schwerter zu Pflugscharen« bei. Sie begannen Strategien zum Umgang mit dem psychischen Belastungssyndrom zu entwickeln und mit anderen Veteranen zusammenzuarbeiten, die ebenfalls ein Kriegstrauma erlitten hatten – jenen Soldaten mit der erstarrten Trauer im Blick und einem Ausdruck in den Augen, als seien sie tausend Jahre alt. Später rief Sean eine psychologische Forschungsorganisation ins Leben, die dazu beitrug, daß die Amerikaner das psychische Belastungssyndrom besser verstehen lernten.

Als sein Heilungsprozeß Fortschritte machte, erinnerte Sean sich wieder an seinen einstigen Schwur, sein Kriegserlebnis sinnvoll umzusetzen; er beschloß auch, sich auf der Basis seiner Engelsvision ein sinnvolles Leben aufzubauen. Fasziniert von den Geheimnissen der Sprache, der Symbole, Träume und sakralen Bilder begründete Sean, der das »Wissen hinter dem Wissen« begreifen wollte – jene verborgenen Wahrheiten, die dem Leben einen Sinn geben –, das rituelle oder sakrale Theater. Seine ersten Aufführungen veranstaltete er zusammen mit gleichgesinnten Künstlern auf der Straße; doch dann begann er mit einer professionellen Schauspielertruppe zusammenzuarbeiten, deren von der Kritik begeistert gelobten Stücke in allen größeren Städten der USA und Europas aufgeführt wurden. Außerdem wurde er Mitautor eines Stücks namens *Angels/Anvils* (Engel/Ambosse), das von der Vision handelte, die sein Leben verändert hatte. Auf einer Tournee im Jahr 1989 wurde *Engel/Ambosse* sowohl von den Kritikern als auch vom Publikum mit großer Begeisterung aufgenommen.

Im Jahr 1990 verwirklichte Sean seine Vision eines »heilenden Theaters«, indem er am War Memorial in San Francisco ein Versöhnungsritual abhielt, an dem sowohl amerikanische als auch nordvietnamesische Kriegsveteranen teilnahmen. Einige kamen extra aus Vietnam angereist, um bei der Zeremonie dabeizusein. 1991, während des Golfkriegs, schuf Sean *The Boon* (»Die Gnade«), ein »Trauerritual zur öffentlichen Aufführung« für Kriegsveteranen und Menschen aus dem Nahen Osten mit Robert Bly, Malidoma Some, Mathew Fox und anderen, bei dem er auch Regie führte.

Heute ist Sean Kilcoyne Avantgardekünstler und »dankbarer Mitschöpfer der bewußten Evolution« und sagt über sein Leben und seine Arbeit: »Ich war auf dem Weg in den Tod, wurde zurückgeholt und bekam ein Leben geschenkt. Mit meiner heilenden und schöpferischen Tätigkeit bleibe ich meiner Vision treu. Aus dieser Quelle schöpfe ich den Sinn meines Lebens und die Inspiration für meine Arbeit.«

Hoffnung und ein Gebet:

Göttliche Hilfe in einem Augenblick der Verzweiflung

Das Auto, das gemächlich den Monterey Boulevard entlangfuhr, schwenkte plötzlich in die Auffahrt zum Highway No. 1 ein und fuhr mit rasender Geschwindigkeit aus der Stadt heraus und in die Nacht hinein. Der Fahrer, Lee, ein 40jähriger Soldat aus Südvietnam, wandte sich an seinen weiblichen Fahrgast, eine 20jährige Studentin aus Peking. »Ich habe ein Gewehr«, sagte er. »Tu, was ich dir sage, sonst bring' ich dich um!«

Lee war Aushilfskellner in dem chinesischen Restaurant, wo Jenny als Kellnerin arbeitete. Abends wurde sie immer von einem ihrer Arbeitskollegen nach Hause gefahren. Aber Lee, der ihr diesmal angeboten hatte, sie mitzunehmen, hatte etwas anderes vor. Entsetzt betrachtete Jenny ihren Entführer, dessen Gesicht von den Lämpchen des Armaturenbretts hell erleuchtet war. In seinem linken Auge lag ein irres Funkeln; an der Stelle des rechten Auges gähnte nur noch eine leere Höhle, ein Schlitz aus rosafarbenem Fleisch. Er hatte das Auge im Krieg verloren.

Wieder sprach Lee. Seine Stimme klang schroff. »Ich werde dich vergewaltigen und dann auf einem Feld absetzen. Wenn dir dein Leben lieb ist, tu alles, was ich will.«

Jenny war in der Hoffnung auf ein neues Leben nach Amerika gekommen. Doch in dieser finsteren Nacht sah es so aus, als könnte sie den Rest ihres Lebens in Minuten abzählen, während Lees Wagen die pechschwarze Landstraße entlangbrauste.

»Ich will nicht sterben!« murmelte sie. Tränen stiegen ihr in die Augen.

Verzweifelt suchte sie nach einem Ausweg. Ihr war klar, daß sie es mit diesem kampferfahrenen Kriegsveteranen nicht aufnehmen konnte. Also blickte sie zur Tür und überlegte, ob sie aus dem Auto springen könnte; doch bei dieser Geschwindigkeit würde sie den Sturz aus dem Wagen sicher nicht überleben.

Lee bemerkte ihren Blick. »Du kannst die Tür nicht aufmachen. Die ist automatisch verriegelt!« brüllte er.

Jenny war noch nicht oft Auto gefahren und wußte nicht, ob sie ihm glauben sollte oder nicht. Da kam ihr seltsamerweise ein kleines Erlebnis in den Sinn, das sie eine Woche zuvor gehabt hatte. Jenny, die immer noch mit der englischen Sprache zu kämpfen hatte, in zwei verschiedenen Jobs arbeitete, ihre Familie vermißte und sich in Amerika völlig fehl am Platz fühlte, muß man ihre Traurigkeit wohl angesehen haben, denn eine junge Frau, die sie im Restaurant bediente, sagte ihr zum Abschied: »Sie sehen unglücklich aus – sie sollten einmal versuchen zu beten. Es hilft!«

Jenny wußte mit diesem weltverbesserischen Gerede nichts anzufangen; es ärgerte sie nur. Ein großzügiges Trinkgeld wäre ihr lieber gewesen. Was nützte es, abergläubische Worte vor sich hin zu murmeln und zu hoffen, daß irgendein imaginärer Gott sie hörte? In China hatte sie von der Kommunistischen Partei gelernt, daß religiöse Menschen schwach und ängstlich sind – geistige Krüppel, die an Märchen glauben. Genau wie Karl Marx war sie überzeugt davon, daß Religion nichts weiter war als Opium für das Volk.

Doch nun, da sie in halsbrecherischem Tempo über die Landstraße raste, entführt von einem gefährlichen Verrückten, der sie vergewaltigen und vielleicht sogar umbringen wollte, erschien ihr der Gedanke, zu einem mächtigen Wesen zu beten, das ihr in dieser schrecklichen Situation vielleicht helfen konnte, plötzlich von zwingender Logik. Vielleicht war das ihre einzige Chance. »Ich beschloß, es zum ersten und vielleicht auch zum letzten Mal mit dem Beten zu versuchen. Also schloß ich die Augen und betete voller Verzweiflung: ›Lieber Gott, wenn es dich wirklich gibt, dann hilf mir bitte!‹ Ich zielte mit meinem Gebet wie mit einem Pfeil direkt auf Gott. Und zu meinem Erstaunen spürte ich, wie mich plötzlich eine ruhige, gelassene Kraft durchströmte.«

Während Jenny betete, begann das Auto plötzlich zu schlingern. Die Reifen quietschten. Jenny öffnete die Augen und sah, daß Lee unerklärlicherweise von der Landstraße abgefahren und in eine Straße eingebogen war, die in die Stadt zurückführte. Wenig später brausten sie auf einer Hauptverkehrsstraße durch die von Straßenlaternen und dem abendlichen Verkehr hell erleuchtete Stadt. Trotz ihrer Verblüffung betete Jenny weiter, jetzt mit geöffneten Augen, die die Straße nach einer Fluchtmöglichkeit absuchten. Ihre Gedanken waren kristallklar. »Bitte, lieber Gott, gib mir Kraft!«

Als sie an eine Kreuzung kamen, schaltete die Ampel auf Rot und Lee hielt tatsächlich an. Auf der anderen Straßenseite parkte ein Polizeiauto mit blinkendem Blaulicht. Am Straßenrand stand eine Polizistin und schrieb einen Strafzettel für das Auto aus, das sie gerade angehalten hatte.

Jenny wußte, daß das der entscheidende Augenblick war. Bisher hatte Gott ihr geholfen; jetzt mußte sie sich selbst helfen. Immer noch betend, von innerer Kraft erfüllt, griff sie nach ihrer Büchertasche und zog am Türgriff, ohne zu wissen, ob die Tür überhaupt aufgehen würde. Aber sie öffnete sich tatsächlich. Lee packte sie am Arm, doch Jenny riß sich mit aller Kraft von ihm los und lief über die vierspurige Straße zu der Polizistin hinüber. Sie fühlte sich stärker als je zuvor.

Als die Ampel auf Grün schaltete, fuhr Lee mit quietschenden Reifen los. Die Polizei erwischte ihn eine halbe Stunde später.

»Dieses Erlebnis hat mein Glaubenssystem in seinen Grundfesten erschüttert wie ein Erdbeben«, sagt Jenny heute, zwölf Jahre später. »Ich bin im China der Kulturrevolution aufgewachsen und mußte miterleben, wie meine Familie auseinandergerissen und mein Land zerstört wurde. Ich habe nie gesehen, daß Gott irgend jemandem geholfen hätte. Mein Lehrplan für die naturwissenschaftlichen Fächer an meiner Schule in China enthielt philosophische Argumente für den Atheismus: ›Die Welt ist Materie; das Bewußtsein ist nur ein Nebenprodukt der Materie und wird im Augenblick des Todes ausgelöscht. Sogenannte Wunder und übernatürliche Kräfte sind nichts als Zufall. Sie basieren nur auf Pseudowissenschaft und Aberglauben – Bauernmentalität.‹

Und doch hat eine göttliche Macht mir das Leben gerettet – daran gibt es für mich keinen Zweifel. All meine philosophischen Argumente waren plötzlich wie weggeblasen. Ich begann zu verstehen, daß sich nicht alles wissenschaftlich messen und erklären, auf Atome, chemische Elemente und Partikel reduzieren läßt.

Dieses Erlebnis war ein Wendepunkt für mich. Indirekt habe ich daraus gelernt, daß man die wichtigsten Dinge im Leben – Güte, Liebe, Glauben, Integrität – nicht in einem Reagenzglas findet. Und doch existieren diese Eigenschaften wirklich; sie können Berge versetzen und Leben retten. Es überraschte mich gar nicht, daß meine Eltern und Freunde mein Erlebnis als Glücksfall bezeichneten und meinen Glauben an Gott als Illusion abtaten. Ich weiß nur, daß mein Leben an einem seidenen Faden hing. Und als ich betete, durchströmten mich plötzlich Kraft und innere Ruhe, mein Entführer bog von der Landstraße ab, fuhr mich zurück in die Stadt und hielt direkt neben einem Polizeiauto an.

Jetzt weiß ich, daß jemand über mich wacht, daß es tatsächlich eine göttliche Macht gibt. Und je mehr ich mich an dieser Macht orientiere, indem ich nach den Grundsätzen der Integrität und des Glaubens lebe, um so besser wird mein Leben. Das ist fast … wie ein wissenschaftliches Gesetz.«

Glaube, der Berge versetzt:

Vom Kamelhirten zum Propheten

An einem eigentlich ganz gewöhnlichen Tag erschien einem jungen Kaufmann und ehemaligen Kamelhirten, den alle Menschen in seiner Geburtsstadt kannten, ein Engel. Die Worte dieses Engels erfüllten ihn mit Ehrfurcht und Schrecken – denn der Engel sagte ihm, er werde sich gegen die Religion seines Volkes und seiner Vorfahren wenden; er werde 360 in Stein gehauene Gottheiten, die seit Jahrhunderten angebetet wurden, als Götzen bezeichnen und sich zum Propheten eines einzigen Gottes erklären. Er werde eine Lebensform abschaffen, auf der unzählige Überzeugungen und Leben vieler Menschen basierten – und aus dem Nichts heraus eine neue Religion begründen. Sicherlich würde man ihm mit Unglauben und Ablehnung begegnen, ihn verfolgen und verbannen. Konnte dieses scheinbar verrückte Unterfangen ihm überhaupt irgend etwas anderes bringen als Mißerfolg – oder bestenfalls den Märtyrertod?

Oder würde dieser Sterbliche, der den göttlichen Befehl eines Engels befolgte, einen Sieg erringen, den kein logischer Verstand voraussagen konnte?

Er kam im Jahr 570 nach Christus in Mekka zur Welt. Sein Vater starb noch vor seiner Geburt. Seine völlig verzweifelte Mutter, die ihn nicht stillen konnte, nannte ihn Mohammed und übergab ihn einer Amme – einer Hirtin, die zu einer Beduinenschar gehörte. Mohammed verbrachte die ersten fünf Jahre seines Lebens bei diesen Nomaden und führte ein hartes Leben, immer im Freien, immer auf der Wanderschaft. Sie folgten den weidenden Herden durch Wüstengras und Gebüsch und schliefen in Zelten unter dem weiten Wüstenhimmel. Nachdem Mohammed von der Brust seiner Amme entwöhnt war, trank er Kamelmilch und ernährte sich hauptsächlich von Reis, Datteln, Wildvögeln und in Öl gebratenen Heuschrecken. Von Anfang an nahm die Wüste Mohammed in Besitz. Im Grunde seines Herzens würde er immer Beduine bleiben.

Mit sechs Jahren kehrte er zu seiner Mutter zurück, aber sie starb noch im selben Jahr. Danach lebte Mohammed bei seinem Onkel, einem Kaufmann, der über mehrere Karawanen verfügte. In den nächsten Jahren reiste Mohammed mit den Karawanen seines Onkels durch ganz Arabien, lernte die Weisheit der Wüste, das Geschäftsleben und auch die Kunst des Krieges kennen, denn sie mußten sich oft gegen Räuberbanden zur Wehr setzen. Auf seinen Reisen kam er in engen Kontakt mit verschiedenen Volksstämmen und Religionen – mit dem Judentum, dem Christentum und arabischen Glaubensgemeinschaften, die Hunderte von Göttern und Göttinnen in Form von Steingötzen anbeteten. Diese Erlebnisse hinterließen einen tiefen Eindruck bei dem nachdenklichen, in sich gekehrten jungen Mann; und aus diesen Fäden wurde der Teppich seines späteren Schicksals gewoben.

Mohammed entwickelte sich zu einem gutaussehenden jungen Mann, der wegen seiner Charakterstärke, seiner moralischen Integrität und seines scharfen Verstandes bewundert wurde. Doch er war eher durch Zufall als aufgrund seiner eigenen Entscheidung dazu gekommen, das Leben eines Kaufmanns zu führen. Er hatte kein Interesse an Geld und liebte die Einsamkeit. Deshalb verließ er die Karawane seines Onkels und arbeitete monatelang als Hirte in der Wüste.

Mit 25 Jahren nahm Mohammed eine Stellung bei einer schönen, 20 Jahre älteren Kaufmannswitwe an. Sie hieß Chadidja. Zwei Jahre lang führte Mohammed Chadidjas Karawanen quer durch Arabien und leitete schließlich ihre Geschäfte. Wie zu erwarten gewesen war, verliebte Chadidja sich in ihn. Schließlich ließ sie ihm durch einen Vermittler einen Heiratsantrag machen. Ihre Ehe, aus der sechs Töchter hervorgingen, sollte 21 Jahre halten – bis zu Chadidjas Tod.

Doch kaum war die Hochzeitszeremonie vorüber, wandten Mohammeds Gedanken sich wieder nach innen. Seine Begegnungen mit so vielen verschiedenen Kulturen und Religionen hatten verborgene Samen in seine Seele gelegt, die nun zu keimen begannen. Er ertappte sich bei dem Gedanken, wie die 360 Steingötzen im Tempel von Mekka wohl Seelen retten sollten. Solche Fragen trieben ihn wieder dazu, in der Einsamkeit der Wüste seine eigene Seele zu erforschen.

Mohammed verbrachte seine Tage nun in einer Höhle in den Hügeln außerhalb von Mekka, wo er fastete, betete und meditierte. Er schlief nur wenig und begann, veränderte Bewußtseinszustände und Visionen im Wachzustand zu erleben. Manchmal überkam ihn ein heftiges Zittern, und er verlor das Bewußtsein. Als praktisch denkender Mensch von unverwüstlicher Gesundheit, der viele strapaziöse Reisen durch die Wüste überstanden hatte, empfand er diese Phänomene als seltsam und beunruhigend. Doch diese inneren Erdbeben, die er in seiner Sorge für Vorboten einer Krankheit hielt, waren in Wirklichkeit die zitternden Vorahnungen eines großen inneren Erwachens.

Als der inzwischen 40jährige Mohammed eines Nachts im heiligen Monat Ramadan in seiner Höhle in der Wüste fastete und betete, hörte er eine Stimme, die sehr eindringlich nach ihm rief. Als er in der Finsternis der Höhle aufblickte, sah er einen Engel vor sich, der ein blendendes Licht verströmte. Mohammed fiel vor Schreck in Ohnmacht. Als er wieder zu sich kam, stand der Engel immer noch da.

»Lies«, befahl der Engel streng und mit großem Nachdruck.

»Ich kann nicht«, stammelte Mohammed, denn er war des Lesens kaum mächtig.

»Lies«, befahl der Engel wieder und begann in Versen zu ihm zu sprechen: »Im Namen des Herrn, des Schöpfers aller Dinge, der den Menschen aus einem Klumpen Erde erschaffen hat. Lies im Namen des Allerhöchsten, der die Menschen gelehrt hat, mit Tinte und Feder umzugehen, und ihm Dinge beigebracht hat, die er vorher nicht wußte.«

Ehrfürchtig wiederholte Mohammed diese Worte und prägte sie sich ein. Dann sagte der Engel: »Mohammed, du bist der Bote Allahs, und ich bin sein Engel Gabriel.«

Mit diesen Worten verschwand der Engel.

In fassungsloser Verzückung ging Mohammed nach Hause und erzählte Chadidja, was geschehen war. Sie umarmte ihn und brachte unmißverständlich ihren Glauben an seine Vision und seine göttliche Mission zum Ausdruck. »Freue dich, lieber Mann,« sagte sie. »Er, der das Leben Chadidjas in Seinen Händen hält, ist mein Zeuge, daß du der Bote Seines Volkes sein wirst.«

Doch Mohammed traute seiner eigenen Vision nicht. Wie konnte er, ein einfacher, weit von der Vollkommenheit entfernter Mann, ein solcher Bote sein? Er fürchtete, daß er einer Illusion erlegen oder vielleicht sogar verrückt war. Tage vergingen. Er wartete auf ein weiteres Zeichen, eine weitere Bestätigung, um an sich selbst glauben zu können und zu erfahren, wie er vorgehen sollte. Aber nichts geschah.

Schließlich kehrte er zu der Höhle auf dem Berg Hira zurück, um nach dem Engel Gabriel zu suchen. Er wartete und betete, aber vergebens. Von schrecklichen Zweifeln und der Angst verfolgt, verrückt zu sein, stieg Mohammed auf einen Felsen, um sich in den Abgrund zu stürzen. In diesem Augenblick erschien ihm der Engel wieder, hob die Hände und wiederholte: »Ich bin Gabriel, und du bist Mohammed, der Bote Allahs.« Wie vom Donner gerührt blieb Mohammed am Rande des Abgrunds stehen und fiel in Trance. So vergingen Stunden. Am Abend kam einer von Chadidjas Dienern und fand Mohammed immer noch in Ekstase versunken auf dem Felsen sitzend. Er führte ihn nach Hause.

Nach diesem Ereignis begann Mohammed die Nachricht von der Offenbarung seines neuen Glaubens in aller Stille unter ein paar engen Freunden und Angehörigen zu verbreiten. Doch in jener Kultur, in der die Menschen einen sehr engen Kontakt zueinander hatten, sprach sich das rasch herum. Bald begannen die Menschen ihn zu verfolgen – er kam ins Gerede, wurde brutal zusammengeschlagen, man spann Intrigen gegen ihn und trachtete ihm nach dem Leben. Doch im Lauf der Zeit wurden durch seine Ehrlichkeit und Tugendhaftigkeit, durch die Worte der Schrift, die er offenbarte, und das geheimnisvolle Wirken des Schicksals einige der größten Krieger Mekkas bekehrt. All das stärkte den noch jungen Glauben des Islam und flößte seinen Gegnern Angst ein.

Als Beweis für seine göttliche Mission verlangten die Menschen Wunder von Mohammed. Doch er antwortete, er sei nicht gekommen, um Wunder zu wirken, sondern um das Wort Allahs zu predigen. Als man ihn aufforderte, einen Berg zu versetzen, blickte er zu dem Berg hinüber, doch dieser rührte sich nicht von der Stelle. Da sprach Mohammed die mittlerweile berühmten Worte, die seine Weisheit, seinen Humor und seine Demut zeigten: »Wenn der Berg nicht zu Mohammed kommt, dann muß Mohammed eben zum Berg gehen.«

Vom Anfang bis ans Ende seines Lebens beteuerte Mohammed stets, ein ganz gewöhnlicher Mensch zu sein, ein Mensch voller Fehler und Grenzen – ein Mann, der aus Gründen, die er selbst nicht verstand, von Gott dazu ausersehen war, den Menschen den Islam zu offenbaren, was soviel bedeutet wie »Hingabe an Gott«. Der Islam verlangte Glauben an Gott, Barmherzigkeit, Reinheit, ein Leben ohne falsche Götter, geführt mit dem Mut eines Kriegers, und regelmäßiges Gebet als läuternde Versenkung in Seinen Geist.

Mohammeds Angriff auf ihre geliebten Götzen reizte die Bürger von Mekka zum Zorn – ebenso wie seine Behauptung, daß es nur einen einzigen Gott namens Allah gebe und daß er, Mohammed, Sein Prophet sei. Er wurde gezwungen, durch die Wüste in die Stadt Medina zu fliehen. Dort begann er seine Mission aufs Neue. Wieder war er ein einsamer Prophet mit ein paar Anhängern in einer Stadt voller Ungläubiger.

Im Lauf der Zeit offenbarte der Engel Gabriel Mohammed die Schrift, die er laut rezitierte und die Chadidja und andere Menschen niederschrieben. Diese Schrift wurde als der Heilige Koran (Quran) bekannt. Dieser Koran war das entscheidende Wunder, das Mohammed vollbracht hat – daß ein einfacher Mann, ein halber Analphabet, ein solches Meisterwerk an poetischer Religiosität hervorbringen konnte, allein das hätte ihm schon den Ruhm eines Propheten einbringen können.

Doch diese Meisterleistung war nur ein Kapitel im Leben Mohammeds.

Der einstige junge Beduine, der von den Bürgern Mekkas – und auch von vielen Verwandten und früheren Freunden – fast 20 Jahre lang als Ketzer verfolgt wurde, wurde im Alter ein furchtloser General. Mehr als einmal belagerte das Heer von Mekka die Stadt Medina, in der Mohammed und seine Anhänger lebten, und versuchte sie zu zerstören. Die Angreifer wollten erst dann aufhören zu kämpfen, wenn entweder Mohammed oder Mekka besiegt wären. In der letzten Schlacht, in der Mohammed und seine Leute gegen eine dreifache Übermacht zu kämpfen hatten, aber dafür von der Macht Allahs erfüllt waren, brachen er und seine Anhänger wie ein Sturm über das Heer von Mekka herein und vernichteten es. Diese Schlacht brachte die entscheidende Wende.

Innerhalb eines Jahrhunderts eroberten die Heere des Islam den arabischen Kontinent Stadt für Stadt und ließen seine Armeen zur Anbetung Allahs, des Gottes von Abraham, Moses und Jesus Christus, antreten. Der Islam breitete sich schneller aus als jede andere Religion der Menschheitsgeschichte und ist heute eine der drei großen Weltreligionen, offenbart durch einen ganz gewöhnlichen Menschen, einen Kamelhirten, den Allah durch göttliche Fügung zu seinem Propheten machte.

Lektionen des Todes:

Offenbarungen aus den Augen eines kleinen Mädchens

Manchmal zeigt sich die Gnade auch in Gestalt eines Unglücks. So war es bei der Schriftstellerin und Heilerin Chris Griscom, deren schmerzliche Begegnungen mit dem Tod ihrem Leben eine neue Richtung gaben. Wie viele Menschen in der westlichen Welt hatte Chris das Glück, von den verheerenden Auswirkungen von Krieg, Hunger und Seuchen, die auch heute noch Millionen von Menschen auf der ganzen Welt heimsuchen, weitgehend verschont zu bleiben. Doch in den sechziger Jahren, als Mitglied des Friedenskorps, lernte sie viele Menschenseelen kennen, die sich ständig im Schatten des Todes bewegten.

Ehe sie mit ihrer Arbeit bei den Indianervölkern von El Salvador, Bolivien und Paraguay begann, hatte sich der Tod stets in respektvoller Entfernung von ihr abgespielt. »Tod war ein Fremdwort für mich, ein abstrakter Begriff«, berichtet sie. »Ich hatte seine Geräusche, seine Gerüche, sein zerstörerisches Werk nie erlebt und mir auch nicht vorstellen können, daß er je zu einer prägenden Kraft meines Schicksals werden würde. Doch in manchen Teilen Südamerikas hat man den Tod ständig direkt vor Augen, und er greift einem unwillkürlich ans Herz.«

Eines Tages begegnete Chris, immer noch in ihren schützenden Mantel der Unschuld eingehüllt, in einem kleinen Dorf in El Salvador dem Tod in Gestalt eines kleinen Mädchens, das sie in den Armen hielt, während sie darauf wartete, daß der total überlastete Arzt sich um das Kind kümmern würde. Chris blickte in die Augen des seltsam stillen Kindes in ihren Armen, völlig unvorbereitet auf das, was im nächsten Augenblick geschah. »Plötzlich schauten diese Augen an mir vorbei oder durch mich hindurch in eine unvorstellbare Leere, und mit einem unvergeßlichen Erschauern starb das Mädchen. In zeitloser, blitzartiger Wahrnehmung zeichnete mein Gehirn alles bis ins kleinste Detail auf – das Ausstoßen des letzten Atems, den Geruch bereits verwesenden Fleisches, ihre leeren Augen und das unerklärliche Gefühl, daß das Gewicht in meinen Armen sich verändert hatte.«

Mit einem Schrei warf Chris dem Arzt den leblosen Kinderkörper in die Arme und lief fort. Sie war nicht auf eine so hautnahe Begegnung mit dem Tod vorbereitet gewesen, und ihr ganzes Wesen schauderte davor zurück. »Nicht in *meinen* Armen!« dachte sie. Doch sie konnte den Eindruck in ihrem Gedächtnis nicht auslöschen, konnte diesen Augenblick nicht vergessen und fühlte sich »tief im Inneren beschmutzt«. Diese Begebenheit zerstörte ihre jugendliche Unschuld. Jetzt konnte sie die Realität des Todes nicht länger verleugnen.

In jener Nacht erwachte Chris und sah in der Dunkelheit die Geistergestalt des kleinen Mädchens vor sich. Die Erscheinung war von strahlendem Licht umgeben und übermittelte ihr voller Mitgefühl eine bedeutungsschwere Botschaft: »Meinen Tod habe ich selbst gewählt; der Zeitpunkt meines Todes war ein Geschenk an dich.« Dann verblaßte die Gestalt wieder im Dunkel der Nacht. Diese Vision und das eindringliche Gefühl einer zeitlosen Verbundenheit mit diesem Kind, das sie auf dieser Erde nur ein paar Minuten lang gekannt hatte, versetzte Chris »in einen atemlosen Zustand der Ehrfurcht und Bewußtseinserweiterung« und vermittelte ihr die absolute Gewißheit, »daß wir mehr sind als nur dieser Körper«.

Die Beerdigungsfeier des Kindes fand in einem kleinen Haus aus Adobeziegeln statt, das nur aus einem einzigen Zimmer bestand. Der kleine Kinderkörper war in ein weißes Gewand gekleidet und von Blütenblättern umgeben. »Als ich einen Schritt vortrat, um in das Haus einzutreten«, erinnert sich Chris, »sprang die Mutter des kleinen Mädchens auf und umarmte mich so heftig, daß es mir vor Überraschung den Atem verschlug, denn in ihrem tränenüberströmten Gesicht zeichnete sich eine ungeheure Erleichterung ab. (...) Sie führte mich zu dem Sarg und (...) sagte voller Freude: ›Gott hat sie zu sich genommen. Sie ist bei Gott!‹ Verblüfft schaute ich in die Gesichter der umstehenden Leute, und mit den Augen meines Herzens erkannte ich, daß sie dieses Kind offenbar innerlich losgelassen hatten (...) sie feierten seine Wiedervereinigung mit Gott. In diesem Augenblick verwandelte ich mich ganz bewußt in einen Menschen, der nach den spirituellen Wahrheiten des Lebens sucht.«

Der Tod wurde ihr wichtigster Lehrmeister. »Keine noch so großartige intellektuelle Wahrheit oder Idee läßt sich mit der atemberaubenden Macht der Hingabe vergleichen, die ich in jenem Dorf Dulce Nombre de Maria in El Salvador erlebt habe«, schreibt sie später. »Vielleicht hielt das Schicksal mich für einen begriffsstutzigen Menschen, vielleicht wollte Gott auch meine Fähigkeit zur Hingabe prüfen – jedenfalls sollte ich später noch viele unschuldige Kinder im Augenblick ihres Todes in den Armen halten. (...) Und jedesmal spürte ich einen entsetzlichen Stich im Herzen, gefolgt von einer wachsenden Fähigkeit, mich Gott hinzugeben. Ich erlebte – bei anderen Menschen und auch bei mir selbst –, wie tiefster Kummer und heftigste Schmerzen (...) sich in höchste Ekstase verwandelten. Ich sah Gesichter voller Licht. Gesichter Gottes. Und all diese inneren Wandlungen wurden durch Hingabe bewirkt. Der Schrecken des Todes hat mich zum Leben erweckt.«

Chris lernte den Engel des Todes sehr genau kennen. Er öffnete sie für ein Leben von ungeheurem innerem Reichtum, und sie lernte auch noch andere Lektionen über den Mut zur Hingabe von ihm: Als sie im Alter von 40 Jahren in einem mexikanischen Krankenhaus wegen einer leichten Wunde behandelt wurde, gaben die Ärzte ihr ein Betäubungsmittel, gegen das sie allergisch war. Der allergische Schock führte zu einem plötzlichen Herz- und Atemstillstand. »Mein Bewußtsein erlebte die fantastischsten energetischen Explosionen, während es aus meinem Körper emporstieg und in eine Dimension des Lichts eintrat.«

Das war das erste von sechs Nahtoderlebnissen, die Chris Griscom hatte. Eine Stunde lang war sie bewußtlos und dem Tode nah. Als sie wieder zu sich kam, war ihre linke Herzkammer stark geschädigt. Die Ärzte empfahlen eine Bypassoperation, die jedoch verschoben werden mußte, weil sie schwer an Typhus erkrankte.

Das erwies sich als Glück im Unglück.

»Wie es in Zeiten schwerer Krankheit oft passiert«, sagt sie, »befähigte eine seltsame innere Klarheit oder Bewußtseinserweiterung mich dazu, meinen Lichtkörper getrennt von dem physischen Körper wahrzunehmen, der im Bett lag. Ich ließ mich von dieser inneren Klarheit leiten (...) und legte das Herz meines Lichtkörpers auf mein geschädigtes physisches Herz, um ihm die Struktur jenes Lichtherzens einzuprägen.«

Manchem mag das sehr abstrakt und metaphysisch vorkommen; doch schon nach drei Tagen sagten die Ärzte kopfschüttelnd: »Das kann doch gar nicht sein – diesmal sieht das EKG ganz anders aus. Dabei ist das unmöglich.«

Für Chris war dieses Ereignis ein Beweis dafür, daß sie »Verbindung mit der Lichtenergie aufgenommen hatte, die den Bauplan des physischen Körpers enthält. Dann war ich mit (meinen) physischen Zellen verschmolzen und hatte sie dazu angeregt, etwas völlig Neues zu erschaffen.« Auch das mag weit hergeholt klingen, doch neueste Entdeckungen der Zellbiologie beweisen, daß unsere Zellen tatsächlich sofort und meßbar auf unsere Visualisierungen reagieren und daß wir auf diese Weise ganz gezielt erstaunliche Heilungsprozesse in Gang setzen können, die in vielerlei Hinsicht wie ein Wunder erscheinen.

Heute ist Chris Griscom Mutter von sechs Kindern, spirituelle Lehrerin, Heilerin, Schriftstellerin und Begründerin des Light Institute in Galisteo (New Mexico). »Alle Ausdrucksformen (des Körpers) sind Teil der Energien, die ihn durchströmen. Wir können uns dieser Energien bewußt werden und sie beeinflussen. Unser Körper ist zu Leistungen imstande, die wir uns niemals hätten träumen lassen.«

Unerwartete Reisen:

Ein Geschäftsmann erforscht Welten außerhalb seines Körpers

Im Frühjahr 1958«, berichtet Robert Monroe, »führte ich noch ein ziemlich normales Leben und hatte eine ziemlich normale Familie.«

Damals besaß Robert, ein erfolgreicher Geschäftsmann, der Musik für Radio und Fernsehen komponierte, fünf Radiosender, die in Bürogebäuden an der Madison Avenue untergebracht waren. Da wurde Robert plötzlich völlig unvorbereitet und ohne ersichtlichen Grund aus seinem Körper herausgehoben und in ätherische Bereiche katapultiert, die normalerweise großen Heiligen und Mystikern vorbehalten sind.

Er kann zwar nicht erklären, wie und warum dieses ungewöhnliche Abenteuer begann, aber er weiß noch genau, wann. Eines Sonntagnachmittags – seine Frau und seine zwei Kinder waren gerade in der Kirche – legte Robert sich im Wohnzimmer auf die Couch, um ein Mittagsschläfchen zu halten. »Ich hatte mich gerade auf den Bauch gelegt«, schreibt er, »da schien von Norden her ein Lichtstrahl vom Himmel zu kommen und sich in einem Winkel von etwa 30 Grad vom Horizont auf mich zuzubewegen. Mir war, als würde ich plötzlich in ein warmes Licht gehüllt. (...) Der Lichtstrahl traf meinen Körper und ließ ihn heftig erzittern – ich vibrierte am ganzen Leib und konnte mich nicht mehr aus eigener Kraft bewegen. Ich lag da wie in einem Schraubstock.«

Dieses Phänomen wiederholte sich im Lauf der nächsten sechs

Wochen noch neunmal: Aus einem Zustand geruhsamer Entspannung heraus begann Robert plötzlich heftig zu zittern. Er fürchtete schon, an Epilepsie oder einem Gehirntumor zu leiden, und ging zum Arzt, der ihm jedoch erklärte, er sei völlig gesund. Doch als er sich am folgenden Abend ins Bett legte, passierte es wieder. Diesmal beschloß Robert, das Phänomen genau zu beobachten, statt dagegen anzukämpfen. Die Vibrationen gingen fünf Minuten lang in Wellen durch seinen Körper und hörten dann plötzlich auf. Von da an nahm Robert das Ganze einfach nur so objektiv wie möglich wahr, wann immer es passierte. Er sah einen »flammenden elektrischen Ring«, der sich »in einer großen, tosenden Welle« von seinem Kopf zu seinen Füßen und wieder zurück bewegte. Robert berichtet, daß er die Vibrationen auch in seinem Gehirn spürte.

Eines Nachts, nachdem sich wieder einmal das mittlerweile schon vertraute Phänomen eingestellt hatte, stellte Robert plötzlich fest, daß er in der Nähe der Zimmerdecke schwebte. In seiner Verwirrung hielt er die Decke zunächst für eine Wand. Doch als er sich umdrehte und nach unten schaute, sah er seine Frau im Bett liegen. Daneben lag ein Mann. Es dauerte ein paar Sekunden, bis ihm klar wurde, daß dieser Mann ... er selbst war.

Bis dahin hatte er Angst gehabt, den Verstand verloren zu haben; doch nun schien es eher, als sei ihm sein Körper abhanden gekommen. Da er fürchtete zu sterben, »tauchte er wieder in den Körper hinein«, schlug die Augen auf, erhob sich und lief im Zimmer umher. Er fühlte sich ganz wohl; doch die unbestreitbare Realität, daß »er« etwas anderes war als dieser Körper (oder zumindest nicht auf seinen Körper beschränkt), brachte ihn aus der Fassung.

Das vibrierende Gefühl überkam ihn noch sechsmal, ehe er es wagte, wieder seinen Körper zu verlassen. Beim nächsten Versuch glitt er ganz mühelos aus ihm heraus. So begann die »astrale« Karriere von Robert Monroe, einem modernen Pionier, der wohl mehr unerforschte, nichtphysische Orte und Reiche erkundet hat als irgendein anderer Mensch seit Emanuel Swedenborg, dem großen Mystiker des siebzehnten Jahrhunderts.

Im Lauf der nächsten 40 Jahre wurde Robert Monroe der bedeutendste Astralreisenforscher der Welt. In seinen Büchern und Tagebüchern, in denen er all seine Erlebnisse bis ins kleinste Detail dokumentiert, berichtet er über Tausende von Astralreisen, schildert die Reiche, die er besuchte, und die Entdeckungen, die er auf seinen Exkursionen durch Zeit und Raum machte. Außerdem beschreibt er verschiedene Wesenheiten, denen er dabei begegnete: hochentwickelte spirituelle Wesen und geistige Führer, aber auch Menschen, die sich wie er selbst auf das Abenteuer der Astralreise eingelassen hatten, verlorene Seelen, Leute, die gerade einen Klartraum erlebten oder einfach nur schliefen und im Traumzustand ihren Körper verlassen hatten. Er traf sogar die Geister der Toten.

Auf einer dieser Reisen wurde Robert zu einem zehnjährigen Jungen hingezogen, der krank im Bett lag. Der Junge, dem seine Krankheit große Angst einflößte, nahm Roberts Anwesenheit wahr. Robert versuchte ihn zu trösten. Bevor er ging, versprach er, ihn wieder zu besuchen.

»Ein paar Wochen später«, schreibt Robert, »verließ ich wieder die physische Dimension. (...) Da schob sich plötzlich derselbe Junge in mein Blickfeld. Als er mich sah, kam er näher. Er war verwirrt, hatte aber keine Angst.«

Robert begriff instinktiv, daß der kleine Junge gestorben war.

»Was soll ich denn jetzt machen?« fragte der Junge ihn. »Wo soll ich hin?«

Auf diese Frage wußte Robert auch keine Antwort. Er legte dem Jungen den Arm um die Schultern und sagte ihm, daß bald ein paar »Freunde« kommen und ihn dorthin mitnehmen würden, wo er hingehörte.

»Am nächsten Tag«, sagt Robert, »stand in der Zeitung die Geschichte vom Tod eines kleinen Jungen nach langer Krankheit. Er war am Nachmittag gestorben, kurz bevor ich mit meinem Experiment begann.«

Das Beeindruckende an Monroes Arbeit sind die objektiven Methoden und Technologien, deren er sich bediente, um seine subjektiven Erlebnisse zu untersuchen und zu verifizieren. In den ersten Jahren tat er, was er konnte, um alles, was er erlebte, durch Beweise zu erhärten. Auf einer seiner Astralreisen schwebte er die Hauptstraße seiner Heimatstadt entlang. Da sah er auf der Hebebühne einer Autoreparaturwerkstatt ein weißes Auto, dessen Hinterreifen abmontiert waren. Nachdem er in seinen Körper zurückgekehrt war, setzte er sich sofort ins Auto und fuhr zu der Werkstatt. Dort entdeckte er tatsächlich das weiße Auto auf der Hebebühne. Die hinteren Reifen fehlten, genau wie er es vorher gesehen hatte.

An einem anderen Nachmittag am Wochenende »besuchte« er eine langjährige gute Freundin und Geschäftspartnerin – eine Frau, die von seiner »merkwürdigen Begabung« wußte. Sie war zu Hause und hatte noch zwei andere Frauen bei sich – eine blonde und eine brünette. Die Frauen sahen ihn nicht. Ehe er ging, kniff Robert seine Kollegin in die Seite, um zu sehen, ob das irgendeine Wirkung hatte.

»Sie schrie laut ›Au!‹«, erinnert er sich, »und ich wich zurück ... und war etwas überrascht. Ich hatte nicht damit gerechnet, daß ich sie tatsächlich kneifen konnte.«

Als Robert sie am nächsten Montag bei der Arbeit wiedertraf, fragte er sie, was sie an jenem Tag um jene Uhrzeit gemacht hatte, ohne ihr von seinem Besuch zu erzählen. Sie war mit zwei jungen Frauen zusammen gewesen – ihrer Nichte, einer Brünetten, und deren Freundin, einer Blonden. Robert fragte sie nach weiteren Details, aber mehr sagte sie nicht. »Schließlich«, schreibt Robert, »wurde ich ungeduldig und fragte sie, ob sie sich noch daran erinnerte, wie sie gekniffen worden war. Da huschte ein Ausdruck grenzenloser Überraschung über ihr Gesicht.«

»Warst du das?« fragte sie, hob den Saum ihres Pullovers und zeigte ihm zwei blaue Flecken genau an der Stelle, an der er sie gekniffen hatte.

»Das hat weh getan!« sagte sie. Das wunderte Robert, denn er hatte nicht erwartet, daß er einem Menschen blaue Flecken beibringen konnte, während er sich in seinem Astralleib befand.

Im Laufe jahrelanger Nachforschungen und außerkörperlicher Erlebnisse entstand allmählich ein umfassendes Bild vom multidimensionalen Charakter des Universums und den verschiedenen spirituellen Wesen, die es bewohnen – einschließlich uns Menschen.

In seinen drei Büchern (das erste hieß *Der Mann mit den zwei Leben. Reisen außerhalb des Körpers*) beschreibt Robert Monroe ein Universum aus verschiedenen einander überlappenden Reichen, in denen nichtkörperliche Wesen (hauptsächlich Geister) leben, die sich immer wieder inkarnieren (das heißt, einen irdischen Körper annehmen), um eine höhere Ausbildung zu erfahren oder sich spirituell weiterzuentwickeln – manchmal aber auch nur aus purer Abenteuerlust. Laut Monroe beginnt die menschliche Reise mit dem verwirrenden Abstieg einer Seele in die Tiefen der Materie – so lange, bis sie sich total mit dem Körper und der physischen Welt identifiziert. Trotzdem ist die Seele von einem angeborenen natürlichen Bedürfnis erfüllt, durch spirituelles Wachstum wieder in die selige Freiheit ihrer eigentlichen »Heimat« in jenem Licht zurückzukehren, das viele Menschen Gott nennen.

1971 begründete Robert Monroe das Monroe-Institut, ein Forschungszentrum, das sich dem Studium außerkörperlicher Phänomene widmet. Das war das erste Mal, daß solche Untersuchungen mit Hilfe wissenschaftlicher Technologien und Kontrollverfahren durchgeführt wurden – und viele davon hat Monroe selbst erfunden.

In den nächsten 20 Jahren unternahmen Zehntausende freiwilliger Forscher, die an Elektroden angeschlossen und genau überwacht wurden, Hunderttausende von »Reisen« – in Gedanken und oft auch aus ihrem Körper heraus – und berichteten hinterher genau über alles, was sie dabei entdeckt hatten. Monroe benutzte diese Forschungsarbeiten dazu, verschiedene Bewußtseinszustände zu analysieren und Menschen beizubringen, wie sie ihr Bewußtsein nach Belieben verändern können. Inzwischen wird die Technologie, zu deren Entwicklung er beigetragen hat, in vielen verschiedenen Bereichen eingesetzt, von der Medizin bis hin zu neuen Lernhilfen und -methoden.

Am Tag des heiligen Patrick im Jahr 1995 verließ Robert Monroe seinen Körper zum letzten Mal. Woher der Lichtstrahl kam, der seine Karriere als Astralforscher in Gang gesetzt hatte, hat er nie herausgefunden – und auch nicht, wer die spirituellen Wesen waren, die ihn dabei unterstützten und führten (obwohl er vermutete, daß eines dieser Wesen er selbst in einer Zeitdimension der fernen Zukunft war). Doch seine Erlebnisse, Forschungen und Schriften haben unser Verständnis für unsere spirituelle Natur und für das Universum erweitert, in dem wir leben. Außerdem bieten sie eine plausible Erklärung für den Sinn unseres Lebens auf der Erde und gleichzeitig eine faszinierende Anleitung für den Aufstieg in Bereiche jenseits unseres Körpers.

Eine ganz normale Frau wird zur Pilgerin:

Der 28jährige Friedensmarsch der Mildred Norman

Mildred Norman kam im Jahr 1908 auf einer kleinen Hühnerfarm in New Jersey zur Welt. Die Geschichte ihrer Jugend bietet kaum Anhaltspunkte für das göttliche Schicksal, das ihr bestimmt war. Ihre Familie gehörte keiner Kirche und keiner Religion an. Mildred machte das Abitur, fand eine Stellung, trug Make-up, kaufte sich schöne Kleider, fuhr ein schickes Auto, ging abends mit jungen Männern aus und schrieb nebenbei Stücke für eine Amateurschauspielertruppe der Farmervereinigung ihrer Stadt.

In der Zeit, als Amerika in der großen Depression versank, heiratete Mildred, der Eigendynamik ihres konventionellen Lebens folgend. Ihr Mann hatte Schwierigkeiten, Arbeit zu finden. Später trennten sich ihre Wege, und sie ließen sich scheiden, da sie grundverschiedene Vorstellungen vom Leben hatten. In dieser Krisenzeit begann Mildred ihre ganze Existenz und deren Sinn in Frage zu stellen. Es war ein Wendepunkt in ihrem Leben und zugleich eine Vorbereitung auf das, was sie später vollbringen sollte.

Nach und nach begannen die Samen ihrer Zukunft zu keimen; aus der inneren Suche, auf die sie sich während langer Bergwanderungen begab, erwuchsen neue Perspektiven für ihr Leben. Die Einsamkeit der Natur brachte ihr innere Klarheit während dieser Zeit der Vorbereitung auf etwas, was sie noch nicht genau definieren konnte. In einer sechsmonatigen Tour wanderte Mildred als erste Frau den ganzen fast 3500 Kilometer langen Appalachian Trail entlang.

Gegen Ende dieser Wanderung wurde ihr eine Offenbarung zuteil, die sie für den Rest ihres Lebens prägen sollte. »Als ich 30 Jahre alt war«, schreibt sie in ihrem Tagebuch, »wanderte ich eines Nachts aus Verzweiflung und tiefer Sehnsucht nach einer sinnvolleren Art zu leben allein durch den Wald, kam an eine vom Mond erhellte Lichtung und betete. In diesem Augenblick spürte ich eine absolute, vorbehaltlose Bereitschaft, mein ganzes Leben dem Dienst an der Welt zu weihen. ›Bitte mache Gebrauch von mir!‹ betete ich zu Gott. Da überkam mich ein Gefühl großen Friedens.« Als der Morgen anbrach, ging ihr altes Leben zu Ende.

Doch das war erst der Beginn ihrer spirituellen Vorbereitung.

Nichts in Mildreds Jugend hatte auf diese innere Wandlung hingedeutet. Viele Angehörige, Freunde und Nachbarn waren bestürzt darüber, wie sie sich verändert hatte, und distanzierten sich von ihr. Es folgte eine 15jährige Zeit der Prüfung – ein Krieg zwischen dem, was sie ihr »niederes, egozentrisches Ich« und ihr »höheres, auf Gott konzentriertes Ich« nannte.

In dem Bemühen, die spirituelle Erweckung, die sie in jener Nacht auf ihrer Wanderung durch die Appalachen erlebt hatte, zu einem Bestandteil ihres täglichen Lebens zu machen, widmete Mildred einen immer größeren Teil ihrer Freizeit dem Dienst an anderen Menschen. Sie kümmerte sich um alte und psychisch gestörte Menschen und arbeitete ehrenamtlich für verschiedene Friedensorganisationen. In dieser Zeit befreite sie sich nach und nach von allen unnötigen Besitztümern und Bindungen sowie sämtlichen nutzlosen Aktivitäten. Sie war schon immer Pazifistin und der Meinung gewesen, daß man freiwillig ein einfaches Leben führen solle. Jetzt begann sie ihren Besitz auf ein Minimum zu beschränken. Sie besaß nur noch zwei Kleider – eines trug sie, während das andere in der Wäsche war.

Eines Morgens, als sie wie jeden Tag schweigend durch die Natur wanderte, gipfelte ihre jahrelange spirituelle Vorbereitung in einer zweiten Erleuchtung. »Plötzlich fühlte ich mich innerlich höher emporgehoben als je zuvor – ich erlebte Zeit- und Raumlosigkeit und eine ungeheure Leichtigkeit –, es war, als wandelte ich gar nicht mehr auf der Erde. Jeder Busch, jeder Baum schien einen Heiligenschein zu tragen (...) Alles war von Licht umgeben, und goldene Pünktchen tanzten durch die Luft wie Regentropfen. Aber das Wichtigste war nicht dieses Phänomen selbst (...) sondern die Erkenntnis, daß die ganze Schöpfung eins ist.«

Mit dieser Erkenntnis endete ihre Vorbereitungszeit, und ein neues Leben begann. Sie nahm den Namen Peace Pilgrim (»Pilgerin des Friedens«) an und beschloß, kreuz und quer durch Nordamerika zu wandern und vom Frieden zwischen den Völkern, Frieden zwischen einzelnen Menschen und vor allem von dem so wichtigen inneren Frieden zu sprechen.

Ihr Leben wurde zur Pilgerreise.

In den folgenden Jahren entledigte sie sich aller Besitztümer mit Ausnahme der Kleidungsstücke, die sie auf dem Rücken trug. Sie hatte keinen Mantel, keinen Schlafsack, kein Geld – sie trug nur einfache Schuhe mit Gummisohlen, lange Hosen und einen schlichten Kittel. In den Taschen bewahrte sie ihre einzigen irdischen Habseligkeiten auf: eine zusammenklappbare Zahnbürste, einen Kamm, eine Karte des Gebiets, das sie gerade durchwanderte, und ihre Post. Unter ihrem Kittel hatte sie im Sommer ein kurzärmeliges und im Winter ein langärmeliges Hemd an. Auf der Rückseite des Kittels waren die Worte »10 000 Meilen für den Frieden« aufgedruckt. Später wurden daraus 25 000 Meilen – eine Zahl, die sie im Lauf ihrer 28jährigen Pilgerreise, in der sie alle kanadischen Provinzen einmal und die gesamten Vereinigten Staaten fast siebenmal durchquerte, bei weitem übertraf.

Als Pilgerin verließ sie sich auf die Güte und Großzügigkeit anderer Menschen sowie die Gnade Gottes. Sie bat niemals um Essen oder Obdach, sondern nahm nur das, was die Menschen ihr freiwillig anboten. Nachts schlief sie auf Feldern, in Parks, Bushaltestellenhäuschen und anderen Unterkünften in ganz Nordamerika. Überall, wo sie hinkam, sprach sie vom Frieden und inspirierte ihre Zuhörer dazu, über ihre höchsten Ideale nachzudenken und danach zu leben.

»Peace«, wie die Menschen sie nannten, wanderte im Winter nach Süden und im Sommer nach Norden; sie erlebte viele glühendheiße Tage, eiskalte Nächte und lebensgefährliche Situationen. Doch ihr Glaube an die göttliche Vorsehung gab ihr Kraft. Als ein halbverrückter Teenager – ein ungeschlachter Kraftprotz – sie angriff, versuchte sie nicht einmal, sich zu verteidigen. Sie zeigte ihm nur Liebe und Mitgefühl und hatte diesen irregeleiteten jungen Mann schon bald davon überzeugt, daß es auch für ihn einen Weg zum inneren Frieden gab. Letzten Endes fand er diesen Frieden auch. Ein anderes Mal forderte ein Mann sie auf, in sein Auto einzusteigen. Sie unterhielten sich eine Zeitlang miteinander; dann bot er ihr an, eine Weile in ihrem Auto zu schlafen. Vertrauensvoll kuschelte sie sich auf dem Sitz zusammen und schlief ein. Als sie ein paar Stunden später aufwachte, gestand er ihr, daß er eigentlich vorgehabt hatte, sie zu vergewaltigen, es aber angesichts ihres Vertrauens nicht über sich gebracht hatte.

Einmal trat sie einem psychisch gestörten Mann entgegen, der ein 18jähriges Mädchen zu vergewaltigen versuchte. Peace ließ sich nicht einschüchtern. Ohne Zorn oder Kritik sah sie dem Mann ins Gesicht, bis er schließlich kehrtmachte und fortging. »In jedem Menschen steckt ein Funken Güte«, sagte sie oft, »auch wenn er noch so tief verschüttet ist. Das ist dein wahres Ich.« Diesen göttlichen Funken sprach sie in allen Menschen an, denen sie begegnete.

Einmal wurde sie auf einer abgelegenen Straße von einem Schneesturm überrascht. Das Schneegestöber war so heftig, daß sie nicht einmal mehr die Hand vor den Augen sehen konnte. Dem Erfrieren nahe, ergab sie sich in den Willen Gottes und taumelte weiter. Da entdeckte sie das Geländer einer Brücke. Sie tastete sich die schneebedeckte Böschung hinab, kroch unter die Brücke und fand einen mit Packpapier gefüllten Karton. Sie zwängte sich hinein und schlief ein.

Als Peace erwachte, war der Himmel blau und die Sonne funkelte ihr ins Gesicht. Ein neuer Tag war erwacht.

»Die Menschen sind so *gut*!« sagte sie häufig. Und überall, wo sie hinkam, bewiesen die Leute ihr, daß sie recht hatte, und öffneten ihr ihre Häuser und ihre Herzen. So lebte die Pilgerin des Friedens fast 30 Jahre lang als Dienerin Gottes auf der Welt und berührte und inspirierte auf ihrem Friedensmarsch Tausende von Menschenseelen. Heute kennen Millionen von Menschen weltweit ihre einfache und doch so bedeutsame Botschaft: »Dies ist der Weg des Friedens: Überwindet das Böse durch das Gute, die Falschheit durch die Wahrheit und den Haß durch die Liebe. Orientiert euch im Leben immer an eurem höchsten Licht, dann wird euch noch mehr Licht zuteil werden.«

Brücke zwischen zwei Welten:

Eine heilsame Vision im afrikanischen Busch

1956 wurde Malidoma Patrice Some im Alter von vier Jahren von einem französischen Jesuitenmissionar aus seinem Dorf und seiner Familie entführt. Damals, Westafrika befand sich unter französischer Besatzung, entführten die Jesuiten viele Kinder in der Hoffnung, ein Heer einheimischer Missionare heranzuziehen, das die Afrikaner von ihren Stammestraditionen zum Christentum bekehren sollte. Die nächsten 15 Jahre seines Lebens sollte Malidoma in Gefangenschaft verbringen; in dieser Zeit wurde er von den Jesuiten unterrichtet und auf die Priesterschaft vorbereitet.

Am Tag seiner Entführung wurde er in eine Jesuitenmission gebracht und in einen Raum mit Betonwänden und einer Metalltür gesperrt. Als er dagegen protestierte, verprügelte ein Missionar den verängstigten Jungen so lange, bis er bewußtlos zusammenbrach. Als er wieder zu sich kam, weinte er nach seiner Mutter. Doch die Prügel lehrten Malidoma, welche Folgen es hatte, wenn er sich gegen die Missionare auflehnte, und machten ihn zum folgsamen Sklaven.

Als er zwölf Jahre alt war, schickte man ihn in ein großes Internat – eine Festung aus Stein und Beton, in der über 500 Jungen im Alter von zwölf bis einundzwanzig Jahren untergebracht waren. Sie lernten Französisch, und man verbot ihnen, ihre Muttersprache zu sprechen. Inzwischen konnten sich die meisten Jungen gar nicht mehr an ihren Stamm und ihre Familien erinnern; man brachte ihnen bei, daß diese »verdammte, niedere Geschöpfe« waren, die »in Sünde lebten«.

Rohrstock und Riemen kamen in der Schule häufig zum Einsatz. Mit der Zeit ließ die Grausamkeit der Missionare die Jungen auch gegeneinander grausam werden. Das Internatsleben, in dem sich die Jungen gegenseitig drangsalierten und sexuell mißbrauchten, war die Hölle. Die jüngeren, schwächeren Jungen wurden regelmäßig sexuell belästigt. Malidoma wurde sogar von einem der Missionare bedrängt. Mit der Zeit zerstörte diese Brutalität seinen Glauben an Gott. Einmal, als er von einem älteren Schüler beinahe in einem Fluß ertränkt wurde, versuchte Malidoma zum Gott dieser Missionare zu beten. »Doch das war so, als betete ich zu demjenigen, der mein Unglück verursacht hatte«, reflektiert er heute.

Als Malidoma 20 Jahre alt war, flüchtete er aus dem Internat in den Dschungel. Er wollte nicht das Priesterdasein führen, auf das man ihn vorbereitet hatte. Er konnte sich nicht vorstellen, seine Familie und seinen Stamm, die er verloren hatte, zu einer Religion zu verführen, die ihm so viel Leid bereitet hatte. Elf Tage lang wanderte er die staubigen Straßen entlang und schlief unter Bäumen oder im Busch. Schließlich kam er schmutzig, halb verhungert und erschöpft in Dano an, dem Dorf, in dem er zur Welt gekommen war. Es gelang ihm sogar, die Hütte seiner Familie ausfindig zu machen. Weil niemand da war, setzte er sich unter einen *nim*-Baum, der in der Nähe stand, und schlief ein.

Als er aufwachte, war er von neugierigen Kindern umringt. Dann kam eine junge Frau herbei, betrat das Haus, kam wieder heraus, um ihm etwas zu trinken zu geben, und ging wieder hinein – Bruder und Schwester erkannten sich nicht. Als nächstes kam ein gebrechlicher alter Mann auf einem Fahrrad. Sie grüßten sich und sahen sich neugierig an. Dann verschwand der alte Mann im Haus – auch Vater und Sohn erkannten sich nicht.

Schließlich kam eine alte Frau mit einem Bündel Holz auf dem Kopf den Weg herauf. Sie warf Malidoma einen seltsamen Blick zu, näherte sich ihm, blieb zögernd stehen und sah ihn scharf an. Sie trat ein paar Schritte vor und dann wieder zurück; ihre Augen wanderten zwischen dem Fluß und Malidoma hin und her. In ihrem Inneren tobte ein Kampf. Dann ließ sie ihr Bündel Holz fallen und schrie: »Malidoma! *Patrere!* Malidoma!« Sie hatte ihren Sohn erkannt, stürzte auf ihn zu und kniete vor ihm nieder. Sie griff nach seinen Händen, Tränen strömten über ihr Gesicht, sie begann vor Kummer und Wiedersehensfreude zu weinen.

Jetzt erkannte auch er seine Mutter, und sie weinten beide.

Malidomas unerwartete Heimkehr löste eine Krise in seiner Familie und seinem Dorf aus. Er war als Fremder zu seinem Volk zurückgekehrt. Ihre Unterdrücker hatten ihn großgezogen; er gehörte nicht mehr zu ihnen. Er sprach nicht ihre Sprache und verstand auch ihre Sitten und Gebräuche nicht. Doch allmählich begann Malidoma wieder Dagara, seine vergessene Muttersprache, zu lernen, so wie er einst eine fremde Sprache und die Lebensweise der Jesuiten erlernt hatte. Nach einem halben Jahr konnte er schon ganz gut Dagara sprechen. Auch seine fremdsprachige Ausbildung erwies sich als hilfreich – er konnte für die Dorfbewohner Briefe an Angehörige schreiben, die weit weg wohnten. Aber er fühlte sich immer noch verloren, ein Wanderer zwischen zwei Welten, der nirgends richtig Fuß fassen konnte. Seine Verzweiflung und sein Gefühl der Fremdheit verstärkten seine Sehnsucht dazuzugehören.

Als er in eine seelische Krise geriet, machten die Dorfältesten einen Lösungsvorschlag: Um seine Seele zu finden und wieder in den Schoß seines Stammes zurückzukehren, sollte Malidoma an der Stammesinitiation der Dagara teilnehmen, einer gefährlichen, manchmal sogar tödlichen Prüfung. Durch die Initiation der Dagara wird das Bewußtsein über das eigene, von allen anderen Wesen getrennte Ich – über die Alltagswelt – hinausgehoben, so daß die Seele des Initianden mit dem Universum der kosmischen Mächte verschmelzen kann. Diese Prüfung vermag ein Tor zum Übernatürlichen zu öffnen, das im Alltagsleben verborgen liegt. Doch die Initianden können es nur durchschreiten, indem sie der Angst und dem Tod ins Auge sehen, denn das sind die Wächter des Tors zur Geisterwelt.

Es kam der Morgen, an dem Malidoma und 63 andere junge Männer aus fünf Dörfern mit ihren Familien in die Wildnis hinauswanderten, an die Grenze des Buschs. Die jungen Männer legten ihre Kleider ab und verabschiedeten sich von ihren Familien, denn sie wußten, daß sie sie vielleicht nie wiedersehen würden. Dann folgten sie den Dorfältesten nackt und singend hinein in die Buschlandschaft. Viele Stunden später waren sie an einem abgeschiedenen Ort in der Savanne angekommen.

Während ihrer sechs Wochen dauernden Initiation mußten sie immer wieder stunden- und tagelang singen, tanzen, fasten, meditieren und wurden von den Dorfältesten unterwiesen, welche die jungen Männer mit ihren Vorführungen schamanistischer Kräfte einschüchterten und in Angst und Schrecken versetzten. Diese Rituale und Mutproben – eine Nacht mußten sie bis zum Hals in einer Grube eingegraben verbringen – öffneten die Tore zur »anderen Welt«. Malidoma hatte seine erste Vision, die er in seinen Memoiren *Vom Geist Afrikas. Das Leben eines afrikanischen Schamanen* in lebendigen Farben beschreibt, nachdem er sich fast zwei Tage lang in die Betrachtung eines *yila*-Baums versenkt und meditiert hatte.

»Plötzlich«, schreibt er, »erschien an der Stelle, wo vorher der Baum gewesen war, eine große Frau – ein außerordentlich schönes, mächtiges Wesen. Ich spürte die intensive Kraft, die von ihr ausging – eine unwiderstehliche, magnetische Anziehungskraft. Sie hob ihren Schleier und enthüllte mir ein überirdisches Gesicht. Sie war grün, hellgrün. Sogar ihre Augen waren grün, aber sehr klein und lumineszierend. Sie lächelte. Ihre Zähne waren violett und verströmten ein helles Licht. Das Grün dieser Frau hatte nichts mit ihrer Hautfarbe zu tun. Sie war von innen her grün, als sei ihr Körper mit einer grünen Flüssigkeit gefüllt – ihre grüne Farbe war Ausdruck einer grenzenlosen Liebe.

Ich hatte noch nie zuvor soviel Liebe empfunden – eine Liebe, die über alle bekannten Klassifikationen hinausging – wir stürzten aufeinander zu und fielen uns in die Arme. (...) Während sie mich umfangen hielt, sprach die grüne Frau lange zu mir. Sie hatte die sanfteste Stimme, die ich je gehört habe – ich weinte unendlich viele Tränen (...) nicht, weil das, was sie mir sagte, traurig war, sondern weil jedes ihrer Worte ein unbeschreibliches Gefühl der Sehnsucht und des Heimwehs in mir weckte.«

Stunden später erwachte Malidoma geheilt und innerlich wiederhergestellt aus seiner Vision und stellte fest, daß er den *yila*-Baum in den Armen hielt. Intuitiv begriff er, daß das Göttliche ihm in mütterlicher Gestalt erschienen war und ihm eine heilige Vision der kosmischen Liebe geschenkt hatte. Diese Erlebnisse, die weit über seinen normalen Bewußtseinszustand hinausgingen, verblüfften ihn. Später gab einer der Dorfältesten ihm den Rat: »Du brauchst nicht gleich alles sofort zu verstehen. Du hast noch den ganzen Rest deines Lebens Zeit, um zu begreifen, was geschehen ist. Also hab Geduld. Sei froh, daß du nicht zu denen gehörst, die zurückgeblieben sind.« Damit meinte er die vier jungen Männer, die während der Initiation ums Leben gekommen waren.

Malidoma erzählt auch noch von einer anderen Vision und von der Erkenntnis, die ihm daraus erwuchs, lange nachdem die eigentliche Erscheinung längst verblaßt war. »Ich begann allmählich Licht zu sehen, als breche vor meinen Augen der Morgen an (...) Es war wie ein Nordlicht, mit dunklen und extrem hell leuchtenden Flecken. So intensiv war dieses Licht, daß es mich unter normalen Umständen das Augenlicht gekostet hätte; doch irgendwie war ich in der Lage, den Himmel der Unterwelt zu betrachten und trotzdem zu überleben. In diesem Augenblick wurde mir klar, daß das Licht, das uns auf dem Weg in den Tod begegnet, unser eigenes Wesen ist, zu dem wir heimkehren. Dieses Licht ist unser eigener natürlicher, ewiger Zustand.«

Malidomas Begegnung mit dem Göttlichen veränderte sein Seelenleben von Grund auf, befreite ihn weitgehend von seiner Verwirrung und heilte die tiefen Wunden, die seine bitteren Lebenserfahrungen ihm zugefügt hatten. Zum ersten Mal seit 15 Jahren lebte er nicht mehr im Exil. Er war endlich nach Hause gekommen.

Malidoma Patrice Some hat der westlichen Welt die Geschichte seiner Verbannung und Heimkehr sowie den Reichtum seiner Kultur vermittelt, in der das tägliche Leben von spiritueller Bedeutung und unsichtbaren Geistwesen erfüllt ist. Seine Geschichte offenbart uns, daß wir in gewisser Hinsicht alle Gefangene sind, abgeschnitten von der Geisterwelt und der Weisheit unserer Vorfahren. Und wie Malidoma müssen wir alle unsere persönliche Initiation durchmachen, in der wir auf die Probe gestellt, belehrt und nach Hause geführt werden – an jenen Ort in unserem Inneren, wo der Geist wohnt.

Die Macht der Liebe:

Rettende Gnade im holländischen Untergrund

Jack Schwarz kam in Dordrecht (Holland) zur Welt und wanderte später in die Vereinigten Staaten aus, wo er sich seinen Ruf als Wegbereiter und Experte auf dem Gebiet ganzheitlicher Selbstheilungsverfahren und menschlicher Energiesysteme verschaffte. Seine erwiesene Fähigkeit, die »unwillkürlichen« Funktionen seines Körpers – beispielsweise Schmerzen, Blutungen, Atmung und Herzfrequenz – bewußt zu steuern und zu regulieren, hat ihm weltweiten Ruhm eingebracht. All das wurde in verschiedenen wissenschaftlichen Studien von Dr. Elmer Green von der Menninger-Klinik und anderen unabhängigen medizinischen Instituten belegt.

Wie seine Frau Lois und seine engsten Freunde bezeugen, lebte Jack viele Jahre lang von nur zwei bis drei kleinen Mahlzeiten in der Woche und schlief nicht einmal zwei Stunden pro Nacht, war aber trotzdem stets ein Energiebündel mit einem randvollen Terminkalender.

Jack machte seine ersten Erfahrungen mit energetischen Heilkräften im Alter von neun Jahren, als er seine Mutter umarmte, die an Tuberkulose litt. Nach dieser Umarmung erholte sie sich außergewöhnlich rasch und beharrte darauf, daß Jacks Berührung die Ursache für ihre Heilung gewesen sei. Ob das nun stimmte oder nicht – jedenfalls weckte dieses Ereignis Jacks Neugier im Hinblick auf das energetische Heilen, und er begann es für möglich zu halten, daß er vielleicht tatsächlich solche außergewöhnlichen Fähigkeiten besaß.

Jahre später arbeitete Jack als Schaufensterdekorateur in einem Bekleidungsgeschäft. Er steckte sich immer viele Stecknadeln ins Revers, damit er sie rasch bei der Hand hatte, wenn er Kleider und Kostüme an den Schaufensterpuppen befestigte. Eines Tages schlich ein Freund sich zum Spaß von hinten an ihn heran und gab ihm einen freundschaftlich gemeinten, aber kräftigen Schlag auf die Brust – wobei er unwissentlich die Nadeln tief in Jacks Fleisch trieb. Jack ging in den Waschraum, zog die Stecknadeln nacheinander wieder heraus, betrachtete seine blutende Brust und konzentrierte seine ganze Willenskraft darauf, daß die Blutung und die Schmerzen aufhörten. Und es gelang ihm.

Fasziniert von dieser Entdeckung, begann Jack mit sich herumzuexperimentieren. Er bohrte sich Stecknadeln (später sogar dicke Stricknadeln) ins Fleisch und stellte fest, daß er den Schmerz und die Blutungen tatsächlich beherrschen konnte. Im Lauf der Zeit merkte er, daß er außerdem die Heilung von Schnitt- und anderen Wunden beschleunigen sowie Infektionen abwehren konnte.

Doch viele Jahre bevor diese Fähigkeiten ihn berühmt machten, wurde Jack mit einer lebensgefährlichen Situation konfrontiert und erlebte eine göttliche Fügung, die ihm offenbarte, worin die allergrößte Macht besteht.

Im Jahr 1940 warfen die SA-Truppen ihren unheilvollen Schatten über ganz Europa. Als der Krieg ausbrach, ging der damals 16jährige Jack in die holländische Untergrundbewegung. Als die Nazis Jacks Heimatstadt Dordrecht eroberten, konfiszierten sie wie üblich die Volkszählungsberichte, um herauszufinden, wo es kräftige junge Männer gab, und diese dann in Arbeitslager zu schicken.

Als die Nazis zur Familie Schwarz kamen, versteckten die Eltern Jack hinter einem stillgelegten Schornstein. Doch die Soldaten durchsuchten jeden Winkel des Hauses, und schließlich entdeckten sie ihn. Jack wurde zu einer Bahnstation gebracht, wo er auf den Zug warten mußte, der ihn ins Arbeitslager bringen sollte. Am nächsten Morgen, ehe Jack in den Zug stieg, sah er, wie sein Vater, ein kleiner Mann, sich den Weg durch die Menschenmassen und die Wachtposten der Nazis bahnte, um ihm seinen Koffer zu bringen. »Damals merkte ich zum ersten Mal, wie sehr mein Vater mich liebte«, schreibt er später.

Absurderweise wurde der Zug auf seiner Fahrt zum Arbeitslager in Hamburg von den Alliierten beschossen; viele der jungen Männer wurden verletzt und einige, die in Jacks Nähe saßen, starben. Als sie im Arbeitslager ankamen, erfuhren die Nazis (vielleicht durch einen Tip eines Denunzianten), daß Jack der holländischen Untergrundbewegung angehört hatte. Er wurde zum Verhör in ein leeres Zimmer gebracht. Dort fesselte ihn ein Wachtposten, riß ihm das Hemd vom Leib und begann mit einer neunschwänzigen Katze auf ihn einzuschlagen, bis ihm die Haut in Fetzen vom Rücken hing.

Jack hatte bereits Erfahrung in der Kunst der Selbsthypnose. Er hatte sich selbst beigebracht, seine Blutung unter Kontrolle zu halten und seinen Geist von physischen Schmerzen abzulenken. Jung, stolz und ein wenig großspurig, wie er war, dachte er zuerst, daß er es den Nazis schon zeigen werde. Doch die Schläge, die ununterbrochen auf ihn niederprasselten, waren zuviel für ihn, und schließlich fiel er in Ohnmacht.

Während er bewußtlos war, hatte Jack eine bedeutsame Vision – viel eindrucksvoller als alles, was er bisher im Wachzustand oder in seinen Träumen erlebt hatte: Er stand in einer Menge gesichtsloser Menschen vor Jesus Christus, der am Kreuz hing und auf sie hinunterblickte. Sein Gesicht war von Todesqual gezeichnet, aber trotzdem voller Liebe. »Mein Gott, warum hast du mich verlassen?« fragte er. Doch in Jacks Vision sprach Jesus diese Worte nicht zu Gott, sondern zu den Menschen in der Menge und auch zu ihm. In diesem Augenblick wurde Jack klar, daß er dazu berufen war, ein Leben der Liebe zu führen wie Jesus Christus. Und er begriff auch, daß alle Menschen Schauspieler im göttlichen Theater waren, die ihre Rollen perfekt spielten.

Die Folgen dieser visionären Erkenntnis zeigten sich sofort: Als Jack aus seiner Ohnmacht erwachte, war sein Herz von Liebe und Mitgefühl für alle Menschenseelen erfüllt. Und als der Wachtposten ihn wieder auszupeitschen begann, wandte Jack sich um, sah ihm in die Augen und sagte auf deutsch: »Ich liebe dich.«

Er meinte es von ganzem Herzen.

Verblüfft ließ der Nazi die Peitsche fallen und lief hinaus. Später führte ein anderer Soldat Jack in seine Zelle zurück. Danach ließ man ihn in Ruhe. Ein paar Monate später wurde Jack zu seinem Erstaunen nach Holland geschickt, um dort eine Aufgabe zu erledigen. Anscheinend erwartete man, daß er freiwillig wieder ins Arbeitslager zurückkehren würde. Doch Jack nutzte die Gelegenheit zur Flucht, blieb in Holland und ging bis zum Kriegsende wieder in die holländische Untergrundbewegung.

Viele Jahre nach dem Krieg wanderte er nach Amerika aus.

1958 gründete Jack Schwarz in Mendocino (Kalifornien) das Aletheia-Institut, in dem er nun schon seit über 40 Jahren Männern und Frauen aller Altersgruppen hilft, ihre Fähigkeiten zur energetischen Heilung und Regeneration, zur Selbsterkenntnis und bewußten Kontrolle über den eigenen Körper kennenzulernen und weiterzuentwickeln.

Erweckung zur Heilerin:

Wie innere Energie dem Leben eine neue Richtung geben kann

Schon seit Jahren untersucht die chinesische Regierung Menschen, die über außergewöhnliche Kräfte verfügen. Man nennt sie in China »Menschen mit besonderen Fähigkeiten«. Einige von ihnen haben ihre erstaunlichen Gaben durch die anspruchsvolle Technik des Qi Gong entwickelt, die mit innerer Energie arbeitet. Die meisten jedoch haben ihre besonderen Kräfte ganz von selbst auf rätselhafte Weise erworben.

Eine von ihnen ist Mei Mei Xiang.

Ehe die Volksschullehrerin nach Peking zog, lebte sie mit ihrem Mann und ihrem Sohn im Nordosten Chinas. Sie war eine bescheidene Frau und sehr beliebt bei ihren Schülern und Nachbarn. Eines Nachmittags Mitte der achtziger Jahre fuhr Mei mit dem Fahrrad in die Stadt, um ein alljährlich stattfindendes traditionelles Fest zu Ehren der Vorfahren zu besuchen. Es gab Musik, Essen, Tanz und Vorführungen von Menschen in bunten Kostümen, die sich als himmlische Geister, Vorfahren oder historische Figuren verkleidet hatten.

Auf der Heimfahrt wurde Mei müde und hielt an, um am Fuße eines Berges, der den Einheimischen schon seit Jahrhunderten als Aufenthaltsort der Göttin *Quan Yin* bekannt ist, ein Schläfchen zu halten. So kam sie erst nach Einbruch der Dunkelheit zu Hause an. In dieser Nacht bekam Mei plötzlich heftige Magenkrämpfe. Als die Schmerzen am nächsten Tag noch schlimmer wurden, fürchtete sie, auf dem Fest irgend etwas

Verdorbenes gegessen zu haben. Sie wollte schon ins Krankenhaus fahren, da hörten die Krämpfe plötzlich auf. Eine merkwürdige Kraft durchströmte zuerst ihren Bauch und dann ihren ganzen Körper. Ihre Haut prickelte, als hätte sie einen Stromstoß bekommen. Mei fühlte sich federleicht und überglücklich.

Die innere Kraft hob sie in die Höhe – in ihrem berauschten Zustand konnte sie mühelos auf Zehenspitzen gehen. Sie begann nun in schwindelerregendem Tempo durch das ganze Haus zu tanzen. Auf der Suche nach einem Ventil für diese Energie, die sie mit ihrem Ansturm zu überwältigen drohte, verließ sie das Haus und ging spazieren. Dann tanzte sie – immer noch auf Zehenspitzen – über ein Feld, in die Straßen der Stadt hinein, ja sogar mitten durch den Straßenverkehr hindurch. Mei rannte und hüpfte den überfüllten Bürgersteig entlang, ohne mit irgend jemandem zusammenzustoßen. Sie fühlte sich schwerelos; die mächtige Kraft führte sie mit unfehlbarer Präzision. Mei spürte, daß ihr Körper Energie aufnahm und ausstrahlte.

Seitdem wurde sie jeden Tag in bestimmten Zyklen von diesen Energiewellen durchströmt, die sich jedesmal bis zu einer fast unerträglichen Intensität steigerten. Dann mußte sie sie abreagieren, indem sie sich heftig bewegte und wie wild tanzte. Ihre Freunde, Angehörigen und Nachbarn wunderten sich und machten sich Sorgen um sie. Viele glaubten, sie sei verrückt geworden. Auch Mei selbst verstand nicht, was mit ihr passierte. Aber sie fühlte sich sehr glücklich, voller Energie und innerer Klarheit. Zwar fürchtete sie manchmal, von den intensiven Energien, die sie durchströmten, überwältigt zu werden; aber sie spürte, daß etwas sehr Wichtiges mit ihr geschah, und vertraute intuitiv auf diesen Prozeß.

Er dauerte 100 Tage und war von euphorischen Zuständen, inneren Stimmen, erstaunlichen Visionen und Fantasien begleitet. Mei spürte, daß sie mit der spirituellen Welt in Verbindung stand. Am hundertsten Tag bereitete sie Obst und anderes Essen zu und erklärte ihrem Mann: »Heute sind sie alle da: Buddha, Quan Yin, der Himmlische Kaiser und die Himmlische Mutter. Ich muß unseren Gästen etwas zu essen machen.«

Zum ersten Mal seit Beginn ihrer seltsamen Metamorphose fühlte Mei sich psychisch und emotional gefestigt und ausgeglichen – jetzt hatte sie die Energie, die sie durchströmte, unter Kontrolle. Ihre Angst, von dieser Kraft überwältigt zu werden, ließ allmählich nach.

Da begann die Kraft neue Phänomene zu erzeugen – sie hörte plötzlich eine uralte Musik, die sie in tiefe Trance oder in einen Zustand der Ekstase versetzte, wenn sie danach tanzte. Viele Menschen, die sie dabei beobachteten, fanden ihre Tänze unheimlich, aber schön. Mei konnte jetzt auch den Knochenbau und die Energieströme im Körper der Menschen sehen. Oder sie beobachtete Menschen und Ereignisse, die weit von ihr entfernt waren. Ihre Hände waren mit elektrischer Energie geladen – als sie einmal im Bus nach einem metallenen Haltegriff faßte, ließen alle anderen Fahrgäste ihn auf der Stelle los; manche schrien sogar laut auf, so heftig war der elektrische Stromschlag, den sie erhalten hatten. Manchmal konnte Mei auch Schlösser öffnen, indem sie sie einfach nur berührte.

Wenn sie unter Menschen ging, hörte sie oft ein unangenehmes Durcheinander der Gedanken verschiedenster Leute, die auf sie einstürmten, oder sie sah Bilder, Symbole und körperlose Wesen, ja sogar Figuren aus Märchen und Sagen vergangener Zeiten. Manchmal wurde sie mit Informationen überhäuft, die so schnell durch sie hindurchströmten, daß sie sie gar nicht verarbeiten konnte – es war, als habe sich in ihrem Inneren eine Schleuse geöffnet und überwältigende Fluten eines unerschöpflichen Wissens hereingelassen. »Damals«, sagt Mei, »reiste ich in Gedanken an viele verschiedene Orte; manchmal befand ich mich auf dem Gipfel eines Berges, dann wieder unter Wasser oder in einer anderen Stadt. Oft war ich verwirrt, aber es war immer eine Stimme bei mir, die mich beruhigte. Jeden Tag ging ich in den Park, um zu einer Musik zu tanzen, die nur ich allein hören konnte. Ich mußte das tun, um diese merkwürdige Erfahrung zu verkraften.«

Eines Tages, als sie für ihre Familie Fleisch kochte, sagte eine Stimme zu ihr: »Das kannst du nicht essen.« Von da an konnte sie kein Fleisch mehr essen. Immer wenn sie ein Stück Fleisch anschaute, sah sie das Tier, von dem es stammte, als lebendiges Wesen vor sich.

Eines Abends sagte die Stimme zu ihr: »Es ist Zeit, daß du Menschen heilst und der Gesellschaft dienst.« Also stellte Mei ein neues Experiment mit der Energie an, die sie durchströmte, um zu sehen, ob sie diese Kraft auch zum Heilen einsetzen konnte. Dabei machte sie eine erstaunliche Entdeckung: Immer wenn sie vor einem kranken Menschen stand und dachte: »Ich möchte diese Person heilen,« hoben ihre Hände sich automatisch und massierten ein paar Zentimeter über der erkrankten Stelle die Luft. Mei spürte, wie Energie aus ihr in die kranken Menschen hineinströmte, und viele berichteten, daß ihre Schmerzen und Leiden daraufhin tatsächlich verschwanden.

Anfangs hatte Meis seltsames Benehmen ihr den Spitznamen »die verrückt gewordene Lehrerin« eingetragen. Nun wurde sie in ihrer Heimatstadt als Heilerin berühmt. Sobald sie die Prinzipien und Methoden, die sie zunächst spontan angewandt hatte, besser verstand, begann sie auch andere Menschen in der Kunst des Heilens zu unterweisen. Schließlich zog sie nach Peking und eröffnete dort eine Qi-Gong-Klinik und eine Schule für Heiler.

Mei bezeichnet ihre Kunst als *Yu Zhou Zi Ran Gong* – »Gabe der Universalen Natur«. Nachdem sie gelernt hat, die anfangs überwältigende Energieflut zu steuern und in gezielte Bahnen zu lenken, kann sie jetzt jederzeit mit dieser Universalen Natur in Verbindung treten und sich Zugang zu Energie und Informationen verschaffen. Mei glaubt, daß die geistige Energie namens Qi grenzenlos ist, daß sie überall und in allen Dingen existiert. Und je nachdem, wie offen die Kanäle unseres Geistes und unseres Körpers dafür sind, strömt Energie durch uns hindurch, um uns zu heilen und in ein harmonisches Gleichgewicht zu bringen und um unsere höheren menschlichen Fähigkeiten zu wecken. Obwohl die Kommunistische Partei solche »religiösen« Ideen offiziell mißbilligt, kommen viele Beamte der Partei zu Mei, um sich von ihr heilen zu lassen.

Mei Mei Xiang glaubt, daß ihre Fähigkeiten durch die Göttin *Quan Yin* und durch Buddha erweckt worden sind, deren Gegenwart und Gestalt sie wahrnimmt. Inzwischen nutzt sie ihre außergewöhnliche, ganz spontan erwachte Begabung, um andere Menschen zu heilen und der Gesellschaft zu dienen, so wie ihre innere Stimme es ihr befohlen hat.

Herrschaft des Mitgefühls:

Ein Krieger wird zum Buddha

300 Jahre vor Christi Geburt marschierten die unbesiegbaren Heere Alexanders des Großen durch die antike Welt. Doch Alexanders Träume von der Weltherrschaft fanden an den Ufern des Ganges ein jähes Ende – diesen Fluß sollte er niemals durchqueren. Zwei Jahre später tauchte ein anderer großer Krieger wie aus dem Nichts auf und schaffte es, das Gebiet zu erobern, vor dem Alexander der Große hatte kapitulieren müssen. Er hieß Maurja, und sein sich immer mehr ausweitendes Reich, das Maurja-Reich, sollte später unter dem Namen Indien bekannt werden.

Im Laufe der Jahre ging Maurjas Reich an seinen Sohn Bindusara und schließlich an seinen Enkelsohn Aschoka über, einen hartgesottenen Krieger, der vom gleichen rastlosen Ehrgeiz besessen war wie einst Alexander. In seinen ersten Jahren widmete König Aschoka sich ausschließlich dem Krieg und eroberte seine Nachbarprovinzen. Im achten Jahr seiner 40jährigen Herrschaft besiegte er das Volk von Kalinga – ein überwältigender Sieg, bei dem 100 000 feindliche Krieger getötet und 150 000 gefangengenommen wurden. Aber auch viele Tausende von Aschokas Männern fielen in dieser Schlacht und Tausende starben auf beiden Seiten an den Folgen ihrer Verwundungen.

Jetzt gehörte Kalinga ihm. Doch dieser Augenblick höchsten Triumphs führte zu etwas völlig Unerwartetem: Als Aschoka seinen Blick über das Schlachtfeld schweifen ließ, wo das Blutbad stattgefunden hatte, und die Ernte des Todes betrachtete, überkam ihn ein Gefühl des Schmerzes und der Reue, das nicht nur sein eigenes Leben, sondern auch die Zukunft Indiens verändern sollte.

In diesem Augenblick tiefer Trauer erkannte Aschoka den Wert allen Lebens und die primitive Grausamkeit des Krieges; und er durchschaute die kleinliche Gier nach irdischem Ruhm, die ihn zu dieser grausamen Tat verleitet hatte. Was ihm an diesem von Leichen übersäten Feld offenbart wurde, traf ihn im Innersten seiner Seele und ließ ihn nie wieder los. Es öffnete ihm Augen und Herz und entfachte einen Lichtstrahl in seinem Inneren, den man zuvor und danach nur bei wenigen Herrschern gesehen hat.

Das war Aschokas letzte Schlacht. An diesem Tag entsagte er dem Krieg als staatlichem Machtmittel für immer. Er hatte begriffen, worin die einzige Aufgabe bestand, die eines wahren Herrschers würdig ist: seinen Untertanen durch sein leuchtendes Vorbild zu dienen, indem er mit Gerechtigkeit und Gnade herrschte und ein Leben der Liebe führte. Diesem Ziel weihte Aschoka den Rest seines Lebens.

»Wenn ein Land erobert wird«, schreibt er später, »werden die Bewohner dieses Landes entweder umgebracht, oder sie sterben oder werden gefangengenommen. So entstand die Reue Seiner Heiligen Majestät über die Eroberung von Kalinga. (...) Wenn heute nur ein Hundertstel oder Tausendstel der Menschen, die damals in Kalinga leiden mußten, getötet würden oder stürben oder in Gefangenschaft gerieten, wäre das sehr schmerzlich für Seine Heilige Majestät. (...) Wenn irgend jemand ihm unrecht tut, so wird ihm dies vergeben werden, soweit es vergeben werden kann. (...) Denn Seine Heilige Majestät wünscht allen Lebewesen Sicherheit, Selbstbeherrschung, Gerechtigkeit und Glück.«

Aschoka verwirklichte diese Worte in 10000 edlen Taten, die er in den nächsten 33 Jahren seiner außergewöhnlichen Herrschaft vollbrachte. Paramahansa Yogananda berichtet in seinen Memoiren *Autobiographie eines Yogi* nur von einigen dieser Taten, die Aschoka zum größten König machten, den

Indien (und vielleicht die ganze Welt) je gesehen hat: »Der Herrscher Aschoka errichtete 84 000 Stupas [Heiligenschreine] in verschiedenen Teilen Indiens. 14 in Stein gehauene Edikte und zehn steinerne Säulen sind heute noch erhalten. Jede dieser Säulen ist ein Meisterwerk der Baukunst, Architektur und Bildhauerei. Er ließ auch viele Staubecken, Dämme, Bewässerungsanlagen und baumbestandene Straßen erbauen, an deren Rändern Rasthäuser für Reisende standen. Außerdem ließ er botanische Gärten für medizinische Zwecke anlegen und Krankenhäuser für Menschen und Tiere bauen.«

Diese Auswirkungen von Aschokas göttlicher Einsicht breiteten sich nach und nach in seinem ganzen riesigen Reich aus und überdauerten die Jahrhunderte, ebenso wie die Stein- und Säulenedikte, durch die er seine Botschaft des Mitgefühls und der Gerechtigkeit verbreitete. Noch heute beeinflußt Aschokas innere Wandlung unsere Welt, obwohl er außerhalb Indiens kaum bekannt ist.

Sein Eintreten für den damals erst knapp 200 Jahre alten Buddhismus trug dazu bei, daß diese Religion zur Blüte gelangte, sich ausbreitete und schließlich eine der großen Weltreligionen wurde. Dadurch, daß Aschoka das Töten von Tieren als Sport verbot und *Ahimsa* – das »Nichtverletzen« von Menschen und Tieren – zu seiner Politik machte, förderte er das religiöse Prinzip der Gewaltlosigkeit unter den vielen Glaubensrichtungen Indiens und verbreitete den philosophisch begründeten Vegetarismus in der ganzen indischen Kultur und bis in unsere westliche Welt hinein.

Um wirklich nichts als Mitgefühl und Gerechtigkeit zur Grundlage seiner Herrschaft zu machen, schaffte Aschoka auch die Folter ab, die sein kriegerischer Großvater Maurja zu barbarischer Perfektion entwickelt hatte. Er schickte viele »Beamte der Rechtschaffenheit« in all seine Provinzen. Ihre einzige Aufgabe bestand darin, die unrechtmäßige Bestrafung und Gefangennahme von Untertanen zu verhindern und »Wohlstand und Glück unter Dienern und Herren, Brahmanen und Reichen, Bedürftigen und alten Menschen« zu fördern.

Jeder Soldat in seiner riesigen Armee wurde in dem Goldenen Gesetz unterwiesen: »Behandle andere Menschen so, wie du selbst behandelt werden möchtest.« Aschoka bezeichnete das als das »Gesetz des Lebens«. Selbst wenn er sein Reich gegen Eindringlinge verteidigen mußte, wandte er nur dann Gewalt an, wenn es gar nicht mehr anders ging und alle moralischen Argumente und friedlichen Verhandlungen gescheitert waren.

Mit seinem Vorbild hat er unzählige indische Männer und Frauen aller Zeitalter inspiriert, darunter Mahatma Gandhi, Jawaharlal Nehru, der erste indische Premierminister, und seine Tochter Indira Gandhi, die erste Premierministerin Indiens. Aschoka, der selbst Buddhist war, predigte Toleranz gegenüber allen Religionen. Auf einem seiner belehrenden Steindenkmäler ließ er die Inschrift anbringen: »Alle religiösen Gruppen verdienen aus irgendeinem Grund Hochachtung. Ein Mensch, der so handelt, hebt seinen eigenen Glauben empor und erweist gleichzeitig den Glaubensrichtungen anderer Menschen einen Dienst.« Aschoka unterstützte die Integrität aller Religionen auch, indem er seinen Beamten der Rechtschaffenheit befahl, alle Mönche – selbst Buddhisten –, die nicht nach den Grundsätzen ihres Glaubens lebten, wieder in den Laienstand zu versetzen. Damit setzte er hohe Maßstäbe, die auch heute noch gültig sind und auch dringend gebraucht werden.

Dies ist die ruhmreiche Geschichte des Herrschers Aschoka, der seine königliche Laufbahn als Krieger begann, durch seine Verzweiflung und göttliche Erleuchtung beim Anblick eines Schlachtfeldes bekehrt wurde und seinen größten spirituellen Sieg davontrug, indem er sich zum Diener der Bedürfnisse seines Volkes machte. Die erhabene Art und Weise, in der Aschoka die universalen Prinzipien, die er lehrte, in seinem eigenen Leben verwirklichte, zeigt, daß er ein echter Bodhisattva – ein erleuchtetes altruistisches Wesen – war und außerdem ein Visionär, dessen Erkenntnisse sowohl in der Vergangenheit als auch in der Gegenwart und Zukunft Gültigkeit haben: ein Mann, an dessen Licht die politischen Führer von heute – und von morgen – sich orientieren können.

Madonna im Licht:

Eine unglaubliche himmlische Erscheinung

Im Jahr 1919 schenkte ein reicher, gläubiger Moslem, der in der Umgebung von Kairo lebte, der Stadt ein Stück Land, um darauf eine christliche Kirche zu erbauen. Was diese Schenkung noch außergewöhnlicher macht, ist die Tatsache, daß er die Anweisung dazu von der Jungfrau Maria erhalten hatte, die ihm in einem besonders lebhaften Traum erschienen war. Fünf Jahre später, als die Kirche fertig war, zeigte Maria sich dem Moslem wieder im Traum und versprach, im nächsten Jahr in der Kirche zu erscheinen.

Wenn Maria ihr Versprechen tatsächlich gehalten hat, so wurde sie zumindest von keiner Menschenseele gesehen.

43 Jahre vergingen. Der fromme alte Moslem und sein prophetischer Traum waren längst vergessen – bis zum Abend des 2. April 1968. Da gingen zwei moslemische Mechaniker, die spätabends noch in der Autoreparaturwerkstätte gegenüber der Marienkirche in El Zeitûn arbeiteten, vor die Tür, um frische Luft zu schnappen. Als sie aufblickten, sahen sie auf dem Dach der Kirche neben der mittleren Kuppel eine leuchtende weibliche Gestalt stehen. In ihrer Verwirrung dachten sie zuerst, es handle sich um eine Nonne, die Selbstmord begehen wollte. Einer der Mechaniker lief los, um den Pfarrer zu holen, während der andere das Rettungskommando anrief.

Als sie zurückkamen, war die Gestalt verschwunden.

Sie muß aber auch von anderen Menschen gesehen worden

sein, denn es sprach sich rasch herum, daß auf dem Dach der Kirche eine leuchtende Frauengestalt erschienen war. Von da an versammelte sich jeden Abend eine erwartungsvolle kleine Menschenmenge vor der Kirche.

Eine Woche später, am 9. April, erschien die Frauengestalt, die von einer weißen Aura aus Licht umgeben war, wieder – und wurde diesmal von einer kleinen Gruppe von Menschen gesehen. Von da an zeigte sich ihre helleuchtende Gestalt, die in fließende Lichtgewänder gehüllt war, nachts häufig auf dem Dach der Kirche. Durch Mundpropaganda und Berichte in den Nachrichten sprach sich die Neuigkeit rasch herum, und es versammelten sich immer größere Menschenmassen vor der Kirche. Bald wurde die überirdische Besucherin auch auf Fotos festgehalten, auf denen sie mit erstaunlicher Deutlichkeit zu erkennen war.

Die Erscheinung, die viele für die Jungfrau Maria hielten, zeigte sich in den ersten zwei Monaten Dutzende von Malen. Die Erscheinungen dauerten unterschiedlich lange – manchmal zehn Minuten, manchmal mehrere Stunden. Und dabei handelte es sich nicht etwa nur um eine regional begrenzte Sensation, über die auf den letzten Seiten der lokalen Zeitungen berichtet wurde – die Stadtverwaltung mußte mehrere in der Nähe stehende alte Gebäude abreißen lassen, um Platz für die Menschenmassen zu schaffen, die sich jede Nacht vor der Kirche versammelten. Oft waren es Zehntausende, manchmal sogar über Hunderttausend.

Erstaunlich an diesem Phänomen waren auch die blendenden Lichterscheinungen. Bevor Maria erschien, tanzten rund um die Kathedrale helle Lichtblitze oder stürzten kometengleich vom Himmel herab. In plötzlichen leuchtendhellen Explosionen flatterten »Tauben aus Licht« rund um die Kuppel der Kirche oder flogen in weiten Kreisen über die Stadt hinweg. Manchmal war die Frauengestalt auch von leuchtenden Sternen umgeben. Und an manchen Abenden war die ganze Kuppel hell erleuchtet – ein Augenzeuge beschreibt, daß sie »in ein leuchtendes blauweißes Licht gehüllt war, als sei sie im Begriff, zu zerschmelzen. (...) Die Lichtränder auf der erleuchteten Kuppel schienen sich nach innen zu rollen, so daß die

Blicke der Menschen zum Zentrum der Kuppel hingelenkt wurden.«

Diese Phänomene wurden von vielen Menschen beobachtet, fotografiert und dokumentiert. Bischof Samuel, der offizielle Leiter des Untersuchungsausschusses der koptischen Kirche, sah die Erscheinung mehrere Male und reichte einen detaillierten Bericht darüber ein. Er war von diesen Erlebnissen tief berührt. »Es war eine großartige, überwältigende Szene«, schreibt er. »Die Gestalt ging in Richtung Westen, hob manchmal segnend die Hände oder verneigte sich mehrmals. Ihr Kopf war von einem Lichtschein umgeben. Ich sah auch einige glitzernde Wesen um die Frauengestalt herum. Sie sahen wie Sterne aus.«

Bischof Athanasius, der vom koptischen Papst Kryllos VI. nach El Zeitûn geschickt wurde, um diese Erscheinungen zu untersuchen und darüber zu berichten, war ebenso beeindruckt. »Da schwebte sie«, schreibt er, »fünf oder sechs Meter über der Kuppel, hoch oben am Himmel wie eine phosphoreszierende Statue, aber nicht so starr wie eine Statue. Ihr Körper und ihre Kleider bewegten sich. (...) Vor der Kirche waren wohl 100 000 Menschen versammelt. (...) Die Madonna blickte in Richtung Norden und winkte; sie segnete die Menschen, manchmal auch in der Richtung, wo wir standen. Ihre Gewänder flatterten im Wind. Ruhig und würdevoll stand sie da. Es war etwas wirklich Übernatürliches, sehr, sehr Himmlisches.«

Die »Lichtmadonna« erschien im Laufe von zwei Jahren über hundertmal. 1971 verschwand sie endgültig. Insgesamt sahen Hunderttausende von Menschen die Erscheinung; es gibt auch unzählige Fotos davon mit detaillierten Berichten von Zeitungsreportern, Kirchenbeamten und Tausenden von Bürgern verschiedenster Glaubensrichtungen und sozialer Stellungen. Zwar weiß man nach wie vor nicht genau, was hinter diesen Erscheinungen steckte, aber daß sie wirklich stattgefunden haben, daran gibt es keinen Zweifel – sie sind ein weiteres ungelöstes Rätsel in der »Akte X« der spirituellen Dimension.

Diese Beobachtungen einer in Licht gehüllten, ätherischen

Frauengestalt, die auf dem Dach einer Kirche in der Stadt El Zeitûn erschien, stellen unsere konventionellen Vorstellungen vom Wesen der Realität und den Geschöpfen, die auf dieser Welt leben oder erscheinen, in Frage und erweitern sie vielleicht auch.

Wundersame Wandlung in Lourdes:

Wie die Seele eines Arztes geheilt wurde

Wie viele seiner Zeitgenossen war der Ende des 19. Jahrhunderts in Frankreich geborene Alexis Carrel sehr religiös erzogen worden. Doch nach seinem langen Medizinstudium, in dem er gelernt hatte, jede Frage einer rigorosen kritischen Analyse zu unterziehen, erschien ihm der Glaube seiner Kindheit nicht mehr plausibel – er hatte sich die skeptische Haltung eines überzeugten Rationalisten zu eigen gemacht.

Als Arzt lehnte Alexis es ab, an Wunder zu glauben. Und als ihm Geschichten von Menschen zu Ohren kamen, die auf wundersame Weise von zahlreichen Krankheiten geheilt worden waren – Wunderheilungen, die man dem Quellwasser von Lourdes zuschrieb –, war er überzeugt, daß es sich dabei nur um psychosomatische Leiden gehandelt haben konnte. Keine echte organische Erkrankung wie Krebs oder Tuberkulose konnte allein durch den Glauben geheilt werden – dessen war er sicher. Und doch war er als Wissenschaftler ehrlich genug, um einzugestehen, daß Unglaube ohne rationale Untersuchung nicht viel besser ist als fehlgeleiteter Glaube – nur die Kehrseite derselben irrationalen Medaille.

Da Alexis die Macht des Verstandes mehr schätzte als alles andere, reiste er im Jahr 1903 nach Lourdes, um diese Phänomene persönlich in Augenschein zu nehmen, indem er die Patienten vor und nach ihrem Besuch der heiligen Grotte untersuchte. An seinem ersten Nachmittag in Lourdes traf er A. B., einen jungen Mediziner und früheren Schulkameraden, der dort freiwillig als Krankenträger mithalf und Krüppel zur Quelle in der Grotte trug. Als er und Alexis über verschiedene Patienten diskutierten, die sie behandelt hatten, erwähnte A. B. eine Nonne, die an jenem Nachmittag von einer langjährigen Verletzung am Fußgelenk geheilt worden war. Doch Alexis hatte die Frau untersucht und festgestellt, daß es sich bei dieser Verletzung nicht um eine organische Erkrankung handelte. Daher schrieb er ihre Heilung der Macht der Autosuggestion zu.

Dann sprach A. B. mit trauriger Stimme von einem Jungen, der an einem bösartigen Tumor im Endstadium litt. Das Kind war nicht geheilt worden und an jenem Morgen gemeinsam mit seinem untröstlichen Vater wieder abgereist. »Siehst du«, sagte Alexis, »gegen organische Erkrankungen ist Lourdes machtlos.«

»Aber ich habe auch schon genauso schwerkranke Menschen gesehen, die geheilt wurden«, erwiderte A. B. rasch. Dann beschrieb er eine Reihe solcher Fälle. Doch Alexis beharrte auf seinem Standpunkt – als Wissenschaftler weigerte er sich, etwas, was er nicht mit eigenen Augen gesehen und gründlich untersucht hatte, als Tatsache zu akzeptieren.

»Was für eine Heilung müßtest du denn miterleben, um überzeugt zu werden?« fragte A. B.

Alexis ließ die Fälle, die er gerade betreute, an seinem geistigen Auge vorüberziehen und meinte dann: »Es gibt eine Patientin, die dem Tod im Augenblick näher zu sein scheint als alle anderen. Sie heißt Marie Ferrand. Das arme Mädchen hat Tuberkulose im Endstadium. Ich kenne ihre Geschichte – ihre ganze Familie ist an derselben Krankheit gestorben. Sie hat tuberkulöse Geschwüre und Kavernen in den Lungen, und inzwischen ist auch noch eine Bauchfellentzündung dazugekommen, die sowohl von einem Allgemeinmediziner als auch von dem bekannten Chirurgen Bromilloux aus Bordeaux diagnostiziert wurde. Ihr Zustand ist sehr ernst. (...) Sie kann jeden Augenblick sterben. Wenn ein solcher Fall geheilt werden könnte, wäre das wirklich ein Wunder.«

Marie Ferrand sollte ihre Testpatientin sein. Sofort besuchten sie sie im Krankenhaus und stellten fest, daß ihr Zustand sich verschlechtert hatte. »Ihr Puls schlug viel zu schnell – hundertfünfzig Schläge pro Minute – und unregelmäßig«, schreibt Alexis. »Ihr Herz drohte zu versagen. Ihr Unterleib war aufgetrieben, ihr Bauch war voller Wasser und harter Masse. Ihre Beine waren geschwollen, Nase und Hände kalt, und ihre Fingernägel und Ohren hatten eine grünliche Farbe angenommen.«

»Tuberkulöse Bauchfellentzündung im Endstadium«, sagte Alexis zu A. B. »Die Flüssigkeit ist so gut wie verschwunden. An den Seiten sind harte Stoffansammlungen wahrnehmbar – sie ist dem Tod nahe.«

Dann untersuchte noch ein anderer Arzt das Mädchen und stimmte zu. »Es kann durchaus sein, daß sie uns in der Grotte stirbt«, sagte er leise zu Alexis. Dieser dachte an den Eid des Hippokrates – wenn die Patientin sowieso sterben mußte, würde diese letzte Untersuchung ihr auch nicht mehr schaden. Und sie konnte dem höheren Wohl der Wissenschaft dienen. Er ging voraus zu der Grotte und wartete dort, bis A. B. eintraf, der Marie auf einer Bahre trug.

In seinem Buch *Der Mensch, das unbekannte Wesen* – das auf detaillierten Notizen basiert, die er sich während dieser Ereignisse machte – beschreibt Alexis, was als nächstes passierte: »Der Priester kniete nieder und wandte sein Gesicht der Schlange wartender Patienten und der Menschenmenge dahinter zu. Er hob die Arme und formte damit ein Kreuz. Er war noch jung; sein fleischiges Gesicht, auf dem Schweißperlen standen, war von roten Flecken übersät. Nur der kindliche Ausdruck in seinen Augen und die offenkundige Inbrunst seines Glaubens bewahrten ihn davor, absurd zu wirken. ›Heilige Jungfrau Maria, heile unsere Kranken!‹ rief er, den kindlichen Mund vor Rührung verzerrt. (...) Die Menge antwortete mit einem Aufschrei. (...) Hier und da streckten Menschen die Arme aus. Die Kranken richteten sich auf ihren Bahren auf, so gut sie konnten. Es herrschte eine Atmosphäre gespannter Aufmerksamkeit. (...) Ein Gewirr von Armen erhob sich zum Himmel. Ein Windstoß schien durch die Menge zu wehen; stumm, ungreifbar, mächtig und unwiderstehlich fegte er über die Köpfe der Menschen hinweg.« Alexis spürte ein Gefühl der Enge im Hals, und ein Schauer lief ihm den Rücken hinunter. Zu seiner großen Überraschung war ihm plötzlich nach Weinen zumute.

Nachdem er andere Patienten in der wartenden Menschenschlange untersucht hatte, kehrte er zu Marie Ferrand zurück – sie kämpfte immer noch mit dem Tod. Sie wagten nicht, sie in das Becken einzutauchen, weil sie fürchteten, daß das ihren Tod beschleunigen könnte. Daher gossen sie ihr Wasser aus der Quelle über den Kopf. Alexis beobachtete Marie dabei genau und stellte fest, daß »die dunklen Schatten auf ihrem Gesicht verschwunden waren (...) irgendwie erschien ihre Haut nicht mehr ganz so aschfahl«. Er hielt diese Wahrnehmung einer Verbesserung ihres Zustandes für eine Halluzination, herbeigeführt durch Hoffnung und die Kraft der Suggestion – ein interessantes psychologisches Phänomen, mehr nicht. Alexis hielt die Beobachtung in seinem Notizbuch fest und schrieb auch die Uhrzeit dazu – 20 Minuten vor drei.

Er beobachtete seine Patientin weiterhin scharf und mit der größten Objektivität, deren er fähig war. »Insgesamt machte Marie Ferrand jetzt einen wesentlich besseren Eindruck«, schrieb er. »Ihr Gesicht begann sich allmählich zu verändern. Sie hatte ihre Augen, die vorher so trüb gewesen waren, nun in Ekstase weit geöffnet und blickte zu der Grotte hinüber. Diese Veränderung in ihrem Gesichtsausdruck ließ sich nicht leugnen.« Doch das bewies noch lange nichts.

Da bemerkte Alexis zu seinem großen Erstaunen noch etwas anderes: Die Decke, die sich vorher über Marie Ferrands aufgetriebenem Unterleib gewölbt hatte, wurde allmählich immer flacher. »Seht euch ihren Bauch an!« rief er, unfähig, seine Aufregung zu unterdrücken. »Die Glocke der Basilika hatte gerade drei Uhr geschlagen. (...) Ein paar Minuten später war Marie Ferrands Unterleib überhaupt nicht mehr aufgebläht«, hält er fest. Obwohl Alexis alles genau beobachtete und sich weiterhin Notizen machte, hatte er das Gefühl, den Verstand zu verlieren – denn was er da sah, war völlig unmöglich. Marie Ferrands Atmung und Herzschlag normalisierten sich.

»Wie fühlst du dich?« fragte er sie.

»Ich fühle mich sehr wohl«, antwortete sie. »Ich bin zwar noch geschwächt, aber ich habe das Gefühl, geheilt zu sein.«

»Es gab keinen Zweifel mehr daran«, schreibt Alexis. »Marie Ferrands Zustand verbesserte sich zusehends – so sehr, daß man sie kaum noch wiedererkannte. (...) Nach ein paar Minuten hob sie den Kopf, blickte sich um, bewegte ihre Arme und Beine ein wenig und legte sich dann ohne das geringste Zeichen von Schmerzen auf die Seite. (...) Ein sterbendes Mädchen erwacht wieder zum Leben!«

Alexis ging zu Dr. Boissarie, dem Chefarzt der Klinik von Lourdes, und berichtete ihm von dem Fall. Nachdem Dr. Boissarie sich die Schilderung seines Kollegen angehört hatte, sagte er: »Diese unerklärliche Kraft von Lourdes hat schon Krebs und andere Geschwülste, ja sogar Tuberkulose geheilt. Wir haben es schon oft beobachtet und müssen es uns eingestehen. Das ist nicht das erste Mal, daß eine tuberkulöse Bauchfellentzündung im Handumdrehen verschwunden ist. Ich habe mehrere Berichte über solche Fälle in meinem Büro.« Dann schilderte er mehrere dramatische Fälle anderer im Sterben liegender Patienten, die in der Grotte geheilt wurden.

Als Marie Ferrand wieder im Krankenhaus lag, untersuchte Alexis sie gründlich – die harte Masse in ihrem Unterleib war verschwunden. Abgesehen von ihrer Schwäche durch die lange Krankheit und den noch immer geschwollenen Beinen schien sie völlig gesund zu sein. Sie war geheilt. Zwei andere Ärzte untersuchten sie ebenfalls und kamen zum gleichen Schluß.

Diese Heilung, die vor seinen Augen stattgefunden hatte, stürzte Dr. Alexis Carrel in eine seelische Krise. Er versuchte sie mit allen Mitteln abzutun, doch keines seiner Argumente konnte den unschlagbaren Beweisen seiner eigenen Erfahrung und wissenschaftlichen Untersuchung standhalten. Er hatte auch schon von anderen Ärzten gehört, die nach Lourdes gegangen waren und die diese eindeutig erwiesenen rätselhaften Heilungen so verwirrt hatten, daß sie nicht zugeben wollten, dort gewesen zu sein. Jetzt verstand er, in was für einem Dilemma sie steckten.

Bis tief in die Nacht hinein wanderte er vor der Grotte auf und ab und kämpfte innerlich mit einer spirituellen Not, die für ihn zu etwas sehr Persönlichem geworden war. Wenn er darüber berichtete, was er gesehen und überprüft hatte, lief er Gefahr, sich lächerlich zu machen – sein Prestige und sein Ansehen im Kreis seiner Kollegen zu verlieren. Doch wenn er die Wahrheit leugnete oder verschwieg – und er fühlte sich versucht, das zu tun –, setzte er seine persönliche Integrität und Selbstachtung auf Spiel.

Eine ganze schlaflose Nacht lang wägte Dr. Carrel ab, was wichtiger war: seine Karriere oder seine Seele. Als der Morgen anbrach, begann er zum ersten Mal seit vielen Jahren zu beten. Da löste sich ein Zwiespalt in seinem Inneren und wurde geheilt.

Dieses Erlebnis in Lourdes war ein Wendepunkt im Leben und in der beruflichen Karriere von Dr. Alexis Carrel. In den nächsten Jahren brachte er viel Zeit damit zu, das Phänomen der Wunderheilungen zu erforschen. Der ausführliche Bericht, den er schließlich verfaßte und veröffentlichte, enthielt nicht nur die Früchte dieser jahrelangen Forschungsarbeiten, sondern auch eine Schilderung des Ereignisses in Lourdes, das sein Leben veränderte. Wie er gefürchtet hatte, führte sein Bericht zu Kontroversen und öffentlichen Angriffen auf ihn. Doch er verteidigte sich und seine Forschungsergebnisse mutig in der Presse.

Viele Jahre später schrieb Dr. Alexis Carrel, inzwischen ein renommierter Chirurg, der für seine medizinischen Forschungen und Entdeckungen den Nobelpreis erhalten hat: »Wir müssen den Menschen aus dem Kosmos befreien, den die genialen Physiker und Astronomen erschaffen haben – jenem Kosmos, in dem er seit der Renaissance gefangen ist. Jetzt wissen wir, daß wir uns (…) über die Grenzen des physischen Kontinuums hinaus erstrecken. (…) Sowohl in der Zeit als auch im Raum reicht das Individuum über die Begrenzungen seines Körpers hinaus. (…) Es gehört gleichzeitig auch noch einer anderen Welt an.«

Diese andere Welt, in der Gesetze, die wir noch nicht kennen, und Ereignisse, die wir als Wunder bezeichnen, die uns bekannten Gesetze der Physik überwinden, wurde einem skeptischen jungen Chirurgen durch Marie Ferrands Heilung in der Grotte von Lourdes offenbart. Marie war nicht der einzige Mensch, der an jenem Tag eine Wandlung erfuhr. Nicht nur sie wurde geheilt, sondern auch er.

Großmutters Rat:

Ein Traum, der Generationen das Leben rettete

Schon als Jean Munzer ein kleines Mädchen war, wußte sie, daß sie und ihre Familie ihr Leben einer Geistererscheinung verdanken, die ihre Mutter Clara im Traum hatte. Bei diesem Ereignis, das vor Jeans Zeugung stattfand, spielte auch ihre Großmutter eine Rolle, die damals schon über 20 Jahre tot war.

Clara kam Anfang des 20. Jahrhunderts in Wien zur Welt. Ihre Mutter, die bei der Geburt starb, lernte sie nie kennen; ihr Vater starb ein Jahr später an einer Infektion. So wurde Clara von ihren Großeltern mütterlicherseits aufgezogen, die ein gutgehendes Geschäft besaßen.

Als Teenager arbeitete Clara in diesem Geschäft. Und dort sah der 15jährige Siegfried Gruen sie zum ersten Mal. Er ging auf sie zu und legte ein Buch mit Gedichten vor ihr auf den Ladentisch, die er selbst geschrieben hatte.

»Ich schreibe auch Gedichte«, sagte Clara.

So begann eine Freundschaft und romantische Liebesbeziehung, die über 60 Jahre dauern sollte.

In den drei Jahren nach ihrer ersten Begegnung waren Clara und Siegi unzertrennlich. Sie schworen sich ewige Liebe, obwohl Claras Großeltern gegen diese Beziehung waren. Ihre Einwände waren sehr konventioneller Art – sie gehörten als gutsituierte Geschäftsleute der Mittelklasse an, während Siegi aus einer armen Familie stammte. Und Clara war noch zu jung.

Doch keiner dieser Gründe konnte die beiden von ihrer jungen Liebe abbringen.

Als der Sänger, Schauspieler und Dichter Siegi mit 18 Jahren nach Amerika ging, schrieb er Clara fast jeden Tag – und das sechs Jahre lang. Er lebte bei seinem Onkel in Michigan und arbeitete in dessen Schuhgeschäft. Da er ein begabter Sänger war, trat er schließlich sogar in der Detroit Opera auf. Doch nachdem er sich seinen Traum erfüllt hatte, amerikanischer Staatsbürger zu werden, kehrte Siegi nach Wien zurück, um einen anderen, noch viel wichtigeren Traum zu verwirklichen – Clara zu heiraten und mit in die Vereinigten Staaten zu nehmen.

Da trat ihnen das nächste Hindernis in den Weg. Zwar hatten Claras Großeltern sich inzwischen damit abgefunden, daß sie Siegi heiraten würde, doch sie wollten, daß ihre Enkeltochter in Wien blieb, denn sie fürchteten, sie nie wiederzusehen, wenn sie nach Amerika ginge. Auch Clara selbst wollte Wien und ihre Großeltern nicht verlassen, obwohl es ihr größter Wunsch war, Siegi zu heiraten. Also machten die Großeltern einen Lösungsvorschlag: Um Clara in ihrer Nähe zu behalten, erboten sie sich, Siegi ein Geschäft in Wien einzurichten. Clara trat mit leidenschaftlicher Begeisterung für diesen Plan ein, und schließlich gelang es ihr, Siegi zu überzeugen – er erklärte sich bereit, seinen amerikanischen Traum der Liebe zu opfern. Damit schien die Sache erledigt zu sein.

Doch an dem Abend bevor Siegi den Vertrag für sein neues Unternehmen unterzeichnen sollte, hatte Clara einen sehr ungewöhnlichen Traum: Ihre verstorbene Mutter, die sie nie gekannt hatte, erschien klar und deutlich vor ihr und sagte sehr eindringlich, sie müsse Wien verlassen und mit ihrem künftigen Mann nach Amerika gehen. Clara neigte nicht zu übersinnlichen oder paranormalen Erlebnissen. Doch was sie in dieser Nacht erlebt hatte, schien ihr viel mehr als nur ein Traum zu sein. Sie erwachte mit der festen Überzeugung, daß ihre Mutter tatsächlich aus Gründen, die jenseits ihres Fassungsvermögens lagen, zu ihr gekommen war, um ihr eine sehr wichtige und dringliche Botschaft zu überbringen. Sie wußte, daß sie gehorchen mußte.

Am nächsten Tag lief Clara schon im Morgengrauen zu Siegis Haus und erklärte ihm, er dürfe den Vertrag nicht unterzeichnen – sie müßten gemeinsam nach Amerika gehen. Siegi staunte über ihre plötzliche Meinungsänderung und das ungewöhnliche Ereignis, das dazu geführt hatte, und stimmte begeistert zu. Bald danach heirateten Clara und Siegi, und als sie nach Amerika auswanderten, kamen mehrere von Siegis Verwandten mit.

Ein paar Jahre später marschierte Hitler in Österreich ein. Die meisten Angehörigen von Clara und Siegi, die in Wien geblieben waren, wurden in Konzentrationslager gebracht, und viele starben.

Heute hält Jean Munzer diese Begebenheit für mehr als nur eine alte Familiengeschichte. Der Traum ihrer Mutter hat ihrer Familie eine Zukunft ermöglicht, die sie sonst nicht gehabt hätte, und auch Jeans Lebenswerk beeinflußt. »Meinen Eltern und den Angehörigen meines Vaters, die nach Amerika kamen, hat der Traum meiner Mutter das Leben gerettet«, sagt Jean mit hundertprozentiger Gewißheit. »Ich, meine Kinder, deren Kinder und alle künftigen Generationen unserer Familie verdanken ihr Leben einer Warnung, die meine Mutter Clara im Traum von meiner Großmutter bekam, obwohl diese schon längst verstorben war.

Dieser Traum war das erste und einzige übersinnliche Erlebnis, das meine Mutter je gehabt hat. Aber es war so wichtig für unsere Familie! Die Geschichte meiner Mutter hat mein Leben erleuchtet. Sie hat mir gezeigt, daß außer der Realität, die wir sehen, noch andere Realitäten existieren, daß es für uns in diesem Leben und auch danach spirituellen Schutz und spirituelle Führung gibt und daß wir auf unsere innere Weisheit vertrauen können, in welcher Form sie auch immer zu uns kommen mag.«

Seit 1978 leitet Jean Munzer das Metaphysical Center von New Jersey. Sie hält Vorträge auf der ganzen Welt, und ihr Lebenswerk wird in acht biografischen Werken beschrieben – unter anderem in *Who's Who in the World* und *Foremost Women of the Twentieth Century*.

Märtyrer eines geheimnisvollen Glaubens:

Vom himmlischen Ursprung einer modernen Religion

Joseph kam am 23. Dezember 1805 im puritanischen Vermont zur Welt. In seiner Kindheit erlebte er bittere Armut, Leid und die Wechselfälle des Lebens; seine Eltern zogen von einer Farm zur anderen und versuchten dem kargen Boden ihren Lebensunterhalt zu entringen. Als er sieben Jahre alt war, erkrankte die ganze Familie an Typhus, überlebte aber. Als die Krankheit die Knochen von Josephs Bein befiel, riet ein Arzt zur Amputation.

Doch der junge Joseph weigerte sich hartnäckig, sich das Bein abnehmen zu lassen. Die einzige Möglichkeit, sein Bein zu retten, bestand laut Aussage des Arztes darin, es aufzuschneiden und die erkrankten Knochenteile Stück für Stück mit einer Zange herauszubrechen. Joseph ertrug die qualvolle Operation ohne Betäubungsmittel. Seine Mutter, die in den Wald geflüchtet war, kam zurück, als sie seine Schmerzensschreie hörte; doch Joseph schickte sie wieder hinaus. Josephs Bein wurde gerettet, aber er mußte drei Jahre lang auf Krücken gehen und hinkte danach sein Leben lang ein wenig.

1916 zog seine Familie in eine kleine Stadt im Staat New York. Sie hatte inzwischen drei Kinder verloren und war mehrmals betrogen und um ihr ganzes Hab und Gut gebracht worden. Josephs Eltern trauerten zwar über all diese Verluste, fanden aber Trost in ihrer Religion, die für sie etwas sehr Persönliches war – sie nahmen nur selten an einem offiziellen

Gottesdienst teil. Die Prüfungen, die sie bestehen mußten, hatten sie nur in ihrem Glauben an Gott bestärkt. Als Joseph zwölf Jahre alt war, betete er regelmäßig und grübelte über die Schlechtigkeit der Welt und die Last seiner eigenen Sünden nach.

Als Joseph mit 14 Jahren allein im Wald betete, hörte er die Stimme Jesu Christi, die ihn beim Namen rief und ihm seine Sünden vergab. Joseph – ein frommer, gottesfürchtiger Junge, dem keine Lügen zuzutrauen waren, vor allem nicht, wenn es um Gott ging – erzählte, daß eine strahlende Lichtsäule vom Himmel herabgekommen sei und ihn eingehüllt habe. Er habe zwei Wesen über sich stehen sehen, »deren strahlende Pracht und Herrlichkeit sich nicht beschreiben lassen«. Dann verlor er das Bewußtsein. Als er wieder zu sich kam, lag er auf der Erde. »Meine Seele war von Liebe erfüllt«, schreibt er. »Viele Tage lang war ich überglücklich ...«

Trotzdem blieb Joseph ein ganz normaler junger Bursche, der in Schlägereien verwickelt wurde und später auch trank – wenn auch nicht mehr als andere junge Männer in seinem Alter. Doch als er mit 19 Jahren eines Abends im Bett lag und sein Gutenachtgebet sprach, erlebte er das Eingreifen Gottes in seinem Leben so deutlich, wie es in der neueren Zeit sonst kaum beschrieben worden ist. »Als ich Gott anrief«, schreibt er, »erschien plötzlich ein Licht in meinem Zimmer und erleuchtete es (...) bis der Raum heller war als mitten am Tag. Dann erschien eine Gestalt neben meinem Bett. Sie schwebte in der Luft; ihre Füße berührten den Boden nicht. Dieses Wesen war so herrlich, daß ich es nicht beschreiben kann (...) sein Gesicht war wie ein Lichtblitz. Als ich das Wesen zum ersten Mal ansah, fürchtete ich mich vor ihm; doch meine Angst legte sich bald. Es rief meinen Namen und erklärte mir, es heiße Moroni und sei ein Bote Gottes. Gott habe eine Aufgabe für mich.«

Der Engel erklärte Joseph, er werde »von allen Völkern« gesegnet und gleichzeitig verflucht werden. In der Nähe seines Hauses sei »das ewige Evangelium«, das auf goldenen Tafeln stehe, vergraben, und er müsse es übersetzen. Das wunderbare und zugleich furchterregende Wesen befahl Joseph zu gehorchen und warnte ihn, daß es schreckliche Folgen haben werde, wenn er Gottes Wort nicht befolgte. Dann öffnete sich über ihm ein Tunnel aus Licht, und der Engel »stieg senkrecht in den Himmel empor (...) bis er nicht mehr zu sehen war«.

Joseph lag im Dunkeln da und »staunte sehr darüber, was dieser außergewöhnliche Bote mir erzählt hatte«. Verblüfft und überwältigt grübelte er über alles nach, was er gesehen und gehört hatte. Doch das war noch lange nicht alles. Insgesamt erschien der Engel ihm in dieser Nacht dreimal, wiederholte alles, was er gesagt hatte, und warnte Joseph zum Schluß noch, er dürfe nie versuchen, aus diesen goldenen Tafeln irgendeinen Profit zu schlagen oder sie für einen anderen Zweck zu verwenden als zum Ruhme Gottes. Mit diesen Worten stieg der Engel zum Himmel empor.

Von einem zeitlosen Ort her krähte ein Hahn und begrüßte das kommende Morgengrauen. Erschöpft stand Joseph auf und ging aufs Feld, um zu arbeiten. Seine Begegnungen mit dem Engel hatten ihn so geschwächt, daß er kaum seine Hacke heben konnte. Sein Vater schickte ihn nach Hause, doch als er über einen Zaun zu klettern versuchte, der das Feld umgab, fiel er in Ohnmacht. Er erwachte von der Stimme des Engels Moroni, der ihn wiederum beim Namen rief, und als er aufblickte, sah er den in hellem Licht erstrahlenden himmlischen Boten über sich schweben. Noch einmal wiederholte der Engel alles, was er in der Nacht zuvor gesagt hatte, und befahl Joseph, nach den goldenen Tafeln zu suchen und seinem Vater dann alles zu erzählen.

Joseph fand die vergrabenen Tafeln, war aber nicht einmal in der Lage, sie zu berühren. Der Engel befahl ihm, in den nächsten vier Jahren einmal pro Jahr an diesen Ort zurückzukehren. Erst wenn er sich von dem Wunsch gereinigt habe, aus den Tafeln Gewinn zu ziehen, werde er imstande sein, sie aus der Erde zu holen und seine Mission zu erfüllen.

Dreimal ging Joseph an den Ort, wo die Tafeln vergraben waren. Doch jedesmal erklärte der Engel Moroni ihm, er trage immer noch eine heimliche Habgier im Herzen und sei noch nicht würdig, dem Herrn zu dienen. Ein viertes Jahr verging. Joseph war inzwischen 23 Jahre alt und hatte sich zu einem auffallend gutaussehenden Mann mit einer ganz besonderen

Ausstrahlung entwickelt. Er hatte rotbraunes Haar und durchdringende blaue Augen, war über einen Meter achtzig groß und bekannt dafür, daß er ein guter Ringer war. Doch seine Mission ging nun über allen irdischen Ruhm hinaus.

Als Joseph den Ort, an dem die Tafeln vergraben lagen, am 27. September 1827 zum vierten Mal besuchte, erklärte der Engel Moroni ihm, er sei nun würdig, die Tafeln an sich zu nehmen. Joseph grub sie aus – einen Stapel Blätter aus Kupfer und Gold, dünn wie Buchseiten und doch schwerer als Stein. Sie wogen ungefähr 60 Pfund und waren von unleserlichen Hieroglyphen übersät. Die Nachricht von Josephs wundersamem Fund sprach sich sofort in der ganzen Stadt herum. Mehrmals versuchten Diebe, ihm seinen himmlischen Schatz zu stehlen – eines Nachts brach sogar eine Horde von Menschen in sein Haus ein –, aber die Tafeln waren gut versteckt.

In jenem Jahr heiratete Joseph Emily, eine Frau von ähnlicher Charakterstärke wie er, die an ihn und seine Mission glaubte. Emily half ihm, die Texte auf den Tafeln zu übersetzen – sie war es, die die Worte niederschrieb.

Der seltsame Übersetzungsprozeß ging mit Hilfe einer uralten Magie (oder einer seltsamen Technologie der Zukunft) vonstatten: Joseph steckte den Kopf in seinen Hut hinein und blickte durch zwei diamantähnliche Linsen, die er neben den Tafeln in der Erde gefunden hatte. Dann erschienen Worte auf den Tafeln oder vor seinem geistigen Auge. Während er diese Worte laut vor sich hinsprach, schrieb Emily sie auf.

Die spirituelle und literarische Qualität des Textes wäre selbst für einen großartigen Gelehrten erstaunlich gewesen, erst recht aber für einen ungebildeten 24jährigen Farmer. Er las sich wie eine heilige Schrift; und bald begannen sich die ersten Anhänger um Joseph zu scharen. Er erlaubte nur einer auserwählten Gruppe von Menschen, die goldenen Tafeln zu besichtigen. Jeder dieser Zeugen unterzeichnete anschließend ein Dokument, in dem er schwor, daß er sie gesehen und berührt hatte.

Im Juni des Jahres 1829, als Joseph und drei seiner Jünger im Wald beteten, stieg der Engel Moroni wie immer in einer Lichtsäule vom Himmel herab und verkündete, daß Josephs

Übersetzung der Tafeln die wahre Heilige Schrift sei. Wieder unterschrieben alle Zeugen ein Dokument, in dem sie dieses Ereignis bestätigten.

Joseph erlaubte noch acht weiteren Zeugen, die Tafeln zu sehen und zu berühren, die ebenfalls Schriftstücke unterzeichneten und schworen, daß diese Tafeln wirklich existierten. Als das Buch Mormon im Jahr 1829 vollendet war, erschien der Engel Moroni noch einmal und nahm die Tafeln, die ja nun ihren Zweck erfüllt hatten, mit. Und obwohl die goldenen Tafeln nun nicht mehr da waren, wurde die Weisheit ihrer Worte zur Grundlage für die Kirche Jesu Christi der Heiligen der Letzten Tage, die immer mehr Anhänger gewann.

Später lehnten einige der Menschen, die die Tafeln gesehen hatten, Joseph ab und stellten sich gegen ihn – einer wurde sogar sein erbitterter Feind –, doch kein einziger Zeuge widerrief jemals seine Aussage. Alle beschworen ihr ganzes Leben lang – manche sogar noch auf dem Totenbett –, daß die Tafeln wirklich existiert hatten und der Engel Moroni ihnen tatsächlich erschienen war, und bezeichneten das als Wunder Gottes.

Mit Mitte Dreißig war der arme, halbgebildete Farmerssohn aus Vermont zum revolutionären Propheten einer neuen Religion mit Tausenden von Anhängern geworden. Außerdem war er Bürgermeister der größten Stadt in Illinois, der eigentliche Führer einer unabhängigen Miliz und kandidierte im Jahr 1844 für die Präsidentschaft der Vereinigten Staaten. Im ganzen Staat erhoben sich wütende Menschenmassen gegen Joseph und seine wachsende Macht. Mehrere Milizen traten gegen die Bürgerwehr der Mormonen an, die aus 5000 Soldaten bestand. Es drohte ein richtiger Krieg in Illinois auszubrechen. Um einen blutigen Konflikt zu vermeiden, forderte der Gouverneur Joseph und die Anhänger seiner Kirche auf, sich zu ergeben und sich den Gesetzen des Landes zu beugen. Er garantiere dann persönlich für ihre Sicherheit. In gutem Glauben kapitulierten Joseph und seine Männer.

Doch auf ihrem Weg ins Gefängnis sagte Joseph: »Wir sind wie Lämmer, die zur Schlachtbank geführt werden.« Und so war es tatsächlich.

Am 27. Juni 1844 stürmte ein bewaffneter Mob mit rußgeschwärzten Gesichtern an den Truppen des Staates Illinois vorbei, die das Gefängnis bewachten. Joseph und seine Kameraden traten den Angreifern heldenhaft entgegen. Joseph selbst sprang durch das Gefängnisfenster mitten ins Geschützfeuer hinein und rief »O Herr, mein Gott!«, als er erschossen wurde.

Obwohl Joseph von vielen Menschen mißverstanden, von manchen gehaßt und von einigen auch gefürchtet wurde, war seine bloße Anwesenheit zu einer spirituellen Macht geworden. Aus der Ferne konnten die Menschen ihn hassen. Doch in seiner Gegenwart mußten selbst seine erbittertsten Feinde ihn wider Willen bewundern, ja sogar lieben. Und viele ehemalige Feinde hielten nach seinem Tod aufrichtige Lobesreden auf ihn.

Joseph Smiths Ermordung brachte seine neue Religion zur Blüte. Es war, als hätte sein Märtyrerblut ihren Wurzeln für immer und ewig das Wasser gespendet, das sie brauchte, um zu gedeihen. Seine Kirche, die zum Zeitpunkt seines Todes weniger als 20 000 Anhänger hatte, zählt heute über vier Millionen Mitglieder. Die Kopien, die von den Hieroglyphen auf den goldenen Originaltafeln angefertigt wurden, werden heute in der historischen Abteilung der Kirche Jesu Christi der Heiligen der Letzten Tage in Salt Lake City (Utah) aufbewahrt.

Wo diese Hieroglyphensprache herkommt, hat man bis heute nicht feststellen können.

Reise durch innere Welten:

C. G. Jungs mutige Expedition in die Welt der Psyche

C. G. Jung ist vor allem als berühmter Psychiater und Verfasser zahlreicher Schriften, als Erforscher der Träume und der menschlichen Natur bekannt. Viele kennen ihn als Begründer einer neuen Psychologie, die auch die Seele in ihre Betrachtung mit einbezieht und den Geist zu einer lebendigen Kraft im Zentrum der Psyche erklärte. Doch nur wenige Menschen wissen, daß Jungs Beiträge zur Psychologie aus seinen persönlichen Begegnungen mit einer göttlichen Macht erwuchsen.

Carl wurde 1875 in Basel in der Schweiz geboren und stand stark unter dem Einfluß seines Vaters, eines Pfarrers, der seinen Glauben verloren hatte. Die Sensibilität jedoch hatte er von seiner Mutter geerbt, einer Frau von großer Intuitionsgabe, die oft spontan bedeutsame Erkenntnisse hatte und in deren Umgebung rätselhafte Dinge zu geschehen schienen. Einmal gab ein Tisch aus solidem Eichenholz, der vor ihr stand, ein Geräusch von sich, das wie ein Kanonenschuß klang, und barst entgegen der Holzmaserung in der Mitte auseinander. Ein anderes Mal zersplitterte ein dickes Stahlmesser, das in einem Brotkorb lag, mit lautem Knall in hauchdünne Stücke. Solche Ereignisse, für die es keine rationale Erklärung gab, legten einen der ersten Grundsteine für Carls spätere Erkundungsreisen in die tieferen Realitäten des Lebens.

Carl hatte ein sehr reiches Innenleben mit lebhaften Träumen und Fantasien. Auch das prägte ihn; er sollte später sein ganzes Leben der Erforschung dieser inneren Welt widmen, die voller unerschöpflicher Rätsel und Geheimnisse war. »Die Psyche des Menschen«, behauptet er später, »dehnt sich nach innen ebenso grenzenlos aus, wie das Universum nach außen.«

Das Übernatürliche und die Möglichkeit eines Lebens nach dem Tod faszinierten ihn, und die menschliche Seele erregte seine Neugier. Und so fühlte Carl sich zu einer faszinierenden neuen Wissenschaft hingezogen, die damals noch in den Kinderschuhen steckte und als »Psychiatrie« bezeichnet wurde. Nach Abschluß seiner Dissertation nahm er eine Stellung in einer psychiatrischen Klinik in Zürich an, wo er Tag für Tag mit den quälenden Schreckgespenstern menschlicher Gehirne konfrontiert wurde, die von allen möglichen geistigen Erkrankungen zerstört worden waren.

Damals beschäftigte die Psychiatrie sich hauptsächlich damit, die verschiedenen Arten von Geisteskrankheiten zu identifizieren, zu benennen und zu katalogisieren. Die Patienten wurden lediglich als bemitleidenswerte Studienobjekte betrachtet – seelenlose Wracks, aus deren zerstörten Existenzen man vielleicht wertvolles Wissen schöpfen konnte. Doch Jung sah seine Patienten als vielschichtige menschliche Seelen, von denen jede eine einmalige, wenn auch verborgene Geschichte hatte und ein Geheimnis hütete, das darauf wartete, entdeckt zu werden. Jung erklärte, bei jedem Menschen sei diese verborgene Geschichte »das eigentliche Geheimnis (...) der Felsen, an dem er gestrandet ist«. Er begann bei all seinen Patienten nach dieser Geschichte zu suchen, denn er war überzeugt davon, daß sie den Schlüssel zur Heilung beinhaltete.

Carl stürzte sich mit Feuereifer in seine Arbeit und drang tief in die Psyche seiner Patienten und auch in sein eigenes Seelenleben ein. Er betonte immer wieder, wie wichtig die zwischenmenschliche Beziehung für den Heilungsprozeß sei. Seiner Ansicht nach durfte ein Arzt sich nicht hinter einer Maske der Überlegenheit verstecken: »Ein Mediziner ist nur dann erfolgreich, wenn er selbst betroffen ist.« Und: »Nur der verwundete Arzt kann heilen.«

Die Veröffentlichung seines ersten Buches machte einen anderen großen Mann auf ihn aufmerksam, der damals gerade dabei war, sich einen Namen zu machen: Sigmund Freud. Die beiden begannen miteinander zu korrespondieren; jeder erkannte und respektierte das Genie des anderen. So begann eine berufliche und persönliche Beziehung, die sowohl von fruchtbarer Zusammenarbeit als auch von Konflikten geprägt war.

Freud nannte Jung seinen »Kronprinzen und Erben«. Doch Carls Mission lag in den unerforschten Tiefen seiner eigenen Psyche. Er verspürte den Drang, den tieferen spirituellen Sinn geistiger Krankheit aufzudecken, während Freud dogmatisch den sexuellen Ursprung aller psychischen Störungen betonte. Für Freud war der Geist nur ein Hirngespinst, hinter dem sich sexuelle Verdrängung verbarg. Carl dagegen betrachtete den Geist oder die Seele als den eigentlichen Kern des menschlichen Wesens. So entfernten die beiden sich in ihren Sichtweisen immer mehr voneinander; ihre Standpunkte ließen sich nicht mehr miteinander vereinbaren.

Freud beharrte darauf, daß Carls Ideen, die in eine völlig neue Richtung wiesen, falsch und dem Mystizismus gefährlich nahe seien. Er bemühte sich immer mehr, Carl von seiner Vision abzubringen, so daß dieser schließlich gezwungen war, sich zwischen Freud, der für ihn verehrte Autorität, Vaterfigur und Mentor zugleich war, und seiner eigenen inneren Berufung zu entscheiden. Nachdem er sich lange den Kopf zermartert und seine Seele erforscht hatte, wählte Carl schließlich den einsamen Weg zur Größe.

Der Bruch zwischen den beiden stürzte Carl in einen Zustand tiefer Unsicherheit. Er wurde von Selbstzweifeln gequält und fühlte sich geistig wie gelähmt. Da er nun auch von den meisten seiner Kollegen abgelehnt und gemieden wurde, verlor Carl völlig den Halt und hatte das Gefühl, in einen tiefen Abgrund zu stürzen. In dieser Zeit des inneren Abstiegs träumte er von großen Verheerungen und hatte erschreckende Visionen. Einmal sah er, wie eine Flutwelle den europäischen Kontinent überschwemmte, ganze Völker zerstörte, Menschenmassen unter sich begrub und sich dann in ein Meer aus Blut verwandelte. (Als im Jahr darauf der Erste Weltkrieg ausbrach, betrachtete er seine Vision als Vorahnung, die aus jener inneren Welt kam, die er später das kollektive Unbewußte nennen sollte.)

Anfangs fürchtete Carl, den Verstand zu verlieren; vielleicht litt er an einer beginnenden Psychose, die ihn letzten Endes zerstören würde. Trotzdem führte er als überzeugter Wissenschaftler Tagebuch über seinen inneren Prozeß. So würde er wenigstens Aufzeichnungen zurücklassen, und die Menschheit konnte vielleicht neues Wissen aus seiner Zerstörung ziehen. Monatelang kämpfte Jung gegen diese Visionen und inneren Kräfte an.

Doch schließlich wurde ihm klar, daß er sich gerade mit den Schatten auseinandersetzen mußte, vor denen er am meisten Angst hatte. Wenn er nicht einmal den Mut besaß, seinen eigenen Dämonen ins Auge zu sehen, wie konnte er dann jemals hoffen, andere Menschen zu heilen? So begab C. G. Jung sich auf eine ganz bewußte, oft furchterregende Reise in die Unterwelt der Psyche, die einige Jahre dauern sollte. Es war eine verzweifelte, manchmal sogar beängstigende Zeit voller apokalyptischer Visionen, in der er oft fürchtete, wahnsinnig zu werden, und viele spirituelle Begegnungen mit Bewohnern des Himmels und der Hölle seiner eigenen Psyche erlebte. Carl erforschte diese innere Landschaft und bemühte sich, alles zu verstehen, was ihm in diesen inneren Höhen und Tiefen begegnete. Dadurch wurde er vielleicht zum ersten Schamanen der wissenschaftlichen Welt.

In der Zeit der größten Gefahr, als seine inneren Kräfte ihn zu überwältigenden drohten (er bewahrte immer einen geladenen Revolver in einer Schublade neben seinem Bett auf und hatte auch schon an Selbstmord gedacht), erschien ihm ein innerer Führer – ein weiser alter Mann, der sich Philemon nannte. In langen inneren »Gesprächen« beriet Philemon Carl und offenbarte ihm dabei tiefe Erkenntnisse, die den Psychiater oft überraschten – der »Wissenschaftler« in ihm spekulierte, daß es sich bei Philemon um einen Teil seines eigenen Ichs handeln mußte, während der »Schamane« in ihm Philemon als eigenständiges, geistig überlegenes Wesen betrachtete.

Carl fragte sich, was diese rätselhafte Gestalt wohl für ein Wesen sei. War Philemon nur eine Ausgeburt seiner Fantasie?

Oder etwas noch viel Geheimnisvolleres? Schließlich begriff er, daß Philemon sowohl ein Teil seiner eigenen Psyche *als auch* ein Wesen mit einem Eigenleben war. Carl akzeptiere die einzigartige Beziehung zu diesem Wesen voll und ganz und bezeichnete Philemon später als seinen »Guru« – einen Führer auf seiner Reise durch die Welt des Unbewußten. Wo immer er auch herkommen mochte: Philemon und die Kräfte, die er symbolisierte, veränderten C. G. Jungs Verhältnis zur Psychiatrie sowie zu seiner eigenen Psyche – und haben ihm vielleicht sogar das Leben gerettet. Mit Philemons Hilfe überquerte der Gelehrte und Wissenschaftler Jung die schamanistische Brücke zwischen den Welten und trat durch einen inneren Abgrund in das Leben eines erleuchteten Mystikers ein. Als Ergebnis dieser jahrelangen inneren Arbeit entwickelte Jung sich zu einem sehr produktiven Geist, einem ungeheuren Genie.

Neue Energie, neue Ideen und Erkenntnisse durchströmten ihn. Zum ersten Mal seit fast zehn Jahren begann er wieder zu schreiben. Im Lauf der Zeit verfaßte er über 30 Bände von ungeheurer geistiger Tiefe über ein erstaunlich breites Themenspektrum – Augenzeugenberichte eines Menschen, der sich in die innersten Regionen der Psyche vorgewagt hat und mit ungeahnten Reichtümern zurückgekehrt ist. Zu diesen Schätzen, die Jung von seiner inneren Reise mitbrachte, gehörte ein ganz neues psychiatrisches Konzept vom menschlichen Geist, das auch die Seele mit einbezog – und das die Vorgänge in der Psyche des Menschen im Licht seiner spirituellen Natur betrachtete.

In seiner zweiten Lebenshälfte erwachte Carl eines Nachts und sah über sich eine grünlichgoldene gekreuzigte Christusfigur schweben. Die Gestalt war in helles Licht getaucht und »wunderschön«. Diese zentrale religiöse Figur hat Carl tief beeindruckt. Wissenschaftlich denkend wie immer, versuchte er den Sinn dieser Vision zu verstehen, die aus seiner Psyche aufgetaucht war. Schließlich begriff er seine Vision Jesu Christi als alchemistisches Symbol der Einheit von Geist und Materie im menschlichen Körper – jener Begegnung zweier Gegensätze, die wir integrieren müssen, um gerettet oder zu etwas Ganzem zu werden. So gab der Wissenschaftler Jung der

Menschheit die Schlüssel zu den spirituellen Schätzen der Weltreligionen in die Hand.

Seine Vision brachte ihn auf die Idee, alte alchemistische Texte zu studieren. Ehe Carl ganz ohne fremde Hilfe deren »Geheimsprache« entschlüsselte, hatte man die Alchemisten für primitive Wissenschaftler vergangener Zeiten oder für Magier gehalten, die versuchten, Blei in Gold zu verwandeln. Doch Jung entdeckte, daß sie in Wirklichkeit eine geheime mystische Bruderschaft waren, die die Inquisition in den Untergrund getrieben hatte. Ihr wahres Ziel war eine spirituelle Wandlung: Sie wollten das »Blei« des Unbewußten in das »Gold« transzendenter Bewußtheit verwandeln. Jung fand in diesen Schriften eine deutliche Bestätigung vieler seiner psychologischen Theorien. Aus seinen umfassenden Forschungsarbeiten gingen schließlich seine klassischen Theorien hervor, die heutzutage weltweit an fast allen Universitäten in Psychologie und Psychiatrie gelehrt werden.

Im Alter von 69 Jahren erlitt C. G. Jung einen Herzinfarkt. Dabei nahm er sich selbst als im Weltraum schwebend wahr und sah die Erde Tausende von Kilometern unter sich, in blaues Licht getaucht. »Das war das Herrlichste, was ich je gesehen habe«, sagte er. In dieser Vision – einer der bedeutsamsten seines ganzen Lebens – landete er auf einem schwarzen Meteoriten vor einem Tempeleingang, wo »ein schwarzer Hindu im Lotossitz schweigend auf einer Steinbank saß«. Als er im Begriff war, den Tempel zu betreten, spürte er, wie alles, was er jemals gewesen war, alles, was er getan, erlebt, gewußt und geschaffen hatte, von ihm abfiel, bis nur noch die Essenz seines Wesens übrigblieb.

»Ich spürte mit absoluter Gewißheit, daß ich im Begriff war, einen erleuchteten Raum zu betreten und (...) daß ich nun endlich (...) erfahren würde, was vor mir gewesen, warum ich entstanden war und in welche Richtung mein Leben strömte«, schreibt er später in *Erinnerungen, Träume, Gedanken*. Doch noch ehe er den Tempel betreten konnte, sah er seinen Arzt, eingerahmt »in einen goldenen Lorbeerkranz«, als Geist von der Erde aufsteigen. Der Arzt war geschickt worden, um Carl zurückzuholen. Im nächsten Augenblick war Jung wieder in seinem Körper – und todunglücklich. Er hatte sich so sehr danach gesehnt, diesen Tempel zu betreten, in dem das Rätsel seines Lebens gelöst werden sollte.

In den Wochen seiner Genesung hatte Carl eine ganze Reihe euphorischer Visionen. »Es waren unbeschreibliche Glückszustände. Um mich herum waren Engel und Licht. (…) Nacht für Nacht schwebte ich in einem Zustand höchster Glückseligkeit, umgeben von unzähligen Bildern der ganzen Schöpfung.« Damit begann die produktivste Periode seines Lebenswerks. »Viele meiner Hauptwerke wurden erst in dieser Zeit geschrieben«, erinnert er sich später. »Und mir wurde noch ein weiteres Geschenk zuteil (…) eine Bejahung der Dinge, so wie sie sind, ein bedingungsloses Ja zu den Bedingungen der Existenz (…) meines eigenen Wesens.«

Kurz vor seinem sechsundachtzigsten Geburtstag starb C. G. Jung, produktiv bis an sein Lebensende. Die Schriften, die aus seinen Reisen in die Wildnis der menschlichen Psyche entstanden sind, machen ihn zu einer der überragendsten Figuren unseres Zeitalters. Seine Begegnungen mit den spirituellen Kräften und Wesen, die er dort entdeckte – Kräfte, die in jedem von uns am Werk sind und sich gegenseitig bekämpfen –, haben sein Leben verändert und dazu beigetragen, der Menschheit den Weg zu den spirituellen Schätzen zu erhellen, die uns in unserer eigenen inneren Welt erwarten.

Unsere heilige Jungfrau von Guadalupe:

Wie ein heiliges Bildnis den Lauf der Geschichte veränderte und auch heute noch die Wissenschaftler verblüfft

Anfang des sechzehnten Jahrhunderts, am Samstagmorgen des 9. Dezembers 1531, dem Festtag der Unbefleckten Empfängnis, begann eine Serie von Wundern, die in ausführlichen Quellen beschrieben sind.

Juan, ein kleiner aztekischer Bauer in mittleren Jahren, wanderte durch die rauhe mexikanische Landschaft. Über ihm wölbte sich eine kalte blaue Himmelskuppel. Allmählich wurde der Nachthimmel blasser und Morgensterne erschienen wie kleine Nadelspitzen aus Licht. Als Juan den Hügel Tepeyac erklomm, der fünfzehn Kilometer außerhalb von Mexico City liegt, hörte er plötzlich eine Musik von überirdischer Schönheit, »wie ein Chor süßer Vogelstimmen«. Dieser ätherische, bezaubernde Gesang rührte seine stumme Seele und versetzte ihn in einen Zustand der Verzückung. Er blickte zum Gipfel des Hügels hinüber, wo die Musik herkam, und sah eine Erscheinung von himmlischem Glanz, eine helleuchtende Wolke, von der Lichtstrahlen in allen Regenbogenfarben ausgingen.

Da verstummte die Musik plötzlich, und er hörte, wie ihn von oben her eine Frauenstimme rief. Sie klang melodisch und liebevoll, zugleich aber auch eindringlich. »Juanito«, rief sie, als kenne sie ihn. »Juan Dieguito ...«

In diesem Augenblick wußte Juan im Innersten seines Herzens, was sein Geist niemals würde ergründen können: Er rannte den Hügel hinauf und entdeckte auf dem Gipfel einen Engel

Gottes – ein etwa 14jähriges Mädchen, dessen schlanke Gestalt ein geheimnisvolles Licht verströmte. Sprachlos blieb er stehen. Später berichtete er, als sie ihn ansah, habe in ihren Augen ein so großes Mitgefühl geleuchtet, wie er es noch nie zuvor gesehen hatte. Sie winkte ihn zu sich heran. Zögernd tat er ein paar Schritte vorwärts und fiel auf die Knie, als sie Worte zu ihm sprach, die er nie wieder vergessen sollte: »Sei gewiß, mein liebster Sohn, daß ich die vollkommene und ewige Jungfrau Maria, Mutter des einzig wahren Gottes bin, durch den alles lebt, des Herrn über alle Dinge, über Himmel und Erde. Es ist mein innigster Wunsch, daß hier ein Tempel für mich erbaut werde, in dem ich den Menschen all meine Liebe, mein Mitgefühl, meine Hilfe und meinen Schutz bieten kann. (...) Hier werde ich ihrem Weinen und ihrem Kummer lauschen, ihr Leid, ihre Not und ihr Unglück lindern.«

Sie bat Juan, dem Bischof von Mexico City ihren Wunsch zu übermitteln, daß an dieser Stelle eine Kirche gebaut werden solle. Juan, ein armer aztekischer Bauer, der kein Spanisch konnte, eilte sofort zum Haus des Bischofs, um der Muttergottes ihren Wunsch zu erfüllen. Er wartete auf einer kalten Veranda, während Bischof Zumarraga einen Dolmetscher holen ließ. Als der Übersetzer gekommen war, hörte der Bischof Juan höflich zu und verabschiedete sich dann ohne großes Interesse von ihm. Geschichten von himmlischen Erscheinungen sind den Menschen schon immer suspekt gewesen – in früheren Zeitaltern ebenso wie heute.

Niedergeschlagen kehrte Juan zu dem Hügel zurück, wo die Jungfrau Maria auf ihn wartete. Als er ihre strahlende Gestalt sah, fiel er wieder auf die Knie, berührte den Boden mit der Stirn und gestand ihr seinen Mißerfolg. Er bat sie, einen anderen Mann zum Bischof zu schicken, der dieser Aufgabe würdiger war als er – einen, dem man Glauben schenken würde. Aber Juan konnte sie nicht von ihrem Wunsch abbringen.

Am nächsten Morgen ging er wieder zum Haus des Bischofs, kniete verzweifelt vor ihm nieder und flehte ihn mit Tränen in den Augen an, ihn anzuhören. Mit Hilfe des Übersetzers Juan Gonzalez befragte der Bischof Juan diesmal eingehend über seine Vision. Juan antwortete ehrlich und in überzeugenden

Details. Bischof Zumarraga war nun seltsam berührt – er wußte nicht, was er von der Sache halten sollte. War dieser Bauer verrückt? Oder war er tatsächlich aus irgendeinem geheimnisvollen Grund von Gott auserwählt worden? Schließlich erklärte er Juan, er brauche ein Zeichen; die Madonna solle selbst entscheiden, was für ein Zeichen sie geben wolle – aber er, der Bischof von Mexico City, könne nicht aufgrund bloßer Hirngespinste einen Tempel erbauen.

Wieder wartete Maria oben auf dem Hügel auf Juan, als er zurückkam. »Gut, mein kleiner Sohn«, sagte sie. »Komm morgen wieder hierher, dann wirst du das Zeichen bekommen, das er verlangt. Dann wird er nicht mehr an deinen Worten zweifeln.«

Als Juan nach Hause kam, war sein Onkel schwer verletzt und lag im Sterben. Seine eigenen Stammesangehörigen hatten ihn mit einem Pfeil angeschossen, weil er mit den spanischen Missionaren kollaboriert hatte. Mit schwacher Stimme bat er Juan, einen Pfarrer zu holen, der ihm die Beichte abnehmen und die Letzte Ölung vornehmen solle. Juan machte sich auf den Weg in die Stadt. Seinem Onkel zuliebe, der ihn wie seinen eigenen Sohn aufgezogen hatte, würde er sein Treffen mit der Jungfrau Maria verschieben, bis er einen Pfarrer geholt hatte. Doch als er am Hügel Tepeyac vorbeikam, sah er Maria in einer leuchtenden Wolke zu ihm herabsteigen.

»Höre gut zu, und nimm dir meine Worte zu Herzen, mein kleiner Sohn«, sagte sie. »Habe keinen Kummer, und fürchte keine Krankheit oder Qual. Bin ich nicht deine Mutter? Stehst du nicht in meinem Schatten und unter meinem Schutz, verborgen in den Falten meines Mantels? Dein Onkel wird nicht sterben – in dieser Sekunde ist er geheilt«, sagte sie.

Dann schickte sie Juan auf den Hügel, um Blumen zu pflücken. Glücklich lief Juan zum Gipfel hinauf, der noch am Tag zuvor völlig kahl gewesen war – und zu seinem Erstaunen wuchsen jetzt unzählige Blumen mit leuchtenden Blüten aus dem gefrorenen winterlichen Boden, sogar Rosen aus Kastilien.

Juan sammelte die Blumen in seiner *tilma* – einem langen Baumwollponcho –, bis sie wie ein schwerer Sack von seinem Bauch herunterhing. Dann kehrte er zu der Madonna zurück, die ihm erklärte, daß der Bischof diese Blumen als das Zeichen akzeptieren würde, auf das er wartete.

Von dem Glauben beflügelt, daß es seinem Onkel jetzt wieder gutging, eilte Juan davon, um den Bischof zu besuchen. Zuerst weigerten die Diener des Bischofs sich, ihn hereinzulassen; sie schubsten und verhöhnten Juan und griffen nach seinen Blumen. Doch da verschrumpelten die Blumen in Juans *tilma* und zerschmolzen in ihren Händen – ein seltsames Verhalten für Blumen, im Winter ebenso wie im Sommer. Von ehrfürchtiger Scheu ergriffen, benachrichtigten die Diener den Bischof, der anordnete, daß Juan sofort zu ihm gebracht werden solle.

Bischof Zumarraga war gerade bei einigen wichtigen Persönlichkeiten zu Besuch, darunter Bischof Ramirez und der Gouverneur von Mexiko. Der Übersetzer Juan Gonzalez war auch dabei. Juan Diego erzählte ihnen von der Madonna und den seltsamen Blumen, die über Nacht gewachsen waren. Dann ließ er die Blumen aus den Falten seiner *tilma* auf den Boden fallen. Ihr süßer Duft erfüllte den Raum. Alle Anwesenden starrten erstaunt auf sie hinunter. Als sie wieder zu Juan aufblickten, hefteten ihre Blicke sich auf seine *tilma* und alle fielen vor Ehrfurcht auf die Knie.

Verblüfft schaute Juan an seiner *tilma* hinab und erblickte darauf ein Bildnis der Jungfrau Maria, das von unheimlicher Vollkommenheit war.

Heutige Experten sagen, daß das etwa einen Meter vierzig große Bildnis auf der *tilma* von Juan Diego es an Schönheit und künstlerischer Vollkommenheit durchaus mit den Werken da Vincis, Raffaels und Rembrandts aufnehmen kann. Doch die Art und Weise, wie es auf der *tilma* erschien, ist ein noch größeres Wunder als seine unheimliche Lebensechtheit. Denn Bischof Zumarraga hat bezeugt, daß er das Bild der Muttergottes genau in dem Augenblick auf der *tilma* erscheinen sah, als er von den Blumen aufblickte.

Es sollten noch vier Jahrhunderte vergehen, ehe die moderne Technik noch viel mysteriösere Dinge an diesem Werk von unvergleichlicher spiritueller und künstlerischer Vollkommenheit entdeckte.

Am selben Morgen, als Juan die Blumen entdeckte, erschien Juans im Sterben liegendem Onkel plötzlich eine schöne, von himmlischem Glanz umgebene Frau. Innerhalb von Sekunden war er auf wundersame Weise geheilt, stand auf und kniete vor der Frauengestalt nieder. Sie sagte ihm, daß sie Juan zum Bischof geschickt habe, erzählte ihm auch von ihrem heiligen Bildnis und nannte ihm ihren Namen: Jungfrau Maria *Tequetalope*, ein aztekisches Wort, das soviel bedeutet wie »die uns vor dem Verschlinger bewahrt«. Dieses letzte Wort ihres Namens wurde in der spanischen Aussprache zu *Guadalupe*.

Der Tempel wurde tatsächlich erbaut. Am 26. Dezember 1531 eskortierten Tausende von Menschen die *tilma* mit ihrem heiligen Bildnis zu der neu erbauten Kapelle auf dem Hügel Tepeyac. Während der Feier schossen ein paar Mexikaner Pfeile in die Luft. Einer dieser Pfeile traf einen Mann im Nacken und tötete ihn. Sein Leichnam wurde in die Kapelle getragen und unter das heilige Bildnis gelegt. Laut betete die Menschenmenge zu Maria und bat um ein Wunder. Ein paar Minuten später schlug der Mann die Augen auf und erhob sich. Er war geheilt. Daraufhin fielen Spanier und Mexikaner – die Todfeinde waren – einander voller Freude und Zuneigung in die Arme.

Die Nachricht von der wunderbaren Marienerscheinung und dem Toten, den sie wieder zum Leben erweckt hatte, breitete sich rasch in ganz Mexiko aus. Millionen von Menschen, die sich erbittert gegen die Ausbreitung des Christentums gewehrt hatten, strömten nun herbei, um das Marienbildnis anzubeten. Innerhalb von ein paar Jahren waren über neun Millionen Azteken und viele Millionen Angehörige anderer Rassen und Stämme zu dem neuen Glauben übergetreten. So verhinderte die Kraft und Ausstrahlung des wunderbaren Bildnisses der Heiligen Jungfrau Maria von Guadalupe das »unvermeidbare« Blutbad zwischen den Spaniern und diesen besiegten Völkern.

Im Lauf der nächsten vier Jahrhunderte kam ungefähr eine Milliarde Menschen nach Mexico City, um das Marienbildnis anzubeten. Es gibt Berichte über Tausende von Wunderheilungen aller möglichen Krankheiten. Das Bild, das ein Jahrhundert lang in der feuchten Kapelle aufbewahrt wurde und den Elementen sowie dem Rauch der Votivkerzen ausgesetzt war – und außerdem von Millionen Menschen berührt, gerieben, umarmt und geküßt wurde –, erwies sich als praktisch unzerstörbar. Nach Aussage eines Chemikers »müßte das Bildnis durch die aggressiven Kohlenwasserstoffe, die Ionisationen und den Ruß in der kleinen Kapelle (...) eigentlich schon längst bis zur Unkenntlichkeit geschwärzt sein«. Und doch zeigt es auch heute noch keinerlei Anzeichen von Alterung, Abnutzung oder Beschädigung, und auch seine leuchtenden Farben sind im Lauf der Jahrhunderte nicht verblaßt. Normalerweise verfault eine *tilma* innerhalb von 20 Jahren – diese ist auch nach fast fünf Jahrhunderten immer noch unversehrt.

Am 14. November 1921 explodierte eine Zeitbombe, die in einer großen Blumenvase direkt unter dem Bild versteckt gewesen war. Durch die Explosion splitterten Marmorstücke und Mauerwerk von den Wänden ab, zerschlugen die farbigen Glasfenster der Basilika und verbogen ein dickes eisernes Kreuz auf dem Altar. Doch das wunderbare Bildnis, das nur einen knappen Meter von der Bombe entfernt gewesen war, blieb nicht nur unversehrt – die dünne Glasscheibe, unter der es lag, hatte nicht einmal einen Sprung bekommen. Und keiner der vielen Menschen, die zu diesem Zeitpunkt in der Kirche versammelt waren und das Wunder miterlebten, wurde ernsthaft verletzt.

Im Jahr 1936 wurden zwei farbige Baumwollfasern aus dem heiligen Bildnis – ein roter und ein gelber – vom Direktor der chemischen Abteilung des Kaiser-Wilhelm-Instituts in Heidelberg untersucht. Er kam zu dem erstaunlichen Ergebnis, daß »die Fasern keinerlei Farbstoff enthielten«. Es ließ sich nicht feststellen, wo die Farben in den Fasern herkamen, denn es handelte sich weder um eine tierische noch um eine pflanzliche noch um eine mineralische Farbe. Doch vor 1800 gab es noch keine synthetischen Farbstoffe.

Im Jahr 1946 ergab eine mikroskopische Untersuchung des Bildes, daß es nicht durch Pinselstriche entstanden ist. Es wurde also nicht gemalt, sondern scheint eine Art fotografisches Abbild zu sein – entstanden 300 Jahre bevor die Fotografie erfunden wurde.

Als man am 29. Mai 1951 ein vergrößertes Foto des Bildnisses unter dem Vergrößerungsglas betrachtete, entdeckte man in den Augen der Heiligen Jungfrau Maria das Gesicht und den Oberkörper eines bärtigen Mannes. Da ordnete der Erzbischof von Mexico City eine Untersuchung an.

Am 11. Dezember 1955 verkündete das Untersuchungskomitee, es habe das Gesicht, das in den Augen der Madonna zu sehen war, als spiegle es sich dort wider, anhand eines Gemäldes eindeutig als das Gesicht Juan Diegos identifiziert.

Am 23. Juli 1956 untersuchte der Augenarzt Dr. Rafael Lavoignet die Augen des winzig kleinen Spiegelbildes mit einem Ophthalmoskop. Sein Urteil: »In der Hornhaut der Augen ist das Brustbild einer menschlichen Gestalt zu sehen. Ort und Verzerrung des optischen Bildes entsprechen genau dem Abbild, das in einem normalen Auge erzeugt wird. (...) Auf der Oberfläche schimmert ganz deutlich die Silhouette eines menschlichen Brustbildes. Der Kopf ist zu drei Vierteln nach rechts von der Madonna weggewandt und leicht nach vorn geneigt (...), als habe in dem Augenblick, als das Marienbildnis auf den Stoff aufgeprägt wurde, ein Mann vor der Heiligen Jungfrau gestanden, habe sich in der Hornhaut ihres Auges widergespiegelt und sei daher indirekt selbst mitfotografiert worden. Die Verzerrung des Brustbildes entspricht genau den Gesetzen einer solchen Widerspiegelung beim lebenden Menschen.«

Der Augenarzt Dr. Javier Bueno bestätigte diesen Bericht und fügte hinzu: »Die Silhouette des bärtigen Mannes spiegelt sich im rechten Auge in dem der Nase zugewandten Bereich wider und im linken Auge im Bereich des Lidaußenwinkels. Das Erstaunliche an der Verzerrung des reflektierten Bildes ist, daß sie genau den Gesetzen der Hornhautkrümmung entspricht.« Die Reflexion von Bildern in der Hornhaut der Augen wurde aber erst in den achtziger Jahren des 19. Jahrhunderts wissenschaftlich untersucht – 300 Jahre nach der Entstehung dieses Bildes.

1962 untersuchten ein Optometriker und seine Frau ein Foto der Augen der Mariengestalt unter 25facher Vergrößerung und entdeckten darin noch zwei weitere Gesichter. Die Technologie des 16. Jahrhunderts hätte diese naturgetreue »Widerspiegelung« der drei Bilder in der Hornhaut der Augen Marias nicht hervorbringen können. Und die beiden Gesichter entsprechen fast genau denen von Bischof Ramirez und dem Dolmetscher Juan Gonzalez auf Miguel Caberas im 18. Jahrhundert entstandenen Gemälde, in dem der Maler das wundersame Erscheinen des Marienbildnisses dargestellt und sich dabei genau an die Originaldokumente gehalten hat.

Am 7. Mai 1979 wurde das Bildnis von Professor Philip Callahan mit Hilfe von Infrarotstrahlen untersucht. (Callahan ist ein Experte auf dem Gebiet der Infrarotstrahlen sowie ihrer Wirkung auf Moleküle und gleichzeitig ein hochbegabter Maler.) Francis Johnson gibt seine dessen Schlußfolgerungen in seinem ausgezeichneten Buch *Our Lady of Guadalupe* folgendermaßen wieder: »Das Bildnis (...) seine Farbgebung und die Tatsache, daß sich die leuchtenden Farben über Jahrhunderte hinweg erhalten haben, sind unerklärlich. Auf dem Bild befindet sich kein Leim und auch kein schützender Überlack. Ohne Leim hätte die *tilma* eigentlich bereits vor Jahrhunderten verfault sein müssen, und ohne schützenden Überlack müßte das Bildnis schon längst zerstört sein, da es so lange dem Kerzenrauch und anderen Verschmutzungen ausgesetzt war. Doch selbst unter äußerster Vergrößerung zeigt das Bild keine erkennbaren Spuren von Rissen oder verblassenden Farben – nach 470 Jahren ein unerklärliches Phänomen.«

Die Geschichte des Bildnisses der Heiligen Jungfrau von Guadalupe ist einer der überzeugendsten Beweise der Menschheitsgeschichte für das übernatürliche Eingreifen einer göttlichen Macht, und sie ist sowohl durch Zeugenaussagen als auch durch wissenschaftliche Untersuchungen dokumentiert. Jedes Jahr statten 20 Millionen Menschen dem heiligen Bildnis einen Besuch ab, und auch heute finden dort noch viele unerklärliche Heilungen statt. Nach fast fünf Jahrhunderten erwägt die katholische Kirche nun ernsthaft, den einfachen aztekischen Bauern Juan Diego, der in den Augen der Heiligen Jungfrau von Guadalupe für immer und ewig weiterlebt, offiziell seligzusprechen.

Vom Drogensüchtigen zum Künstler:

Eine verlorene Seele findet einen neuen Sinn im Leben

Andy Lakey kam 1959 in Frankreich als Sohn einer halb spanischen, halb französischen Mutter und eines amerikanischen Vaters zur Welt. Später zog seine Familie nach Ohio, dann nach Japan, dann nach Kansas und schließlich nach Kalifornien. Vielleicht war es dieses unstete Leben oder das Gefühl, nirgends richtig dazuzugehören – oder vielleicht gab es auch gar keine »plausiblen« Gründe dafür –, als Andy die Schule abgeschlossen hatte und zur Marine ging, waren Drogen bereits zu einem wesentlichen Bestandteil seines Lebens geworden. Er blieb nicht lange bei der Marine, schaffte es aber wenigstens, nicht in Unehren entlassen zu werden.

Bald fand Andy eine lukrative Beschäftigung als Autoverkäufer. Doch je steiler es mit seiner Karriere bergauf ging, um so mehr sprach er den Drogen zu. Seine Lieblingsdroge war Kokain, das er in der Pfeife rauchte. 1986 war Andy 27 Jahre alt und verdiente 85 000 Dollar im Jahr. Den größten Teil seines Einkommens investierte er in Rauschgift. Er bewegte sich auf einen Abgrund zu – und das in atemberaubendem Tempo.

Doch eines Silvesterabends bekam er Besuch von Gott höchstpersönlich.

Es geschah wie ein Blitz aus heiterem Himmel. Während er das neue Jahr willkommen hieß, indem er bei einem Freund, der ein Stockwerk über ihm wohnte, Kokain rauchte, begann sein Herz plötzlich rasch und heftig zu schlagen, und er fühlte sich sehr elend.

»Ich war überzeugt, daß ich sterben mußte«, sagt er später.

Andy wankte aus dem Zimmer und brach im Hausflur zusammen, rappelte sich dann aber wieder auf. Irgendwie gelang es ihm, die Treppe zu seiner Wohnung hinunterzustolpern. Er ließ die Tür hinter sich offen, stellte sich in all seinen Kleidern unter die Dusche und drehte den Kaltwasserhahn auf in der Hoffnung, daß ihn das wieder beleben würde. Er fühlte sich einsam und hatte Angst. Als das kalte Wasser sich über ihn ergoß, senkte er den Kopf, lehnte ihn an die Wand und betete zum ersten Mal seit seinem achten Lebensjahr.

»Ich erinnere mich noch genau an das Gebet«, berichtet er. »›Gott ist gut. Gott ist groß. Gott, wenn du mich am Leben läßt, werde ich nie wieder Drogen nehmen‹« – verzweifelte Worte, wie Tausende von Drogenabhängigen sie vor sich hin murmeln, doch Andy war es von ganzem Herzen ernst damit. »Und ich werde auch etwas tun, um der Menschheit zu helfen«, setzte er hinzu.

»Fast im selben Augenblick«, berichtet er, »begann sich alles um mich herum zu drehen. Es war wie ein kleiner Tornado oder Strudel rund um meine Füße. (...) Ich sah sieben Gestalten, die zu meinen Knien, meinen Oberschenkeln, meiner Taille und schließlich bis zu meiner Brust emporwirbelten. Dabei drehten sie sich immer schneller. (...) Als sie mein Herz erreicht hatten, vereinigten sie sich zu einer einzigen Gestalt und legten die Arme um mich. (...) Jetzt war nur noch ein einziges Wesen da. (...) Es umarmte mich und hob mich in eine andere Dimension empor. Da waren 1000 Planeten mit 10 000 Polen aus Licht, die diese Planeten durchdrangen und sich in (...) eine hellleuchtende Galaxie hinein erstreckten. Und in jedem dieser Pole steckten Millionen winzig kleiner Gestalten (...) auch ich wartete darauf hineinzudürfen. (...) Jeder Pol war mit Millionen von Menschenseelen in vollendeten Säulen und vollendeter Harmonie gefüllt. Aber ich konnte in keine dieser Säulen hinein.«

In diesem Augenblick erwachte Andy auf der Unfallstation. Sein Freund hatte ihn bewußtlos unter der Dusche gefunden und gerade noch rechtzeitig ins Krankenhaus gebracht. Der Arzt erklärte ihm, Andys Herz habe die ungeheure Menge Kokain in seinem Körper nicht mehr verkraftet.

Als Andy wieder zu sich kam, war er völlig frei von seiner langjährigen Drogenabhängigkeit.

Seine Nahtoderfahrung und die erschütternde Vision, die er dabei hatte, waren nicht spurlos an Andy vorübergegangen. Er schwor, sein Leben zu ändern. Zunächst einmal suchte er sich eine neue Arbeit, denn den meisten seiner Geschäftsfreunde war er auch abends auf seinen Rauschgiftpartys begegnet. Währenddessen begann er über den Sinn seiner Vision nachzudenken. Er beschloß, der Welt den Inhalt dieser Vision zu vermitteln. Zuerst fertigte er eine Zeichnung davon an, dann malte er sie. Er war ganz besessen von diesem Vorhaben und widmete ihm jede freie Minute, jede Nacht.

An seinem 30. Geburtstag hängte Andy seinen Beruf an den Nagel und arbeitete von da an nur noch als Künstler. »Das einzige Problem war, daß ich nie malen gelernt hatte«, erzählt er. Doch er ließ sich durch dieses unbedeutende Hindernis nicht abschrecken. Gemeinsam mit einem Freund richtete er sich ein Atelier ein. Um zu zeigen, wie ernst es ihm mit seiner Absicht war, kaufte er Farben und andere Malutensilien im Wert von 5000 Dollar und widmete sich ganz seiner künstlerischen Ausbildung.

Als Andy eines Morgens erwachte, spürte er, daß sich etwas in ihm regte. Er ging in sein Atelier, setzte sich vor eines seiner Bilder und begann zu beten. Als er den Kopf hob, sah er eine Lichtkugel, die durch die Wand kam und in seine Stirn eindrang. »Die Kugel hüllte meinen ganzen Körper ein und erfüllte mich mit reiner Liebe, reiner Energie. (...) Dann unterhielt ich mich mit drei Männern. Das waren eindeutig meine Engel. (...) Sie trugen Bärte und hatten weißliches Haar, das sehr hell, sehr licht war. (...) Die Männer gaben mir auf telepathischem Weg Informationen und erklärten mir genau, was ich zu tun hatte: Bis zum Jahr 2000 sollte ich 2000 Bilder malen. Die Engel würden sich um alles kümmern. (...) Da wußte ich, daß sie mir meine künstlerische Technik vermitteln und mir beibringen würden, wie man malt.«

Dann verschwanden die Engel wieder; aber sie hielten ihr Wort. Bald entdeckte Andy Lakey durch eine Reihe schicksalhafter Zufälle die äußerst unkonventionelle Technik, die seine Gemälde auszeichnet: Die Farbe hebt sich dick von der Leinwand ab, weil er sie oft direkt aus der Tube aufträgt.

Einen guten Monat nach dieser zweiten Vision hatte Andy bereits sechs Gemälde fertiggestellt. An dem Tag, an dem er drei dieser Bilder in einem Bankgebäude in seiner Stadt ausstellte, kam eine kanadische Kunstsammlerin herein, starrte die Gemälde eine Stunde lang an und beauftragte Andy schließlich, ein riesiges Wandgemälde in ihrem Haus anzufertigen. Die Frau, die als künstlerische Gutachterin arbeitete, war beeindruckt von Andys originellem Malstil – seine beinahe dreidimensionalen Gemälde sind nicht nur ein visuelles, sondern auch ein taktiles Erlebnis – und schlug ihm vor, Bilder für Blinde zu malen. Nachdem sie ein paar Reportern, die für ein Nachrichtenmagazin eines regionalen Fernsehsenders zuständig waren, diesen begabten Engelskünstler ans Herz gelegt hatte, begann Andy Lakeys Karriere.

Peter Jennings erwarb eines seiner ersten Gemälde und schenkte es dem New Yorker Lighthouse – einer gemeinnützigen Organisation für Sehbehinderte. Zu den Bewunderern und Besitzern seiner Werke gehören bis heute unter anderem Ray Charles, Stevie Wonder, Jimmy Carter, Ronald Reagan und unzählige weitere bekannte Persönlichkeiten, außerdem eine Menge Menschen, die sein Werk tief bewegt hat.

Zehn Monate, nachdem Andy zu malen begonnen hatte, existierten bereits 50 Gemälde von ihm, und er stellte seine Werke in einer Galerie in seiner Heimatstadt aus. Alle Bilder wurden verkauft. Er begann seine Gemälde an Krankenhäuser, Blindenschulen und andere karitative Organisationen zu verschenken; inzwischen stellt er 30 Prozent seiner Werke für wohltätige Zwecke zur Verfügung. Selbst der Papst hat eines von Andys Gemälden offiziell als Geschenk akzeptiert; es hängt jetzt im Vatikan.

Tausende von Menschen haben Andy Lakey geschrieben, ihm Faxe geschickt oder ihn angerufen, und viele berichteten über Heilungen, Offenbarungen und innere Wandlungen unterschiedlichster Art in Verbindung mit seinem Werk. Im Jahr 1993 trat Andy, der inzwischen 1678 Engelsbilder gemalt hatte, in der *Oprah Winfrey Show* auf und teilte seine Vision Millionen von Zuschauern mit.

Obwohl manche Menschen ihm unterstellen, diese Vision sei nichts anderes gewesen als eine Halluzination im Drogenrausch, deuten das neue Leben, das er damals begann, und die plötzliche Entfaltung seiner einmaligen künstlerischen Fähigkeiten in eine andere Richtung.

»Ich weiß auch keine Antwort darauf«, sagt Andy, der inzwischen verheiratet ist und vier Kinder hat. »Ich befolge nur meine Anweisungen. Es scheint, als merke die Welt es, wenn du dich selbst und andere Menschen liebst. Dann liebt sie dich auch und sorgt für dich. Wenn ich zum Nachthimmel emporschaue, sehe ich die Sterne jetzt ganz anders als früher (...) Sie erinnern mich daran, was da draußen wirklich ist. In meinem Herzen und meiner Seele sehe ich helleuchtende Planeten und Lichtsäulen. Und ich sehe Engel, die durch das Universums fliegen und Gottes Werk tun.«

Andy Lakey wurde eine Vision zuteil, für die es sich lohnt zu leben.

Die Unvergänglichen:

Von den unverweslichen Leichnamen heiliger Menschen und ihrer wundersamen Heilkraft

Schon seit Jahrhunderten haben Millionen Menschen auf der ganzen Welt mit eigenen Augen die Leichname von Heiligen und gewöhnlichen Sterblichen vieler verschiedener Kulturen gesehen, die Wochen, Jahre, oft sogar Jahrhunderte nach ihrem Tod immer noch keine Spuren von Verwesung zeigten. Diese Phänomene wurden auch schon von unzähligen Wissenschaftlern untersucht. Ohne menschliches Zutun haben diese Leichname Umwelteinwirkungen überdauert, die Holz verfaulen, Metall verrosten und Kleidungsstücke sich zersetzen ließen, in denen sie beerdigt worden waren. Die Leichname des heiligen Franziskus und des heiligen Johannes vom Kreuz blieben vollkommen unversehrt, selbst nachdem man sie mit einem ätzenden Leim eingestrichen hatte, um ihre Auflösung zu beschleunigen. Sie sind so beweglich, sehen so aus und fühlen sich so an, als seien diese Heiligen in Wirklichkeit gar nicht tot, sondern nur eingeschlafen. Deshalb werden diese Männer und Frauen traditionell als »die Unverweslichen« bezeichnet.

Obwohl die katholische Kirche Unverweslichkeit nicht als Wunder, sondern als »Eigenschaft der Heiligkeit« bezeichnet, wurden an diesen scheinbar »lebendigen« Leichnamen und in ihrer Umgebung verschiedene rätselhafte Phänomene beobachtet. Manche fingen plötzlich an zu bluten, verströmten duftende Öle und andere Wohlgerüche, und – was fast schon über die Grenzen des Glaubhaften hinausgeht – einige dieser Heiligen sollen sich sogar noch Jahrhunderte nach ihrem Tod in ihren Glassärgen bewegt oder ihre Lage verändert und die Augen aufgeschlagen und wieder geschlossen haben. Zu den Augenzeugen, die diese Ereignisse bestätigten, gehören hochangesehene Menschen: Mönche, Kardinäle, Priester und Päpste, Adlige, Gelehrte und Schriftsteller, Regierungsbeamte und Staatsoberhäupter, Ärzte und Wissenschaftler. Doch bis zum heutigen Tag gibt es keine wissenschaftliche Erklärung für die Unverweslichkeit dieser Leichname und für die außergewöhnlichen Phänomene in ihrem Umfeld.

In der Nähe dieser unverweslichen Heiligen sollen Tausende von Spontanheilungen stattgefunden haben, von denen viele genau untersucht und dokumentiert wurden. Doch selbst wenn diese Heilungen bewiesene Tatsachen sind, kann man über ihre Ursache nur spekulieren. Manche bezeichnen sie als Wunder; andere führen sie auf den Placeboeffekt zurück. Doch solche Worte werden der Rätselhaftigkeit dieser Phänomene kaum gerecht. Vielleicht werden Sie Ihre eigene Erklärung dafür finden, nachdem Sie die folgenden Geschichten gelesen haben.

Die Heiligen, von denen ich nun berichten möchte, sind nur ein paar der vielen unverweslichen Leichname, die existieren.

Die **heilige Katharina von Bologna** starb im Jahr 1463. 18 Tage nach ihrem Tod bemerkten die Nonnen, daß der Friedhof von einem süßen Duft erfüllt war. Sie stellten fest, daß er von Katharinas Grab kam, und gruben ihren Leichnam aus, der vollkommen unversehrt war und einen köstlichen Duft verströmte. Im Jahr 1500 erschien die heilige Katharina einer Nonne, Leonora Poggi, in einer Vision und bat darum, ihren Leichnam (der immer noch nicht starr war und wie lebendig aussah) in eine Kapelle zu bringen und dort aufrecht sitzen zu lassen. Nachdem das geschehen war, sitzt sie nun seit 500 Jahren auf einem Thron in der Kirche Corpus Domini in Bologna, Italien. Ihr Leichnam ist auch heute noch gut erhalten; nur ihre Haut hat sich dunkel gefärbt, weil sie vier Jahrhunderte lang dem Rauch von Kerzen und Öllampen ausgesetzt war.

Der **heilige Scharbel Makhluf**, ein Mönch aus einem Dorf

im Nordlibanon, starb im Alter von 70 Jahren, als er die Messe las, an einem Schlaganfall. Der Sitte entsprechend wurde Pater Scharbel sehr schnell und ohne Sarg beerdigt. Im Lauf der nächsten 45 Jahre sahen viele Zeugen ein strahlendweißes Licht, das von seinem Grab ausging. Da dieses Licht die Menschen in große Aufregung versetzte, beantragten die Geistlichen des Klosters eine kirchliche Genehmigung, Pater Scharbels Leiche zu exhumieren und zu untersuchen.

Inzwischen hatten heftige Regengüsse die Erde aufgeweicht. Vier Monate später wurde Pater Scharbel in Anwesenheit der Superioren seines Ordens exhumiert. Man fand seinen Leichnam im Schlamm des vom Regen durchweichten Grabes: völlig unversehrt und beweglich wie der Körper eines lebenden Menschen. Er wurde sorgfältig gewaschen, neu eingekleidet, in einen Sarg gelegt und in einer privaten Kapelle beigesetzt. Bald beobachteten Augenzeugen, wie eine Flüssigkeit – offenbar Schweiß und Blut – aus den Poren seiner wie lebendig wirkenden Haut trat. Die Flüssigkeit durchweichte seine neuen Gewänder, die zweimal pro Woche gewechselt werden mußten. So vergingen fast 30 Jahre.

Am 24. Juli 1927 untersuchten zwei Ärzte des französischen Medizinischen Instituts von Beirut Pater Scharbels Leichnam. Diese Ärzte und auch der Richter der kirchlichen Kommission, der Verteidiger des Glaubens, ein öffentlicher Notar und die Superioren des Ordens bestätigten urkundlich, daß Pater Scharbels Leichnam sich in einem vollkommen unversehrten Zustand befand. Man legte ihn in ein neues, mit Mauerwerk abgedichtetes Grab, das bald zu einer beliebten Pilgerstätte wurde. In den darauffolgenden Jahren wurden dort viele Besucher und Pilger von ihren Krankheiten geheilt.

23 Jahre später beobachtete man, daß eine seltsame Flüssigkeit aus dem Grab sickerte und über den Boden bis in den Andachtsraum floß. Daraufhin versammelten sich am 22. April 1950 wieder kirchliche Beamte und Ärzte zur Exhumierung Pater Scharbels. Sein Leichnam war nach wie vor völlig unverwest; sein Fleisch und seine Glieder waren weich und beweglich und wirkten wie lebendig. Immer noch sickerte die geheimnisvolle Flüssigkeit aus seinen Poren.

Jetzt wurde Pater Scharbels Grabstätte täglich von 5000 bis 15000 Pilgern aus der ganzen Welt besucht, die sich Heilung von den verschiedensten Leiden erhofften. Nach seiner Exhumierung im Jahr 1950 begann das Kloster alle Wunderheilungen, die dort stattfanden, zu untersuchen und schriftlich festzuhalten. Im Lauf der nächsten zwei Jahre wurden insgesamt 1200 Fälle dokumentiert. Alessandro Obeid, der durch einen Netzhautriß erblindet war, erlangte sein Augenlicht wieder, nachdem ihm an der Grabstätte eine Vision Pater Scharbels zuteil geworden war. Maria Abel Kawary, die an einem Magengeschwür litt und im Sterben lag, wurde wieder gesund, nachdem sie an Scharbels Grab gebetet hatte. Und als Mountaha Daher, eine grauenhaft entstellte, bucklige Frau, an Pater Scharbels Grab für ihre bedürftigen Verwandten betete, wurde sie plötzlich auf wunderbare Weise von all ihren Verkrüppelungen befreit und sah wie eine ganz normale Frau aus. Diese und viele andere Fälle wurden von medizinischen Fachleuten untersucht, bestätigt und schriftlich dokumentiert.

Nach langer, gründlicher Untersuchung wurde Pater Scharbel im Jahr 1965 schließlich von Papst Paul VI. seliggesprochen. Wieder wurde sein Leichnam exhumiert, der inzwischen »den Gesetzen der Natur gehorcht hatte«: Es waren nur noch seine rotgefärbten Knochen übrig – eine Farbe, die sie seither beibehalten haben. 1977 wurde der wunderbare Mönch heiliggesprochen und erhielt den Namen »der heilige Scharbel«.

An seiner Grabstätte finden auch heute noch Spontanheilungen statt.

Der **heilige Andreas Bobola** von Polen gehört zu den außergewöhnlichsten Fällen von Unverweslichkeit, die uns bekannt sind. Er starb 1657 eines grausamen Todes: Russische Kosaken schlugen ihn zusammen, schleiften ihn kilometerweit hinter ihren Pferden her, versengten ihn mit Flammen, würgten ihn und häuteten ihn teilweise bei lebendigem Leib; sie schnitten ihm die Zunge heraus, trieben ihm Holzsplitter unter die Fingernägel, hackten ihm die Hände ab, verstümmelten sein Gesicht und töteten ihn schließlich mit einem Schwert. 40 Jahre später war sein bestatteter Leichnam immer noch unverwest. Im Jahr 1737 wurde sein nach wie vor unversehrter Körper von den Ärzten Alexander Pascoli und Ramond Tarozzi vom Ärztekollegium in Rom und von Medizinprofessoren der römischen Universität untersucht. In ihren wissenschaftlichen Gutachten schreiben sie, daß der Leichnam aufgrund seiner starken Verstümmelung eigentlich besonders schnell hätte verwesen müssen. Und doch wurde er nicht starr, wirkte wie lebendig und behielt seine normale Farbe bei; auch die Schorfe, die sich über den Wunden gebildet hatten, waren nach wie vor frisch. Im Jahr 1827 wurde der Leichnam von Dr. Marco Cingelo Marcangeli, dem Direktor eines Krankenhauses und Professor für Medizintheorie an der Universität von Rom, nochmals untersucht. Er bestätigte, daß sein guterhaltener Zustand »wirklich ein Wunder« sei.

Der Leichnam des heiligen Andreas, der sich inzwischen dunkel verfärbt hat und starr geworden ist, liegt in einem kristallenen Reliquienschrein unter dem Hauptaltar der Andreaskirche in Warschau, Polen. An seiner Grabstätte fanden über 400 Wunderheilungen statt, die schriftlich festgehalten und durch Zeugen belegt sind.

Die **heilige Rita von Cascia**, die von 1381 bis 1457 lebte, soll zahlreiche Menschen geheilt haben, welche die Grabstätte ihres unverwesten Leichnams besuchten. Im Augenblick ihres Todes erfüllte ein Wohlgeruch ihre Zelle, und von einer Wunde an ihrer Stirn ging ein strahlendhelles Licht aus. Auch heute noch, nach über vier Jahrhunderten, verströmt ihr unversehrter Leichnam hin und wieder einen herrlichen Duft. Als der Körper dieser Heiligen im Jahr 1627 offiziell untersucht wurde, hatte das Fleisch immer noch seine natürliche Farbe und fühlte sich weich an; ihr Körper war beweglich wie der eines lebenden Menschen. Hin und wieder veränderte er auf unerklärliche Weise seine Lage und auch ihre unheimlichen, wie lebendig wirkenden Augen haben sich ab und zu von selbst geöffnet und wieder geschlossen. In historischen Dokumenten heißt es, daß sie sich auch manchmal von einer Seite auf die andere gedreht hat und sogar vor Augenzeugen in ihrem Sarkophag zu schweben begann. An ihrer Grabstätte in Cascia, Italien, finden immer noch Wunderheilungen statt.

Paramahansa Yogananda, ein indischer Heiliger, der vor

allem durch seine Memoiren *Autobiographie eines Yogi* bekannt geworden ist, brachte in den dreißiger Jahren eine der alten spirituellen Traditionen Indiens nach Amerika: Er machte viele Millionen Menschen mit der Wissenschaft des Yoga bekannt. Doch nur wenige wissen, daß auch sein Körper nach seinem Tod nicht dem üblichen Zersetzungsprozeß anheimfiel – ein relativ neuer Fall von Unverweslichkeit.

Yogananda starb am 7. März 1952 und wurde im berühmten Forest Lawn Memorial Park in Los Angeles beerdigt. Drei Wochen später zeigte sein Leichnam immer noch keine Spuren physischen Verfalls, und »sein unverändertes Gesicht erstrahlte im göttlichen Glanz der Unvergänglichkeit«. Das folgende Zitat stammt aus einem notariell beglaubigten Brief von Harry T. Rowe, dem Aufseher der Leichenhalle von Forest Lawn: »Nach unserer Erfahrung ist das Fehlen aller sichtbaren Spuren von Verwesung an dem Leichnam von Paramahansa Yogananda ein sehr außergewöhnlicher Fall. (…) Selbst 20 Tage nach seinem Tod zeigte sein Körper immer noch keine Anzeichen eines Verfalls. (…) Auf seiner Haut war kein Schimmel zu sehen, und an seinem Körpergewebe war auch keinerlei Austrocknung festzustellen. Einen solchen Zustand vollkommener Unversehrtheit hat es, soweit uns aus den Annalen von Leichenhallen bekannt ist, bisher noch nicht gegeben. (…) Als die Angestellten der Leichenhalle Yoganandas Leichnam entgegennahmen, rechneten sie damit, durch den Glasdeckel seines Sarges die üblichen Zeichen fortschreitender Verwesung festzustellen. Unser Erstaunen wuchs immer mehr, als Tag für Tag verging, ohne daß der Leichnam unter unserer Beobachtung irgendwelche sichtbaren Veränderungen zeigte. Yoganandas Körper schien sich in einem phänomenalen Zustand der Unveränderlichkeit zu befinden. (…) Er verströmte auch niemals einen Verwesungsgeruch. (…) Am 27. März, kurz bevor der Bronzedeckel auf seinen Sarg gelegt wurde, bot Yogananda immer noch ein (…) ebenso frisches, unversehrtes Erscheinungsbild wie (am 7. März) in der Nacht seines Todes. Deshalb stellen wir hier nochmals fest, daß der Fall des Paramahansa Yogananda unserer Erfahrung nach einmalig ist.«

Bis heute hat man für solche Phänomene keine Erklärung gefunden.

Denk an die Musik:

Ein neues Leben jenseits der Todesangst

Als Carol Benjamin neun Jahre alt war, trat die Musik in der sinnlichen Form eines Cellos in ihr Leben. 25 Jahre lang verschönte sie mit ihrer Musik die Übungsräume ihres Zuhauses, ihrer Schulen, der Musikakademie am Oberlin College und schließlich des Fort Wayne Philharmonic Orchestra in Indiana.

Carols Kindheit und Jugend schien mit Begabung, Musik und Liebe gesegnet zu sein. Im Alter von 23 Jahren lernte sie einen guten, liebevollen Mann namens David kennen, den sie schließlich heiratete. Obwohl er mit chronischen Depressionen zu kämpfen hatte, lebten und liebten sie sich in einer Welt der Musik und Literatur und führten ein sehr naturverbundenes Leben. Doch im zwölften Jahr ihrer Ehe starb David plötzlich, und aller Anschein von Normalität, Sinn und Gerechtigkeit verschwand aus Carols Leben. »Ein Teil von mir wollte damals auch sterben«, sagt sie später. »Es war wie eine Verlockung aus dem Jenseits, als stünde ich auf einem hohen Felsen und blickte hinab in den Abgrund.«

Seit Davids Tod waren noch keine drei Jahre vergangen, da erfuhr Carol, daß sie an Leberkrebs litt. Aber sie wollte sich keine neue Leber transplantieren lassen und fand schließlich einen Chirurgen, der versuchen wollte, den Tumor zu entfernen. Als Vorbereitung auf die Operation begann sie täglich zu trainieren: Sie schwamm, meditierte und achtete auf ihre

Ernährung. Zum ersten Mal mit der eigenen Sterblichkeit konfrontiert, nahm sie Verbindung mit ihrer »Kriegerenergie« auf, wie sie es nennt. Da fast neunzig Prozent ihrer Leber entfernt werden mußten, hatte sie nur eine fünfzigprozentige Chance, die Operation zu überleben. Es war so, wie wenn man eine Münze wirft. Also ordnete Carol ihre Angelegenheiten, schrieb ein Testament, hinterließ zahlreiche Anweisungen, was nach ihrem Tod zu geschehen habe, und schrieb an sämtliche Freunde, die sie hatte, um alles Unerledigte zu regeln.

In der Vollnarkose erlebte sie etwas sehr Merkwürdiges: Sie stand auf einer Schwelle zwischen zwei Welten und bekam ein Gespräch zwischen zwei Gruppen von Wesen mit – sie hörte sie eher, als daß sie sie sah. Es war, als würde in einer Art kosmischem Gerichtssaal über ihr Schicksal diskutiert. Die eine Gruppe sagte im wesentlichen folgendes: »Sie hat alles getan, wozu sie auf die Erde gekommen ist, und sollte jetzt gehen.«

»Ihr habt recht«, erwiderte die andere Gruppe, »aber wir glauben, daß sie noch mehr tun kann.« Carol hatte das deutliche Gefühl, daß beides in Ordnung wäre – es lag nicht in ihrer Hand. Plötzlich kam von hinten eine Hand und drehte sie um, weg von der Schwelle, zurück ins Leben.

Aber sie schwebte vier Wochen lang in Lebensgefahr.

Carols Ärztin erklärte ihrer Schwester Marla, sie müsse auf alles gefaßt sein – es sei sehr unwahrscheinlich, daß Carol überleben werde. Doch Carol schaffte es und kämpfte sich durch, bis sie wieder ein verhältnismäßig normales Leben führen konnte. Sie zog nach Boulder, Colorado, und arbeitete weiter in dem Beruf, den sie während ihrer Ehe mit David erlernt hatte – als Körpertherapeutin. Sogar einen Hund schaffte sie sich an.

Doch Carols Leben war ein Wettlauf mit dem Tod. Zwar regenerierte sich ihre Leber und wuchs wieder zu ihrer normalen Größe heran; doch die Operationsnarben blockierten ihre Gallengänge. Von Monat zu Monat wurde ihre Haut gelber, und sie fühlte sich immer schwächer und elender. Carols Arzt drängte sie nun doch, eine Lebertransplantation ins Auge zu fassen. Andernfalls habe sie nur noch ein paar Monate zu leben.

Um festzustellen, ob man bei ihr überhaupt eine Transplantation durchführen konnte, war erst einmal eine Explorationsoperation erforderlich, die zeigen sollte, ob der Krebs sich weiter ausgebreitet hatte. Wenn ja, gab es keine Hoffnung mehr für sie; wenn nicht, kam sie als Kandidatin für die lebensrettende Operation in Frage.

Während Carol im Vorbereitungsraum lag, begegnete ihr wieder ein Wesen aus der »anderen« Welt. »Diesmal«, sagt sie, »schien es mehr wie das Eingreifen eines Engels zu sein: Acht Patienten sollten an diesem Morgen aus verschiedenen Gründen operiert werden. Die Krankenschwester erklärte uns, in welcher Reihenfolge die Operationen stattfinden würden: Ich war Nummer sechs.

Ich hielt die Augen geschlossen, ruhte mich aus und versuchte zu meditieren. Einmal schlug ich die Augen auf und sah eine Gestalt am Fuß meines Bettes stehen – ein etwa zwei Meter siebzig großes, zweigeschlechtliches Wesen, das ein fließendes weißes Gewand trug –, es schien ungefähr 19 Jahre alt zu sein und war doch alterslos. Es spürte, daß ich es anschaute; und sein Gesichtsausdruck verriet mir, daß ich es ruhig sehen durfte.

Ich empfand ein unglaubliches Gefühl des Friedens. Das war mein erster Vorgeschmack dessen, was ich später als Gnade bezeichnen sollte. Vorher hatte ich nicht die leiseste Ahnung gehabt, was Gnade bedeutete, und mit Engeln hatte ich erst recht keine Erfahrung!

Und doch war dieses Wesen hier und trat nacheinander ans Bett eines jeden Patienten – es berührte sie alle, als segne es sie. Aber es berührte die Patienten nicht in der Reihenfolge, in der sie operiert werden sollten, und ich begann mir schon Sorgen zu machen, daß jemand in den OP gebracht werden könnte, bevor er den Segen dieses Wesens erhalten hatte. Genau in diesem Augenblick kam die Krankenschwester herein und erklärte einigen Patienten, daß der Zeitpunkt ihrer Operation aus verschiedenen Gründen verschoben worden sei – es stellte sich heraus, daß der Engel die Patienten genau in der Reihenfolge berührt hatte, in der sie nun operiert werden sollten.«

Carols Operation verlief gut – sie hatte keinen Krebs, aber ihre Leber war in einem viel schlimmeren Zustand, als der Chirurg erwartet hatte. Er behielt sie drei Tage lang im Krankenhaus und hoffte, eine neue Leber für sie zu bekommen. Doch da keine Spenderleber zur Verfügung stand, wurde sie schließlich nach Hause geschickt. Bald hatte ihr Leberversagen ein Stadium erreicht, in dem die meisten Menschen einfach einschlafen, ins Koma fallen und nie wieder aufwachen.

In diesem Dämmerzustand verbrachte Carol immer mehr Zeit auf der »anderen Seite«. Dort begegnete sie einer Gruppe von Wesen, die sie anscheinend auf den Übergang ins Jenseits vorbereiten sollten. Tagsüber kamen die Wesen zu ihr; nachts im Traumzustand begab sie sich zu ihnen auf die andere Seite. Sie erlebte einen Zustand der Kontinuität zwischen der Welt vor dem Tod und der Welt danach. (Carol, ein Mensch, der hundertprozentig mit beiden Beinen auf der Erde steht, erzählt das alles ganz nüchtern und sachlich.)

»Ich fühlte mich von diesen Wesen so umsorgt«, berichtet sie. »Sie waren wie Freunde, mit denen ich schon hundert Leben verbracht habe. Sie zu sehen war, als kehrte ich nach Hause zurück. Voller Freude erinnerte ich mich daran, daß sie schon immer dagewesen sind – und daß ich diese wunderbare Wahrheit nur irgendwie vergessen hatte. Es war, als hätte ich all die Jahre unter Gedächtnisschwund gelitten.

Ich fügte mich in alles, was geschehen sollte«, erinnert sie sich. »›Wenn ich für den Dienst hier auf der Erde gebraucht werde, vertraue ich darauf, daß ihr mich am Leben erhalten werdet; wenn nicht, so werde ich gehen‹, sagte ich zu ihnen. Am Samstagabend vor meiner Transplantation erschien David mir im Traum und sagte mit seinem englischen Akzent: ›Bleib da, Liebes – nur noch ein bißchen länger. Deine Zeit ist noch nicht gekommen.‹«

Bis zum heutigen Tag ist Carol überzeugt davon, daß Davids Besuch sie am Leben erhalten hat.

Als sie zwei Tage später abends auf dem Sofa lag und sich den Film *Auferstehung* ansah, klingelte das Telefon. Zu erschöpft, um aufzustehen, hörte Carol die Stimme der Krankenschwester auf ihrem Anrufbeantworter: »Ich hoffe, daß Sie zu Hause sind und meine Nachricht bald hören. Wir haben eine Leber für sie.« Da sprang Carol auf und ging ans Telefon.

Sie erfuhr, daß sie innerhalb von zwei Stunden da sein müsse. Carol bestellte sich ein Taxi. Dann rief sie ihre Schwester Marla in Ohio an, die in diesem Augenblick ebenfalls den Film *Auferstehung* sah. Carol fuhr zum Krankenhaus, und Marla fuhr zum Flughafen. Im Taxi schaute Carol aus dem Fenster auf den sternenübersäten Himmel, denn sie wußte, daß dies vielleicht der letzte Abend ihres Lebens war.

Carols Lebertransplantation verlief zwar erfolgreich, im Verlauf der Operation kam es jedoch zu Komplikationen, so daß sie schwer krank wurde. Als Carol ihren absoluten Tiefpunkt erreicht hatte und krank und erschöpft im Bett lag, hörte sie eine Stimme: »Denk an die Musik!« Sie wußte genau, was damit gemeint war: In dieser schlimmen Zeit hatte Carol sich häufig, um ihr Immunsystem zu stärken, vor ihrem geistigen Auge als Kriegerin gesehen, die in *The Planets* mitspielte, einer sehr bewegenden sinfonischen Suite von Gustav Theodore Holst. Manchmal war sie dabei, gerührt von einem überwältigenden Gefühl der Gnade, in Tränen ausgebrochen.

Nun, da Carol sich – unterstützt von ihrem geliebten David, ihren jenseitigen Freunden, dem Gefühl der Gnade und ihrer Kriegerenergie – an dieses Musikstück erinnerte, beschloß sie innerlich, zu leben. »Ich hatte so viel Hilfe erhalten, aber nun war ich an der Reihe. Es lag an mir und an meiner Willenskraft zu kämpfen. Es war, als hätte jemand einen Bunsenbrenner unter mir angezündet. Ich war felsenfest entschlossen und spürte eine unglaubliche Energie in mir.«

Carol Benjamin war ins Leben zurückgekehrt.

Ihre Rückkehr ging mit einem tiefen Engagement für den Dienst an der Menschheit einher. »Ich wußte, daß man nicht so viel Hilfe bekommt, um dann einfach weiter sein eigenes Leben zu führen. Das ergäbe keinen Sinn. Ich fühlte mich mit allen Dingen und allen Menschen, mit dem Leben selbst tief verbunden. Man kann nicht so tun, als gebe es eine trennende Linie zwischen einem selbst und den anderen Menschen. Es funktioniert einfach nicht. Diese Erfahrung der Gnade hat mich gelehrt, daß man dazu da ist, um anderen Menschen eine helfende Hand zu reichen, so wie sie mir gereicht wurde.

Es ist fantastisch, am Leben zu sein«, setzt sie hinzu, »aber ich habe auch keine Angst vor dem Sterben. Ich kann den Tod gar nicht mehr fürchten, denn ich weiß ja jetzt, daß diese Wesen dort drüben sind. Doch bis meine Zeit kommt, um nach Hause zu gehen, bin ich beständig zum Dienst an der Welt aufgerufen – ich kann mein Leben nicht anders sehen. Das Licht ist angegangen. Solange ich lebe, bin ich dazu da, anderen Menschen zu dienen. Den Rest meines Lebens werde ich damit zubringen, herauszufinden, was das bedeutet.«

Carol Benjamin führt ein sehr intensives, aktives Leben des Dienstes als Körpertherapeutin und Hundeausbilderin in Boulder, Colorado. Zwar betrachtet sie ihre Geschichte als etwas sehr Persönliches und Privates, aber sie sagt: »Wenn sie dazu beiträgt, anderen Menschen Hoffnung zu machen, dürft ihr sie gern veröffentlichen.«

Schuster Gottes:

Vom frömmlerischen Kind zum spirituellen Genie

Jakob Böhme kam 1575 auf einem Bauernhof in Alt Seidenberg, einem streng protestantischen Dorf in der Oberlausitz, zur Welt. Seine Schulbildung beschränkte sich auf Lesen, Schreiben und Religionsunterricht. Selbst für die damalige Zeit war er ein außergewöhnlich frommer Junge, der fleißig die Lutherbibel studierte.

Wegen seiner schwächlichen Konstitution kam das anstrengende Leben eines Bauern für ihn nicht in Frage. Deshalb schickte sein Vater ihn im Alter von 14 Jahren zu einem Schuster in der nahe gelegenen Stadt Görlitz in die Lehre. Dort lernte Jakob, seinen Lebensunterhalt zu verdienen, und machte sich gleichzeitig das Leben schwer – denn er war zwar ein gutmütiger, ehrlicher Mensch, aber gleichzeitig ging er den Leuten mit seiner selbstgerechten, frömmelnden Art auf die Nerven: Er wies alle Menschen – nicht nur die Kunden, sondern auch seinen Arbeitgeber – zurecht, die den Namen Gottes leichtfertig in den Mund nahmen oder in irgendeiner Weise gegen Jakobs strenge religiöse Grundsätze verstießen.

Eines Tages zu Beginn seiner Lehrzeit, als er allein im Schusterladen arbeitete, kam ein Fremder herein und ging auf ihn zu. Die tiefgründigen, leuchtenden Augen des Mannes beeindruckten Jakob. Er kaufte ein Paar Schuhe und verließ den Laden wieder, doch ein paar Sekunden später rief er von der Straße her: »Jakob! Komm heraus!« Jakob gehorchte ihm erstaunt – er hatte dem Fremden gar nicht seinen Namen genannt. Der Mann sprach zu ihm, als seien sie einander sehr vertraut. »Jakob, du bist noch klein, aber eines Tages wirst du ein großer Mann sein (...) ein so außergewöhnlicher Mensch, daß die ganze Welt über dich staunen wird. Sei gehorsam gegenüber Gott (...) lies die Heilige Schrift. Dort wirst du Anleitung und Trost für die Armut, die Prüfungen und die Verfolgung finden, die du erleiden wirst. Sei tapfer und standhaft. Gott (...) wird dir gnädig sein.«

Dieses Ereignis beeindruckte Jakob tief und bestärkte ihn in seiner ohnehin schon extremen Frömmigkeit und seinen strengen moralischen Maßstäben. Schließlich entließ sein Meister ihn wütend mit den Worten, er habe einen Lehrling eingestellt und keinen Missionar. In den nächsten drei Jahren wanderte Jakob als Schustergeselle durch ganz Deutschland und erlebte das schreckliche Leid, die Armut und Zerstörung des Bürger- und Religionskrieges mit, den die Reformation über das Land gebracht hatte. Jakob lernte die religiöse Heuchelei seines Zeitalters kennen – die Verdorbenheit und Habgier der Kirchen und ihre hierarchischen Rangeleien; die Ausbeutung hungernder Bauern und die Machtkämpfe und fanatischen heiligen Kriege zwischen Katholiken und Protestanten, die oft von Söldnerheeren ausgetragen wurden.

Diese bitteren Jahre zerstörten Jakobs Idealismus und seinen Glauben an die Kirche. Bis in die Grundfesten seines Wesens erschüttert, kehrte er nach Görlitz zurück und suchte Trost im Gebet und in der Heiligen Schrift. Er strebte jetzt nach einer persönlicheren Beziehung zu Gott. Seine Erfahrungen hatten in ihm einen spirituellen Impuls geweckt, den man nur als Ausgeburt seiner Verzweiflung bezeichnen konnte. »Ich beschloß, unaufhörlich um Gottes Liebe und Gnade zu bitten, bis Sein Segen auf mich herabkäme«, schreibt er später.

Im Jahr 1595 wurden seine Gebete erhört: Er hatte eine Vision, die sein ganzes Leben verändern sollte. Jakob beschreibt sie in der Sprache seiner Zeit folgendermaßen: »Die Erleuchtung des Geistes regnete auf mich herab. (...) Ich stand in Seiner Gegenwart da und begriff den innersten Kern des Göttlichen Wesens (...) in Liebe eingehüllt. (...) Ich finde keine

Worte, um diese Verzückung zu beschreiben. Es war wie eine Auferstehung von den Toten. (...) Ich sah Gott in einem wunderbaren Licht erstrahlen. Alles war von innen her erleuchtet. Von diesem Augenblick an erkannte ich Gott in jedem Ding, in den Kreaturen, in Pflanzen und Gräsern.«

Doch die innere Wandlung Jakob Böhmes war noch nicht reif, um sich der Welt zu offenbaren. Er sollte noch jahrelang ein ganz gewöhnliches Leben als Schuster in Görlitz führen, eine Metzgerstochter heiraten und sechs Kinder zeugen. Das waren Jahre der Vorbereitung, des Studiums und der Kontemplation – die Zeit, die er brauchte, um zu einem tieferen Verständnis seiner Vision zu gelangen.

Eines Sommernachmittags im Jahr 1600 erlebte Jakob seine zweite Erleuchtung. Ein zufälliger Blick auf die Reflexion der Sonnenstrahlen in einem Zinnteller katapultierte ihn in einen Zustand der Transzendenz, in der die Gegenwart Gottes sich ihm »überall und in allem« offenbarte.

Auch in den nächsten zwölf Jahren verriet Jakob niemandem ein Sterbenswörtchen von seinen Erlebnissen. Doch seine spirituelle Sicht erweiterte sich immer mehr und enthüllte ihm göttliche Wahrheiten, die alles überstiegen, was er je gelesen oder gehört hatte. Schließlich begann er eine innere Stimme zu vernehmen, die ihm befahl, alles, was ihm offenbart worden war, niederzuschreiben.

Jakob war sich der Gefahren eines solchen Tuns wohl bewußt, denn der geheimnisvolle Mann, dem er in seiner Jugend in dem Schusterladen begegnet war, hatte sie ihm ja vorausgesagt. Die strengen Gesetze seiner Zeit gegen Ketzerei konnten ihm eine rasche, schwere Strafe bescheren. Also betete er und wartete auf ein deutliches Zeichen, bevor er es wagte, auch nur ein Wort darüber zu schreiben, was ihm offenbart worden war.

Schließlich kam dieses Zeichen von innen heraus »mit zwingender Macht«. Und Jakob Böhme – der kaum mehr gelesen hatte als seine Bibel und kaum mehr geschrieben als seinen eigenen Namen – begann nun seine göttlichen Offenbarungen zu Papier zu bringen.

Seine erste Schrift *Aurora. Oder Morgenröte im Aufgang* ist eines der atemberaubendsten Werke der mystischen Literatur. Böhme beschreibt darin den Entstehungsprozeß dieses Werkes und die Vision, die ihn dazu inspirierte, folgendermaßen: »In meinem Inneren nahm ich die ganze Schöpfung in ihrer Reihenfolge und Bewegung wahr; zuerst sah ich die göttliche Welt der Engel und des Paradieses; dann die dunkle Welt, das Reich des Feuers; und schließlich diese Welt um uns herum, sichtbar und greifbar, als Ergebnis und Ausdruck der beiden inneren, ewigen, verborgenen Welten. Darüber hinaus begriff ich das ganze Sein und den Urgrund Gottes sowie des Bösen (...)«

Obwohl er nicht über die Schulbildung und den geschliffenen Stil seiner Zeitgenossen verfügte, besaß er die visionäre Klarheit und Tiefe, die nur von Gott inspirierten Menschen zuteil wird. In seinem Buch *Men Who Have Walked with God* schreibt Sheldon Cheney: »In jenen Eigenschaften, die ein literarisches Werk zu etwas Großartigem, Inspirierendem machen, in der Klarheit, Treffsicherheit und Lebendigkeit seiner Worte übertraf Böhme in unzähligen Textpassagen seiner Werke die meisten Schriftsteller seiner Zeit.«

Und doch strebte Jakob Böhme, der einer der tiefsinnigsten und produktivsten mystischen Schriftsteller werden sollte, die je gelebt haben, niemals nach Anerkennung. Von seinen umfangreichen Schriften wurde zu seinen Lebzeiten nur ein einziges Buch veröffentlicht, und das ohne sein Wissen und ohne seine Genehmigung. Jakob schrieb nicht zu seinem eigenen Ruhm, sondern nur, um die göttlichen Wahrheiten aufzuzeichnen, die ihm offenbart wurden; denn er wußte: Wenn er sie unausgesprochen mit ins Grab nahm, raubte er sie der Welt, so wie der arme Knecht im Gleichnis Jesu Christi seinen einzigen Zentner Geldes in der Erde vergräbt.

Eines Tages entdeckte Karl von Endern, ein adliger Student der Philosophie und Mystik, *Aurora* in Jakobs Schusterladen und las das Werk. Beeindruckt vom Tiefsinn dieser Worte borgte von Endern es sich aus, fertigte Kopien davon an und brachte sie in seinem Freundeskreis in Umlauf. Bald wurde Jakob von dieser Gruppe hochgebildeter Adliger verehrt. Doch wie er gefürchtet hatte, fiel sein Werk auch Menschen in die Hände, die dem weniger wohlwollend gegenüberstanden. Eines

Sonntags in der Kirche wurde Jakob von seinem Pastor Gregor Richter, der dem Schuster wegen eines unbedeutenden Mißverständnisses grollte, von der Kanzel herab angegriffen und als Ketzer verunglimpft. Richter begann einen 1-Mann-Feldzug gegen Jakob zu führen, den er als Antichristen bezeichnete. Schließlich wurde es Jakob offiziell untersagt, jemals wieder auch nur ein einziges Wort über spirituelle Dinge zu schreiben.

Doch das war erst der Anfang von Jakob Böhmes Ruhm – und seiner Verfolgung.

Viele hochbegabte Philosophen und andere große Männer seiner Zeit kamen zu diesem einfachen Schuster, um mit ihm über seine göttlichen Offenbarungen zu sprechen. Obwohl diese Gespräche und die Visionen, die er weiterhin hatte, ihn zu einer immer größeren inneren Klarheit hinführten, schrieb er sechs Jahre lang nichts mehr. Trotzdem nahm Pastor Richter aus Zorn über den unablässigen Strom begeisterter Besucher, die in Jakobs Laden kamen, schließlich seine Hetzkampagne gegen den Schuster wieder auf und dehnte sie nun auch auf seine Frau und seine Kinder aus.

Durch diese ungerechtfertigte Verfolgung fühlte Jakob sich von seinem Schweigegelöbnis entbunden und begann wieder zu schreiben. In den nächsten sechs Jahren – den letzten Jahren seines Lebens, denn mit 50 Jahren starb er – schrieb Jakob seine größten Werke, erlangte seinen höchsten Ruhm und fand trotz der erbitterten Verfolgung, die er erlitt, einen tiefen geistigen Frieden.

Menschen, die anonym bleiben und im Leben nur wenig zustande bringen, ernten selten Kritik oder Lob. Doch die Angriffe und die Bewunderung, die Jakob Böhme erlebte, entsprachen der Größe seines selbstlosen Dienstes an der Menschheit, seiner Inspiration und Kreativität sowie seinem theologischen Wirken in dieser Welt. Er wurde von seiner Familie getrennt und immer wieder von feindseligen Mitbürgern überfallen und angegriffen, aber gleichzeitig von den großen Adligen und Gelehrten seiner Zeit als Heiliger und Prophet verehrt. Bald nachdem Jakob von allen Anschuldigungen freigesprochen worden war und wieder nach Hause zurückkehren durfte, wurde er todkrank. Bevor er im Kreis seiner Familie in Frieden starb, verzieh er allen Menschen, die ihm je etwas Böses getan hatten.

In den vier Jahrhunderten seit seinem Tod haben Jakob Böhmes Schriften Generationen von Theologen und Mystikern inspiriert und beeinflußt, darunter so große Geister wie William Blake und Emanuel Swedenborg. »Mein ganzes irdisches Werk ist nichts weiter als eine Anleitung, wie der Mensch in seinem eigenen Inneren ein Königreich des Lichts schaffen kann«, schrieb er. »Aber ihr braucht nur eure Augen aufzuschlagen, und die Welt ist voll von Gott.«

Eine schamanistische Initiation:

Erweckung zum Dienst an der Menschheit im Copper Canyon

Als Don Jacobs von dem durch heftige Regengüsse angeschwollenen mexikanischen Fluß Urique im Februar 1983 in eine schmale Felsspalte im Copper Canyon gespült wurde, spiegelte das nur die Tatsache wider, daß er in seinem Leben einen kritischen Punkt erreichte hatte.

Don ist im Jahr 1946 zur Welt gekommen und in einer vom Alkoholismus zerrütteten Familie aufgewachsen. Der Alkohol tötete schließlich seinen Vater und brachte seine Mutter ins Gefängnis. Don wurde mit der Situation fertig, indem er den Starken spielte – er zog seine beiden jüngeren Schwestern zum größten Teil allein auf und machte seinem hitzigen Temperament Luft, indem er Sport trieb. Als er älter wurde, ging er zur Marine, und im Vietnamkrieg wurde er Pilot. Er suchte das Abenteuer in Form von gefährlichen Hobbys wie Wildpferderennen oder Wildwasserfahrten.

Doch manchmal schlug seine Stärke auch ins Negative um – nämlich dann, wenn sie sich in aggressiven, selbstherrlichen Temperamentsausbrüchen entlud. Dieses Temperament hatte seine Ehe und seine Stellung als Mitarbeiter bei der Feuerwehr gefährdet, sein Leben kompliziert gemacht und ihn dazu getrieben, in einem abgelegenen Canyon mitten in Mexiko ein Abenteuer zu suchen, das ihn innerlich verwandeln sollte. Irgendwie brauchte Don das Risiko des Kampfes gegen diese berüchtigten Stromschnellen, die zu den tückischsten des amerikanischen Kontinents gehören.

Der Copper Canyon, der an manchen Stellen viermal so breit wie der Grand Canyon und sechs Meter tiefer ist, wird von den Rarámuri-Indianern bewohnt, einem Stamm, der für seine große physische Zähigkeit bekannt ist: Diese Indianer veranstalten 150-Kilometer-Rennen entlang der steilen, steinigen Pfade des Canyons. Da Don selbst Dauerläufer war und außerdem leidenschaftlich gern Wildwasserkajak fuhr, war er mit seinem Freund Dave in der Hoffnung in den Canyon hinabgestiegen, eine Kajakfahrt auf dem Urique machen und dabei vielleicht sogar die legendären Läufer der Rarámuri beobachten zu können. Sein Interesse an Indianern rührte teilweise daher, daß einige seiner Vorfahren selbst amerikanische Ureinwohner waren: Sein Urgroßvater war ein reinrassiger Cherokee-Indianer gewesen.

Ein kleiner, gedrungener Rarámuri-Indianer namens Luis führte die beiden Männer in den Canyon hinunter. Barfuß und mit einem schweren Rucksack beladen, geleitete Luis sie auf einer zehnstündigen Wanderung auf steilen Wegen durch eine zerklüftete Felslandschaft und ein Gewirr gähnender Abgründe zum Fluß Urique.

Am nächsten Morgen stiegen Don und Dave in ihre Kajaks und begaben sich auf ihre Fahrt den Fluß hinunter. Der erste Tag war ein berauschendes Erlebnis: Da hatte der Fluß noch eine Geschwindigkeit von 34000 Litern pro Sekunde und war problemlos befahrbar. Doch am zweiten Nachmittag setzten heftige Regengüsse ein; binnen einer Stunde hatte der Urique sich in eine tosende Sintflut verwandelt. Mühsam bahnte Don sich seinen Weg durch die schlammige Gischt der Stromschnellen; Dave folgte ihm. Es war ein Hindernisrennen zwischen riesigen Felsbrocken hindurch, die aus dem Fluß ragten und die Geschicklichkeit der beiden Männer auf die äußerste Probe stellten.

Dann trieb Don mit seinem Kajak unerwartet durch eine schmale Rinne zwischen zwei großen Felsblöcken in ein Becken hinein, dessen Wasseroberfläche völlig unbewegt zu sein schien. Don ließ sich durch die scheinbare Stille des tiefen Wasserbeckens täuschen und merkte zu spät, daß sie trügerisch war. Doch da trieb der reißende Fluß ihn schon mit seiner ganzen wogenden Kraft in einen Kanal hinein, der für seinen Kajak zu eng war. Am Ende des Kanals erblickte er einen tosenden Strudel, der Äste, Blätter und ungeheure Wassermassen in die Tiefe saugte.

Don paddelte wie wild in dem vergeblichen Versuch, nicht ebenfalls von dem Strudel verschluckt zu werden. Bald war auch er in der tiefen Steinspalte gelandet, klammerte sich mit der einen Hand verzweifelt an sein Kajak und stemmte sich mit der anderen gegen den Felsen, während das Wasser über und unter ihm vorbeirauschte. Schließlich ließen seine Kräfte nach.

»Plötzlich überkam mich ein rätselhaftes Gefühl der Ruhe«, berichtet er später. »Meine geschärften Sinne trieben mich in einen Bewußtseinszustand, in dem die Angst nichts weiter war als ein vibrierendes Gefühl. Ich überlegte weiter, was ich tun sollte, um diese Situation zu überleben; doch eine innere Stimme sagte mir, daß das, was nun gleich geschehen würde, wichtig war und daß ich keine Angst davor haben sollte.

Während all diese Gefühle durch mich hindurchpulsierten wie ein elektrischer Strom, wurde mein Kajak plötzlich von einer heftigen Welle umgekippt, und ich verschwand im kalten, nassen Dunkel des Lochs. Als ich unterging, sagte mir meine ganze bisherige Erfahrung, daß ich mit Sicherheit ertrinken würde; trotzdem überkam mich wieder ein erstaunliches Gefühl der Ruhe und des Friedens. Ich entspannte mich völlig und ergab mich der Macht des Flusses.

In den nächsten Augenblicken zog in einer Reihe von Schnappschüssen mein ganzes Leben an mir vorüber. Bei jedem dieser Bilder sandte ich den Menschen und Erlebnissen, die es in meiner Erinnerung heraufbeschworen hatten, liebevolle Gedanken. Ich umarmte meine Familie und meine Freunde. Ich betete darum, daß Dave überleben und wohlbehalten nach Hause zurückkehren möge. (...)

Da spürte ich, wie ein strahlendweißer Energiestrudel um mich herumwirbelte. In dem Augenblick, als mir die Luft ausging und ich im Begriff war, den Mund zu öffnen und das Wasser in meine Lungen strömen zu lassen, spie der Tunnel mich wieder aus ans diesige Tageslicht.«

Dave, der Don in dem Strudel um sein Leben hatte kämpfen sehen und rasch ans Ufer gepaddelt war, wanderte jetzt flußabwärts. Zu seinem Erstaunen und seiner großen Erleichterung entdeckte er, daß Don noch lebte und am Ufer saß. Es goß in Strömen. Sie kletterten in eine Felshöhle, in der sie drei Tage lang blieben, bis der Regen nachgelassen hatte.

Don spürte sofort, daß sich in ihm etwas verändert hatte; aber die Tragweite der inneren Wandlung, die er im Lauf der nächsten Zeit erfahren sollte, war ihm noch nicht bewußt. Er hatte schon immer eine gute Beziehung zu Pferden gehabt; doch in den Wochen nach seiner Rückkehr aus dem Copper Canyon erwachte eine ganz außergewöhnliche Fähigkeit der Kommunikation mit den Tieren in ihm. Zuerst fiel ihm das bei Corazón auf, der früher ein wilder Mustang gewesen war – ein so schwieriges, widerspenstiges Pferd, daß Don schon beschlossen hatte, es nach seiner Rückkehr aus dem Canyon wieder in die Wildnis zu entlassen. Doch jetzt stellte Don fest, daß er Corazón mühelos reiten konnte. Während er vorher Zügel und Muskelkraft gebraucht hatte, um das Pferd zu lenken, konnte er es jetzt ohne Sattel reiten und dirigierte es einzig und allein mit mentalen Befehlen – nur mit seinen Gedanken!

»Wie aus heiterem Himmel nahm ich an mir plötzlich eine Fähigkeit wahr, mit wilden Pferden zu ›sprechen‹ – und diese Fähigkeit war so erstaunlich«, schreibt Don in seinem Buch *Primal Awareness*, »daß in fast allen Pferdezeitschriften der USA und sogar in einer Fernsehsendung darüber berichtet wurde.«

Don beobachtete seine ungewöhnliche neue Gabe genau und entdeckte, daß sie etwas mit jener intensiven Konzentration zu tun hat, die häufig mit der Angst einhergeht. Dieser »Angsteffekt« schien einen Zustand geschärften Bewußtseins zu erzeugen, der ihn zu telepathischer Kommunikation befähigte. (Später machte Don sich dieses intuitive Verständnis zunutze, um mit psychisch gestörten Jugendlichen zu kommunizieren – so versetzte er sie in einen Zustand, in dem sich rascher positive Veränderungen in ihrer Einstellung und ihrem Verhalten erzielen ließen.) Don begann auch zu verstehen, wie der gleiche Zustand der Angst zu jenem Nahtoderlebnis im Urique geführt hatte, das ihn innerlich erweckt und sein Leben verändert hatte.

Fasziniert beobachtete Don sich weiter und registrierte die manchmal ganz subtilen Veränderungen seines Charakters: »Ich stellte fest, daß ich nachsichtiger und geduldiger geworden war. Statt sofort zu reagieren, dachte ich jetzt oft erst einmal nach. (...) Ich hielt die Wahrheit nicht mehr für etwas Starres, Definitives, sondern eher für etwas, was sich durch beide Seiten eines Problems hindurchzieht wie ein roter Faden (...) Eine neue Energie und eine neue Richtung ergriffen Besitz von meinem Leben.«

Und was noch erstaunlicher ist: Don begann übersinnliche, hellseherische Fähigkeiten an sich festzustellen, die er vor seinem Nahtoderlebnis im Copper Canyon nicht besessen hatte.

Erst später erfuhr er, daß in jenem Felsbecken im Fluß, in dem er beinahe ertrunken wäre, schon seit Urzeiten die traditionellen Initiationen der Rarámuri-Schamanen stattfanden. Die Kandidaten wurden in den Strudel des schmalen Kanals geworfen. Diejenigen, die sich entspannten – die sich der Macht des Flusses ergaben –, wurden genau wie Don in den Kanal hineingesaugt, aus dem sie als neugeborene Geschöpfe hervorgingen. Diejenigen, die sich verkrampften und kämpften, entrannen der Felsspalte nicht. Diese Initiation nicht zu bestehen, bedeutete den Tod durch Ertrinken.

Nachdem Don die Passage durch diesen Kanal überlebt hatte, besaß er ein viel tieferes Verständnis für das Wesen der Angst. Er begriff, daß sie ein Fenster zu erweiterten Bewußtseinszuständen sein konnte, in denen manchmal schlummernde Fähigkeiten in einem erweckt wurden und man wichtige Lektionen lernte. Er begann seine Erkenntnisse bei seiner Arbeit als medizinisch-technischer Notfallassistent bei der Feuerwehr einzusetzen, indem er sich der Technik der spontanen Hypnose bediente.

Das erste Mal wandte Don seine neue Erkenntnis bei einem

Mann namens Joe an, der einen elektrischen Schlag bekommen hatte. Kurz nachdem Don und sein Kollege Frank am Unfallort eintrafen, bekam Joe Krämpfe, und sein Herz hörte auf zu schlagen. Sie beatmeten ihn mit einer Sauerstoffmaske und führten eine Herzmassage durch. Don, der schon seit Jahren als medizinisch-technischer Notfallassistent arbeitete, hatte bereits unzählige Situationen miterlebt, in denen es um Leben und Tod ging. Aber diesmal schien irgend etwas anders zu sein als sonst: »Ich war nicht mehr nur ein Techniker, der nach der passenden Notfallmaßnahme suchte«, sagt er. »Ich fühlte mich in der Lage, in einer unsichtbaren Welt, die ich mit Joe teilte, Energie zu bewegen, und spürte, daß ich mit einem spirituellen Aspekt seines Wesens in Verbindung stand. Ich wußte, daß dieser Teil seines Ichs genauso wichtig war wie sein physischer Körper.«

In Gegenwart von Joes Frau sprach Don zu dem klinisch bereits toten Mann und erklärte ihm, wie er sein Herz wieder zum Schlagen bringen könne. Ein paar Minuten später, als die Rettungssanitäter kamen, setzte Joes Herzschlag wieder ein. Später riefen die Rettungssanitäter Dons Chef an und fragten ihn, was denn mit Don Jacobs los sei – warum er tote Menschen auffordere, ihr Herz wieder zum Schlagen zu bringen. Da erklärte Joes Frau ihnen, daß Don ihrem Mann mit seinen Worten das Leben gerettet hatte.

Don erhielt einen Verweis; doch noch am selben Tag rief Joe selbst aus dem Krankenhaus an, um sich bei ihm für seine Anleitungen und seine Unterstützung zu bedanken. Offenbar hatte Joe alles gehört und sich eingeprägt, was Don zu ihm gesagt hatte, obwohl er in diesem Augenblick klinisch tot gewesen war! Auch er schrieb seine Rettung Dons Anweisungen zu.

Das war der erste einer Reihe erstaunlicher Erfolge. »Ich setzte diese neue Methode bei meinen Notfallpatienten ein«, schreibt Don. »Auf diese Weise konnte ich direkt zu einer tieferen Schicht ihrer Psyche vordringen. Und durch meine Anleitungen bekamen die Menschen ihr vegetatives Nervensystem erstaunlich gut unter Kontrolle: Sie erwachten aus Schockzuständen, brachten Blutungen zum Stillstand und regulierten sogar ihren Blutdruck mit meiner Hilfe. Später wandte ich die gleichen Methoden bei mir selbst an und konnte mich ohne Narkose einer Unterleibsoperation unterziehen.«

Zunächst wurden Dons ungewöhnliche, aber äußerst erfolgreiche Methoden an seinem Arbeitsplatz zum Standardverfahren erhoben. Doch obwohl die Überlebensrate bei Wiederbelebungsversuchen in Dons Abteilung dadurch weit über die US-amerikanischen Durchschnittswerte anstieg, waren diese Methoden in der Organisation zu umstritten und wurden daher schließlich wieder abgeschafft.

Als Don 1997 einmal im Internet surfte, stieß er zufällig auf einen Artikel, in dem das Elend der Rarámuri-Indianer im Copper Canyon und auch der Indianerstämme im umliegenden Gebiet der Sierra Madre beschrieben wurde: Durch den unheilvollen Einfluß von Drogenhändlern und illegalen Holzfällern, die von einer korrupten Polizei und einem ebenso korrupten Militär unterstützt wurden, wurden die Wälder zerstört und die Rarámuri-Indianer entweder von ihrem Land vertrieben oder unter Gewaltandrohung gezwungen, statt Mais, von dem sie lebten, Marihuana und Opium anzupflanzen. Außerdem wurden diese Indianer immer wieder angegriffen, gefoltert und oft sogar umgebracht.

Don beschloß, in den Canyon zurückzukehren, der sein Leben verändert hatte, um zu sehen, ob er den Indianern irgendwie helfen konnte. Auf seiner zweiten Reise in den Copper Canyon lernte Don einen 100 Jahre alten Schamanen namens Augustin Ramos kennen. Bei Augustin beobachtete Don ähnliche außersinnliche Fähigkeiten, wie sie in ihm selbst nach seiner Reise in den Canyon vor 14 Jahren spontan erwacht waren. Indem John mit Augustin zusammenarbeitete und die Rarámuri-Indianer im Copper Canyon rettete, trat er wieder mit seinem eigenen verlorenen indianischen Erbe in Verbindung.

Heute ist Don Professor am Lehrstuhl für Erziehungswissenschaften des Oglala Lakota College im Pine-Ridge-Indianerreservat in South Dakota. In seinem bereits erwähnten Buch *Primal Awareness* macht er auf die Situation der bedrohten Rarámuri-Indianer im Copper Canyon aufmerksam und tritt für ihre Unterstützung ein. Außerdem ermutigt er andere Menschen dazu, das schamanistische Bewußtsein in ihrer eigenen Psyche zu erkunden: jenes Bewußtsein, das durch seine Begegnung mit dem Tod in dem Fluß Urique in ihm erweckt wurde – ein Geschenk, das auch heute noch sein Leben erleuchtet.

Das Wunder von Cokeville:

Terroristische Bedrohung und rettende Engel

Am 16. Mai 1986 wurde die kleine Stadt Cokeville, Wyoming, zum Schauplatz einer Tragödie, die leicht ein verheerendes Ende hätte nehmen können. Um ein Uhr nachmittags begaben der Rassist David Young und seine Frau Doris sich mit einem Einkaufswagen voller Sprengstoff, Gewehre und Pistolen in die Grundschule von Cokeville. Young war früher Polizeidirektor von Cokeville gewesen, aber wegen Inkompetenz und leichtsinnigen Verhaltens entlassen worden.

»Das hier ist eine Revolution! Ich nehme alle Menschen, die sich in dieser Schule befinden als Geiseln!« erklärte Young der erschrockenen Sekretärin. »Setzen Sie nicht die Alarmanlage in Gang, und rufen Sie auch niemanden an, sonst werden Sie und alle Kinder sterben.« Mit diesen Worten trieben Young und seine Frau 150 Kinder und mehrere Lehrer – fast ein Drittel der Bevölkerung der kleinen Stadt – in ein großes Klassenzimmer.

Ihre Forderung: Innerhalb von zehn Tagen sollte die amerikanische Regierung ihnen 300 Millionen Dollar zur Verfügung stellen; außerdem solle Präsident Ronald Reagan persönlich sie anrufen, sonst würden sie die Bomben zünden. Zu Verhandlungen seien sie nicht bereit.

Aus Youngs Tagebuch ging später sein wahrer Plan hervor: Er wollte, nachdem er das Geld bekommen hätte, sich selbst, seine Frau und die gesamte Schule in die Luft sprengen. Die Stadt Cokeville würde das Lösegeld bezahlen, und Young hätte seine Rache. Er war psychisch gestört und glaubte, daß sie alle »in einer höheren Dimension« reinkarniert werden würden. Und er hatte mehr als genug Sprengstoff dabei, um seine Drohung wahr zu machen. Zwei Wochen zuvor war er auf eine abgelegene Viehweide gefahren und hatte eine Testbombe zur Explosion gebracht. Der riesige Feuerball hätte vollauf ausgereicht, um ein Klassenzimmer voller Kinder (und Lehrer) in die Luft fliegen zu lassen.

Fast zweieinhalb Stunden lang warteten die ängstlichen Eltern und Freunde der in der Schule eingeschlossenen Menschen, Nachrichtenreporter und andere Zuschauer in angespannter und ängstlicher Erwartung hinter den Reihen der Polizisten, hofften und beteten um eine gewaltfreie Lösung des Konflikts – ja sogar um ein Wunder.

Da endete die Belagerung plötzlich mit einer gewaltigen Explosion. Ein paar Minuten zuvor hatte Young seiner Frau Doris den Zünder in die Hand gedrückt und war auf die Toilette gegangen. Indizien zufolge, die man später am Tatort fand, brachte Doris die Bombe anscheinend versehentlich zum Explodieren – nur ein paar Meter von den 50 Kindern entfernt, die sich ängstlich in der hinteren Ecke des Klassenzimmers zusammendrängten.

Nach der Explosion taumelte Doris Young, deren Körper nun in Flammen stand, zur Tür hinaus. Auf dem Gang begegnete sie David. Er gab ihr einen Gnadenschuß in den Kopf, schoß einen Lehrer an, der den Gang entlanggerannt kam, kehrte dann in die Toilette zurück und erschoß sich selbst.

Berichten von Augenzeugen zufolge, die vor der Schule standen, war das Klassenzimmer jetzt in ein Meer orangeroter Flammen getaucht. Inzwischen hatten sich sämtliche Bewohner der Stadt vor dem Schulgebäude versammelt und beobachteten entsetzt, wie schwarzer Rauch aus den Fenstern quoll. Als sie auf das Klassenzimmer zuliefen, das jetzt nur noch eine ausgebrannte Ruine war, explodierte wohl durch den Luftzug der gesamte Munitionsvorrat in Youngs Einkaufswagen, und Kugeln sausten kreuz und quer durch den Raum.

Die Tochter des Polizeichefs, Barbara Frederickson, beschreibt die Szene, kurz nachdem die Explosion das Zimmer ausgehöhlt hatte, in dem die Geiseln festsaßen: »Wir hörten ein lautes Donnern, und dann kamen schreiende Kinder aus dem Schulgebäude geflogen. Die Lehrer krochen auf dem Boden herum und warfen Kinder aus dem Fenster. Das ganze Zimmer brannte.« 32 Menschen erlitten in dem Flammenmeer Verbrennungen zweiten Grades im Gesicht, und ein Kind wurde von einer verirrten Kugel getroffen. Aber niemand trug eine lebensgefährliche Verletzung davon. Unbegreiflicherweise überlebten alle Geiseln die Katastrophe.

Doch das volle Ausmaß des Wunders, das damals in der kleinen Stadt Cokeville in Wyoming geschah, wurde erst offenbar, als die Kinder ihren Eltern, der Rettungsmannschaft und der Polizei unabhängig voneinander »Lichtwesen« zu beschreiben begannen, die »durch die Decke gekommen waren«. Als der Erstklässler Nathan Hartley sie sah, wußte er sofort, daß es Engel waren. Und Rachel und Katie Walker erzählten, sie hätten »so hell geleuchtet wie Glühbirnen«. Über jeder der Geiseln habe eines dieser Wesen geschwebt.

Der Engel, der über Nathan schwebte, stellte sich ihm als seine Urgroßmutter vor und warnte ihn: »Die Bombe wird explodieren, und die beiden bösen Menschen werden sterben.« Dann forderte sie ihn auf, sich ans Fenster zu stellen.

Ein anderer Engel sagte das gleiche zu Katie. Und auch Katies Bruder Travis hörte ganz deutlich eine Stimme, die ihn anwies, seine Schwestern ans Fenster zu bringen und dafür zu sorgen, daß sie dort blieben; dann würde ihnen nichts passieren. Ein anderes sechsjähriges Kind berichtete: »Eine Frau hat mir gesagt, daß die Bombe gleich explodieren würde. ›Geh zum Fenster und spring hinaus‹, sagte sie.«

Auch andere Kinder sahen, hörten oder spürten die Gegenwart dieser Wesen.

»Ich kann Ihnen gar nicht sagen, was für ein Glück die Kinder gehabt haben«, bestätigt Bombenexperte Richard Haskell vom Polizeipräsidium Sweetwater County hinterher. »Wenn man sich dieses Klassenzimmer anschaut und die verkohlten Möbel und rußgeschwärzten Wände, dann ist es erstaunlich, daß nicht alle 150 Kinder tot in dem Zimmer lagen. Das als Wunder zu bezeichnen ist fast noch eine Untertreibung.«

Wissenschaftliche Erforschung einer heiligen Energie:

Zerreißprobe einer spirituellen Entwicklung

Schon seit Jahrzehnten toben Kontroversen zwischen der Lehre von der Weltschöpfung, der die religiösen Fundamentalisten anhängen, und den Evolutionstheorien der wissenschaftlichen Materialisten. Doch laut Gopi Krishna – der wissenschaftliche Methoden zur Untersuchung mystischer Phänomene anwandte – gibt es einen direkten, aber verborgenen Zusammenhang zwischen Gott und der Evolution. Zu diesem Schluß kam er nach einer Zerreißprobe, die sein Leben veränderte und ihm beinahe ein Ende gesetzt hätte.

Gopi kam 1903 in einem Dorf in der Nähe von Srinagar in Indien zur Welt. In seiner Jugend entsagte sein frommer Vater der Welt und zog sich in ein meditatives Schweigen zurück, das er nie wieder brach, so daß es Gopis Mutter allein überlassen blieb, die Familie großzuziehen. Ihre Kraft und Aufopferung haben Gopi, ihren ältesten Sohn, tief beeindruckt.

Nachdem Gopi mit 17 Jahren das Gymnasium abgeschlossen hatte, begann er am College zu studieren. Aber er las mehr zu seinem Vergnügen, als daß er sich auf die Prüfungen vorbereitete, und deshalb fiel er auch prompt durch. Ernüchtert und von Schuldgefühlen geplagt, weil seine Mutter sich so viele Jahre für ihn aufgeopfert hatte, schwor er, die Charakterfehler, die zu seinem Versagen geführt hatten – Willensschwäche und mangelnde geistige Klarheit –, zu bekämpfen. Um sich zu bessern, stand Gopi jeden Morgen zeitig auf, meditierte und machte Yogaübungen, bevor er zur Schule ging. Was ursprünglich nur als Vorbereitung auf seine akademischen Studien gedacht gewesen war, entwickelte sich allmählich zu einer Lebensweise. Doch je mehr sein Charakter und seine spirituelle Natur durch diese Praktiken an Tiefe gewannen, um so mehr trat sein weltlicher Ehrgeiz in den Hintergrund.

Da Gopi sich verpflichtet fühlte, seine Eltern zu unterstützen, und nicht in das gleiche problematische Extrem verfallen wollte wie sein Vater, überlegte er sich einen Kompromiß: Tagsüber wollte er seine weltlichen Pflichten erfüllen und sich abends seinen spirituellen Übungen widmen. Nachdem er im Alter von 22 Jahren seine Collegeausbildung abgeschlossen hatte, zog Gopi nach Kaschmir, um Beamter zu werden. Seine Eltern nahm er mit. Als er 23 war, arrangierte seine Mutter eine Heirat für ihn, wie es Tradition war. Seine Braut war 16 Jahre alt.

In den nächsten zwölf Jahren sorgte Gopi für seine Familie und spielte die Rolle des Ehemanns, Vaters und Beamten, während er sich weiterhin seinen spirituellen Praktiken widmete. Als er eines Morgens im Dezember 1937 meditierte, bevor er zur Arbeit ging, hatte er ein merkwürdiges Gefühl, das vom unteren Ende seiner Wirbelsäule ausging und allmählich nach oben stieg. Das Gefühl ließ zwischendurch immer wieder nach und regte sich dann erneut. Schließlich ignorierte er es und meditierte einfach weiter. Doch es ließ sich nicht ignorieren: »Wieder breitete das Gefühl sich nach oben aus und wurde immer intensiver«, schreibt er. »Und plötzlich spürte ich, wie mit lautem Tosen wie von einem Wasserfall ein Strom flüssigen Lichts in mein Gehirn drang. (...) Immer heller wurde der Glanz, immer lauter das Tosen. Ich spürte eine Erschütterung und merkte dann, wie ich aus meinem Körper hinausglitt, ganz in einen hellen Lichtschein gehüllt. (...) Der Bewußtseinspunkt, der ich war, dehnte sich aus, von Lichtwellen umgeben (...) Jetzt war ich das Allbewußtsein (...) eingetaucht in ein Meer aus Licht. Ich war mir gleichzeitig aller Punkte bewußt und dehnte mich gewissermaßen in alle Richtungen aus.«

Nach diesem Erlebnis war Gopi erschöpft, nervös und seltsam niedergedrückt. Am nächsten Morgen wiederholte sich das Ganze mit der gleichen Intensität. Damals wußte er noch nicht, daß dies der Beginn einer Zerreißprobe war, die zwölf Jahre dauern sollte – eine Zeit, in der er gefährlich zwischen Leben und Tod, Normalität und Verrücktheit hin- und herschwankte.

Gopi deutete sein Erlebnis als Erwachen der Kundalini – jener spirituellen Energie, die ihren Sitz den hinduistischen Schriften zufolge am unteren Ende der Wirbelsäule hat. Dieses Ereignis – für viele Menschen im Osten das Ziel ihrer spirituellen Praktiken – setzte in Gopi einen verwirrenden Prozeß in Gang: Ständig bestürmten und bedrängten ihn beunruhigende, außergewöhnliche Phänomene, die aus seinem eigenen Inneren kamen. Sein Geist wurde Tag und Nacht zum Schauplatz von himmlischen und dämonischen Visionen, Lichtmustern, Kräften und Geräuschen, die in einem beständigen Strom in sein Gehirn drangen. Er konnte sich weder konzentrieren noch schlafen noch essen. Bald nahm er ab und wurde krank.

»Anscheinend hatte ich versehentlich den Hebel eines unbekannten Mechanismus betätigt, der in der äußerst komplizierten und immer noch unerforschten Nervenstruktur des Körpers verborgen liegt; (...) die Lichterscheinungen wurden immer wilder und fantastischer und die Geräusche immer lauter und unheimlicher. (...) Allmählich nahm in meinem Gehirn der entsetzliche Gedanke Gestalt an, daß ich unaufhaltsam auf eine Katastrophe zusteuerte, gegen die ich machtlos war und aus der ich mich nicht retten konnte.«

Wochen und Monate vergingen, in denen seine Seele unberechenbar zwischen fürchterlichen Qualen und euphorischen Glückszuständen hin- und hergerissen wurde. Sein Körper brannte von innen her. In der schlimmsten Zeit fragte er sich jeden Abend, wenn er sich ins Bett legte, ob er am nächsten Morgen noch bei geistiger Gesundheit – ob er überhaupt noch am Leben sein würde. Ein wachsendes Gefühl der Panik begann ihn den anderen Menschen, ja sogar seiner eigenen Familie zu entfremden.

Verzweifelt auf der Suche nach Hilfe, fand Gopi einen Yogi, der ihm erklärte, daß die Kundalini in seltenen Fällen durch den falschen Wirbelsäulenkanal aufsteigt und dann höllische und zerstörerische Wirkungen zeitigt – aber der Yogi wußte auch nicht, wie man dies wieder rückgängig machen konnte. Der Prozeß, der Gopis Leben in seinen Grundfesten erschütterte, schien auf ein unheilvolles Ende zuzusteuern.

Eines Nachts wurde ihm klar, daß er nicht mehr länger durchhalten konnte – er spürte, daß der Wahnsinn seine Finger nach ihm ausstreckte und auch der Tod nicht mehr weit war. Zum Skelett abgemagert, vom Schlafmangel erschöpft, die Nerven zum Zerreißen angespannt, lag er auf seinem Bett und wand sich und stöhnte in Höllenqualen. Wieder einmal brannte er innerlich und war schweißgebadet. Als er den Kopf umwandte, sah er, wie seine dreijährige Tochter ihn mit schreckgeweiteten Augen beobachtete.

In seiner Verzweiflung und seiner Sorge um seine Tochter und die Familie, die er allein zurücklassen würde, erinnerte er sich an die Worte des Yogi. Und da kam ihm »wie durch göttliche Inspiration« eine Idee, wie er die Kundalini durch den richtigen Wirbelsäulenkanal aufsteigen lassen und dadurch sein Leben retten könnte. Schließlich stand seine Zukunft und die seiner Familie auf dem Spiel. Er sah den Prozeß vor seinem geistigen Auge: »Da hörte ich ein Geräusch, wie wenn eine Nervenfaser reißt, und gleich darauf zuckte ein silberner Blitz im Zickzack durch meine Wirbelsäule. Es war wie die geschmeidige Wellenbewegung einer weißen Schlange, die sich blitzschnell davonschleicht. Da ergoß sich statt der Flamme, die mich vorher gequält hatte, ein strahlender, wasserfallartiger Schauer der Lebensenergie in mein Gehirn und erfüllte meinen Kopf mit einem beglückenden, hellen Glanz.«

Dann spürte Gopi, wie eine goldene Flamme mit heilender Kraft durch seinen Körper zuckte. »Sprachlos lag ich wach und beobachtete, wie dieser lebendige, strahlende Glanz sich nacheinander durch meinen ganzen Verdauungstrakt bewegte und liebevoll meine Därme und meine Leber berührte, während ein anderer Lichtstrom in meine Nieren und mein Herz floß. (...) Eine unendliche Dankbarkeit gegenüber dem Unsichtbaren erfüllte mich.«

Der Prozeß in seinem Inneren hatte sich grundlegend verändert – jetzt floß die ehemals chaotische, zerstörerische Kraft durch ihn hindurch und tränkte all seine Zellen mit einer positiven, wohltuenden, hochentwickelten Energie. Durch die Qualen, die er durchgemacht hatte, ernüchtert und vorsichtig geworden, beobachtete Gopi diese neuen Phänomene ganz genau, und zwar eher mit der wachsamen, objektiven Faszination eines Wissenschaftlers als mit der überschwenglichen Hoffnung des Mystikers. »Ich befand mich in einer sehr ungewöhnlichen Verfassung: Etwas ungeheuer Lebendiges, Strahlendes und äußerst Sensibles, das Tag und Nacht leuchtete, erfüllte meinen ganzen Organismus, strömte durch alle Teile meines Körpers (...) und war sich seines Weges ganz sicher.«

Diese lebendige, intelligente, ordnende Kraft schien nun seinen Körper-Geist zu bewohnen und seine Ernährungs-, Schlaf- und Arbeitsgewohnheiten zu bestimmen. Als Gegenleistung für Gopis bereitwillige Kooperation belohnte sie ihn mit erstaunlichen Geschenken – nicht zuletzt mit jenem biblischen »Frieden, der höher ist denn alle Vernunft«.

Wenn Gopi nun im Wachen, Schlafen oder Träumen sein Innerstes schaute, sah er sich in einen Umhang aus Licht gehüllt und hatte das Gefühl, vom herrlichen Strom einer göttlichen Lebenskraft erfüllt zu sein. Seine Träume waren jetzt ekstatische, visionäre Reisen in fantastische Reiche von unbeschreiblicher Herrlichkeit. Er begann erst intuitiv zu ahnen und dann deutlich wahrzunehmen, daß das Universum ein unendlich bewußtes Wesen ist. Einst alltägliche Szenen der physischen Welt waren nun von einem silbrigen Glanz und einer himmlischen Herrlichkeit durchdrungen, die Gopi Tränen der Rührung in die Augen trieben. Ekstatisches, ehrfürchtiges Staunen wurde für ihn zum Normalzustand, den er von Sekunde zu Sekunde erlebte.

Eines Tages, als er eine Brücke überquerte, erlebte er ein neues Phänomen: »In meiner Nähe meinte ich die ständige, hellerleuchtete Gegenwart eines Wesens zu spüren (...) das mich einhüllte und alle Gegenstände um mich herum überstrahlte. Diesem Wesen entströmten zwei Zeilen eines schönen Gedichts auf Kaschmiri, schwebten als leuchtende Buchstaben vor meinen Augen in der Luft und verschwanden dann ebenso plötzlich wieder, wie sie gekommen waren.«

Solche Visionen hatte Gopi von da an häufig – es erschienen Verse in verschiedenen Sprachen vor seinen geöffneten Augen und schwebten in Leuchtschrift in der Luft. »Die Zeilen erschienen nacheinander, als habe sie jemand ins dreidimensionale Feld meines Bewußtseins fallen lassen (...) in vollständigen Reimpaaren, wie Schneeflocken, die vom Himmel fallen (...) in Worten, Reimen und perfektem Versmaß (...)«

Gopi begann die Verse niederzuschreiben. Zuerst erschienen die Gedichte vor seinen Augen in Kaschmiri, dann in Englisch, Urdu, Pandschabi, Persisch, Deutsch, Französisch, Italienisch, in Sanskrit und Arabisch. Vier dieser Sprachen kannte Gopi überhaupt nicht – er schrieb die Worte einfach in Schriftzeichen nieder. Und doch zeigte sich, nachdem sie übersetzt worden waren, daß sie nicht nur grammatikalisch richtig, sondern auch von großer poetischer Schönheit waren, voll tiefer spiritueller Erkenntnisse und manchmal sogar präkognitiv oder prophetisch.

Dank der Gnade dieser göttlichen Kundalini-Kraft wurde Gopi Krishna, der vorher noch nie einen einzigen Vers geschrieben hatte, ein vollendeter Dichter in zehn verschiedenen Sprachen, von denen er die meisten gar nicht beherrschte; seine Gedichte wurden auch veröffentlicht.

Trotz dieser Phänomene, die das Erwachen seiner Kundalinikraft herbeigeführt hatte, gab Gopi seine Erfahrungen und Erkenntnisse erst bekannt, nachdem er diesen Prozeß ganze 20 Jahre lang (!) beobachtet hatte. Inzwischen hatte er sich ein erstaunliches Wissen darüber angeeignet, was er als »die evolutionäre Energie im Menschen« bezeichnete. Gopi betrachtete seine Erlebnisse nicht als Erfahrung eines einzelnen Menschen, sondern behauptete, daß die ganze Menschheit von Gott darauf programmiert ist, in einem bestimmten Stadium ihrer Evolution innerlich zu erwachen. Er stellte sich die Kundalini als heilige Energie Gottes im Menschen vor – einen Schlüssel zum spirituellen Erwachen – und glaubte, daß sie auch die großen Propheten und Weisen der Menschheitsgeschichte inspiriert hat.

Im Lauf der nächsten 30 Jahre schrieb Gopi Krishna fast 20 Bücher über das Phänomen und die Bedeutung der Kundalini. Unermüdlich drängte er darauf, daß die Wissenschaft diese evolutionäre Kraft erforschen solle, die irgendwie verschlüsselt in den Menschen versteckt liegt und verborgenen Gesetzen gehorcht. Er war überzeugt davon: Sobald es uns gelingt, diese Kraft sowohl aus wissenschaftlicher als auch aus mystischer Perspektive zu begreifen, werden wir den Schlüssel zum Verständnis des Genies, der Kreativität und sogar bestimmter Formen des Wahnsinns in der Hand halten. »Die Kundalini ist ein natürliches, aber ungewöhnliches biologisches Phänomen (...) das zur Entstehung einer bewußten Persönlichkeit führt«, schreibt er. »Dieses Phänomen besitzt so erstaunliche Eigenschaften, daß es uns als das Ergebnis eines übernatürlichen Wirkens erscheint und nicht als Resultat natürlicher, aber vorläufig noch unbekannter biologischer Gesetze.«

Für Gopi Krishna »entwickelt die Menschheit sich mit unwiderstehlicher Macht« auf diesen übermenschlichen Zustand hin. Sein eigenes Leben untermauert diese Behauptung – das Leben eines armen Beamten, der aus dem gewöhnlichen Zustand des Menschseins in jenes visionäre Paradies endloser Kreativität und spiritueller Verzückung hineinkatapultiert wurde, in dem er auch seine letzten Lebensjahre verbrachte. Wenn Gopi Krishna recht hat, muß vielleicht sowohl die Wissenschaft als auch die Religion ihre Einschätzung unserer spirituellen und evolutionären Ursprünge revidieren.

Vom Schwert zum Geist:

Das innere Erwachen eines Kriegers

Sein sehniger, kräftiger Körper schwang das Zepter des Todes – so lange, bis er innerlich erwachte und eine neue Lebensweise entdeckte. Diese Geschichte erzählt, wie einer der größten Krieger, den die Menschheit je hervorgebracht hat, die unbesiegbare Macht der Liebe zu lehren begann.

Morihei war nicht immer ein Mann des Friedens gewesen. Er kam 1883 in Japan zur Welt, nahm als Infanterist am Russisch-Japanischen Krieg teil und bekämpfte später Piraten und Räuberbanden in der Mongolei. Als kampferprobter Soldat und Kampfsportmeister, der seine Fähigkeiten in vielen Schlachten auf Leben und Tod auf die Probe gestellt hatte, unterrichtete Morihei später die Kampfkünste an den Elite-Militärakademien Japans.

Und doch hatte sein Charakter auch eine sensible, religiöse Seite, und der Wahnsinn der Menschen, den er aus allererster Hand miterlebt hatte – Gewalt, Habgier, Korruption, Hungersnöte und Krieg –, bedrückte ihn. Das Schicksal hatte ihn mitten in die Brutalität der Welt hineingeworfen, doch seine Seele drängte ihn danach, einen Ausweg aus dieser endlosen Parade menschlichen Leidens zu suchen, die tagtäglich vor seinen Augen vorüberzog.

So wurde Morihei Ueshiba zum Krieger einer spirituellen Mission.

Im Frühjahr 1925 wurde er im Alter von 42 Jahren von

einem hochrangigen Schwertkämpfer angegriffen, der sein rasiermesserscharfes Schwert (*katana*) mit meisterhafter Treffsicherheit schwang. Morihei, der selbst unbewaffnet war, besiegte seinen Gegner nicht, indem er ihn verletzte, sondern indem er geschickt all seinen Hieben und Stößen auswich. Das war ein wichtiger Wendepunkt in seinem Leben. Von diesem ungewöhnlichen Sieg beflügelt, ging er in seinen Garten.

Was dann geschah, beschreibt er folgendermaßen: »Plötzlich begann die Erde zu zittern. Goldener Dampf stieg aus dem Boden empor und hüllte mich ein. Ich fühlte mich in ein goldenes Bildnis verwandelt, und mein Körper schien federleicht zu sein. Auf einmal begriff ich das Wesen der Schöpfung: Der Weg des Kriegers besteht darin, göttliche Liebe an den Tag zu legen – einen Geist, der alles umschließt und hegt und pflegt. Tränen der Dankbarkeit und Freude strömten über meine Wangen. Ich sah die ganze Erde als meine Heimat und Sonne, Mond und Sterne als meine engsten Freunde. Alle Bindungen an materielle Dinge fielen von mir ab.«

Daraufhin begründete Morihei Ueshiba die durch elegante, fließende Bewegungen gekennzeichnete Kampfkunst des Aikido, was ins Deutsche übersetzt soviel bedeutet wie »Weg der Harmonie« oder »Kunst des Friedens« und dessen Hauptprinzipien die Harmonie von Geist und Körper sowie tätige Liebe sind.

Später hatte Morihei noch andere Visionen, Erkenntnisse und Erleuchtungen, und verschiedene übernatürliche Fähigkeiten erwachten in ihm. Bei einer Auseinandersetzung mit einem eifersüchtigen Verehrer der Frau, mit der er, Morihei, verlobt war, bewies er nicht nur seine unheimliche Reaktionsschnelligkeit, sondern auch seine außerordentlich geschärfte Wahrnehmung. Der Mann, ein Militärbeamter, wollte seinen Rivalen töten und feuerte aus kurzer Entfernung einen Schuß seiner Pistole mitten auf Moriheis Brust ab. Später berichtet Morihei, in dem Augenblick, in dem sein Gegner abdrückte, habe er gespürt, wie »eine Lichtkugel« seine Brust traf. In diesem Moment – genau in der Sekunde, als die Kugel den Lauf der Pistole verließ – drehte er sich zur Seite, so daß sie ihn gerade um ein paar Millimeter verfehlte. Nach dieser Begebenheit sagte man Morihei Ueshiba nach, er könne »Gewehrkugeln ausweichen«.

Noch als er über achtzig war, konnte O Sensei (großer Lehrer) Morihei sich in unbeschreiblichem Tempo bewegen und sogar Gegner hinter seinem Rücken wahrnehmen. In einem Film, der ihn in Aktion zeigt, macht er einen einzigen großen Satz aus einem Kreis von Angreifern heraus und wieder hinein – und das so blitzschnell, daß er auf einem Einzelbild des Filmstreifens (das entspricht einer Vierundzwanzigstelsekunde) überhaupt nicht zu sehen ist. Morihei besaß auch die Fähigkeit, seine mächtige körperlich-geistige Energie nach draußen zu projizieren: Er konnte mühelos geübte, ja sogar bewaffnete Kampfpartner umwerfen, so daß sie auf der Matte liegenblieben. Er tat dies, ohne sie zu berühren, und das sogar aus einer Entfernung von weit über einem Meter – eine Meisterleistung, die viele Menschen beobachtet haben und die auch in Filmen dokumentiert ist.

Einer von Morihei Ueshibas bedeutendsten und vollendetsten Schülern war der Aikidomeister Koichi Tohei, der mehrere Bücher darüber geschrieben hat, wie man *ki* (oder spirituelle Energie) im täglichen Leben einsetzt. So ging auch von Morihei, der in späteren Jahren ein sehr schmächtiger Mann war, eine Kraft aus, die die Grenzen seiner zierlichen Gestalt weit überstieg. Ein Lehrer der Kampfkünste hat dieses Phänomen einmal folgendermaßen beschrieben: »Tohei umwerfen zu wollen ist als versuche man einen Berg umzustürzen; doch O Sensei umstoßen zu wollen ist, als versuche man eine Feder umzuwerfen – und sei einfach nicht in der Lage dazu.« So elegant und anmutig war Meister Ueshiba, der erklärte: »Die Kunst des Aikido ist unbesiegbar, weil sie gegen nichts kämpft.«

Morihei Ueshiba, ein Meister der Kriegskunst, entwickelte sich zu einem spirituellen Weisen, einem friedvollen Krieger, der eine Lebensweise lehrte und praktizierte, die auf Harmonie basiert und im Dienst der Versöhnung steht. Seine Kunst des Aikido, deren Prinzipien ihm in einem Augenblick der Erleuchtung von Gott offenbart wurden, ist schon vielen tausend Menschen auf der ganzen Welt zugute gekommen.

»Der Weg des Kriegers«, schreibt er, »ist mißverstanden worden. (...) Diejenigen, die den Wettstreit suchen, machen einen großen Fehler; (...) der wahre Weg des Kriegers ist der Weg des Friedens, die Macht der Liebe.«

Leidenschaftliche Gebete:

Ein jüdischer Mystiker heilt Körper und Seelen

Israel ben Eliezer kam Ende des 17. Jahrhunderts in Polen zur Welt, wo die Juden damals zu Zehntausenden niedergemetzelt wurden, und wuchs in der Armut auf, die sein vernichtetes Volk peinigte. Schon in seiner Jugend verwaist, begab er sich auf Wanderschaft quer durch Polen und nahm jede Arbeit an, die er finden konnte. Da die meisten Menschen seinem Glauben feindselig gegenüberstanden, überlebte er nur kraft seiner Schlauheit und Willensstärke, wodurch er sich zu einem starken, entschlossenen und eigenwilligen Charakter entwickelte. Er liebte die Einsamkeit und begann die geistigen Grundlagen der Kultur, in der er lebte, in Frage zu stellen.

Nachdem er eine sehr charakterstarke Frau geheiratet hatte, die ihm treu zur Seite stand, wanderte Israel noch eine Zeitlang mit ihr durch das Land, ehe er sich in einem kleinen Dorf am Fuß der Karpaten niederließ. Die jüdische Bevölkerung dort bestand aus ganz gewöhnlichen Dorfbewohnern – meist ungebildeten, bettelarmen Menschen, die von jedem sinnvollen spirituellen Leben abgeschnitten waren. Sie hungerten nach dem wahren Licht des Judentums – einem Licht, das nach einem Jahrhundert der Verfolgung nur noch schwach vor sich hin flackerte. Indessen schienen ihre religiösen Führer, eine gebildete kleine Elite, sich in dogmatischen Abstraktionen verloren zu haben und das physische Elend und die Bedürfnisse ihrer religiösen Gemeinschaft gar nicht wahrzunehmen.

Israel, der selbst dieser ungebildeten Bauernklasse angehörte, kannte die Thora kaum und hatte nur wenig Interesse an gelehrten religiösen Diskussionen. Doch er hatte sich während seiner einsamen Wanderjahre eine große Weisheit und Gedankentiefe erworben, und das Leid, das er gesehen und auch selbst erlebt hatte, weckte in ihm die Sehnsucht, Gott zu erfahren. Diese Sehnsucht trieb ihn schließlich in die Wildnis, wo er das Leben eines religiösen Eremiten zu führen begann.

Seine Frau, die jetzt allein lebte, ihrem Mann aber immer noch treu ergeben war, spürte, daß etwas Besonderes in ihm steckte. Mehrmals in der Woche fuhr sie mit ihrem Karren zu seinem Lagerplatz in den Bergen, wo Israel den Wagen mit Ton belud, den sie dann an die Töpfer im Dorf verkaufte. So bestritten die beiden ihren Lebensunterhalt, und Israel konnte den größten Teil seiner Zeit in Gebet und Kontemplation verbringen.

Eines Tages begann er Visionen zu haben – der Prophet Elias erschien ihm und erklärte, die Macht des Gebets liege eher in einer inneren Haltung der Andacht als in genau festgelegten Gebetsformeln oder frommen Taten. Diese und andere mystische Wahrheiten wurden ihm in einer Art Erleuchtung zuteil, die an die Offenbarungen erinnert, die Jesus, Mohammed und andere große spirituelle Lehrer empfingen. Eigentlich waren es ganz selbstverständliche Dinge, die in den orthodoxen Tempeln seiner Zeit lediglich in Vergessenheit geraten waren oder ignoriert wurden.

Ohne sich um die Meinung der Dorfbewohner zu kümmern, die ihn für einen Exzentriker oder Verrückten hielten, führte Israel das Leben eines Mystikers, ohne jedoch mit seinen Offenbarungen an die Öffentlichkeit zu treten. Mit der Zeit erlangte er eine immer größere spirituelle Kraft und Weisheit. Als Israel um seinen vierzigsten Geburtstag herum in seiner Höhle meditierte, hörte er eine weithin schallende Stimme, die zu ihm sprach: »Die Zeit ist gekommen, um dich den Menschen zu offenbaren.«

Israel ben Eliezer erkannte darin die Stimme Gottes, verließ seine Höhle und seine Abgeschiedenheit und ließ die Menschen nun an den Gaben und Offenbarungen teilhaben, die er von Gott empfangen hatte. Eine seiner Gaben war die Fähigkeit zu heilen, und so brachte er sein fünftes Lebensjahrzehnt damit zu, von Dorf zu Dorf zu wandern – diesmal aber mit einem klaren Ziel vor Augen – und auf scheinbar wunderbare Weise kranke und leidende Menschen zu heilen. Unfruchtbare Frauen wurden plötzlich schwanger, Kranke und Krüppel gesundeten, Verrückte wurden normal, und gequälte Seelen fanden Frieden. Israels Ruhm verbreitete sich rasch im ganzen Land.

In einer Zeit, da viele meinten, von »bösen Geistern« heimgesucht zu werden, und in dem die Massenhysterie oft mit verheerenden Folgen über ganze Dörfer hinwegfegte, brachte Israel die von Angst und Aberglauben verfolgten Dorfbewohner wieder zur Ruhe. Er wurde berühmt für seine Fähigkeit, die Zukunft vorauszusehen, und bewahrte andere Menschen mit seinen hellseherischen Warnungen manchmal vor großem Unglück. Er behauptete auch, den Todesengel sehen zu können, der den Menschen folgte, die bald sterben würden, und führte in den Jahren, die ihm noch blieben, viele Seelen zu Gott hin.

Israel ben Eliezer war eher ein Mystiker als ein Magier, und heute ist uns seine Lehre der leidenschaftlichen Gottesverehrung ebenso gut in Erinnerung wie seine heilenden oder präkognitiven Fähigkeiten. Im Lauf der Zeit begriffen die Leute, denen Israel half, seine tiefere Mission, die nicht nur darin bestand, Menschen körperlich zu heilen, sondern auch darin, durch seine ekstatischen Gebete verlorene Seelen zu retten. Mit göttlicher Autorität lehrte er die Menschen die mystische Wahrheit, daß Gott überall, in allen Dingen und Menschen ist, daß jeder Mensch Gott erkennen kann, wenn er mit wahrer Inbrunst betet; und mit seiner freudigen Hingabe an Gott steckte er die Menschen in seiner Umgebung an. »Hölzerne Gebete können nicht zum Himmel fliegen«, sagte er. »Nur inbrünstiger Glaube erweckt das Herz des Menschen und berührt das Herz Gottes.« Und viele Menschen erinnerte er daran, daß kummervolles Nachgrübeln über die eigenen Sünden uns für Gottes freudige Gegenwart blind macht.

Israels Weg des ekstatischen Gebets, der später als *Weg des Chassidim* bekannt wurde, erblühte wie eine neue Knospe am alten Baum des Judentums. Von nah und fern strömten Jünger herbei, um von ihm diesen Weg zu Gott zu lernen, den in dieser Zeit und in diesem Land sonst niemand lehrte. Israel ben Eliezer wurde in ganz Polen als Baal Schem Tov (Herr der Namen) bekannt.

Doch genau die Lehren, die sich bei den armen Menschen so großer Beliebtheit erfreuten, brachten Baal Schem Tov bei der orthodoxen Elite in Verruf. So wie die Pharisäer Jesus kritisiert und als Bedrohung ihrer Machtposition gesehen hatten, brandmarkten viele jüdische Führer Baal Schem Tov als Ketzer und forderten die Menschen auf, ihn zu ächten. Trotzdem wurden manche seiner Feinde später zu seinen Jüngern. Und die Menschen strömten weiterhin in so großen Scharen zu ihm, daß er schließlich in die größere Stadt Medzhibozh umsiedeln mußte.

Als Baal Schem Tov älter wurde, behaupteten viele Menschen, ein Licht zu sehen, das von seinem Körper ausging. Doch solche mystischen Wahrnehmungen verblassen neben den Geschichten von seinem köstlichen Humor und seiner leidenschaftlichen Liebe zu Gott. Seine Spiritualität war eher erdverbunden als asketisch; er erinnert mehr an Alexis Sorbas als an den heiligen Franz von Assisi. Wie die Anhänger des Tantra-Yoga betrachtete Baal Schem Tov Sexualität als göttliche Aktivität, an der Gott teilhat, wenn man den Liebesakt als Gebet praktiziert. Er erklärte seinem Sohn sogar, er sei ein heiliges Kind, denn als er empfangen wurde, habe »der Himmel gebebt«. Das inbrünstige Gebet und das leidenschaftliche Leben Baal Schem Tovs überbrückte die Kluft zwischen Fleischlichem und Geistigem.

Die Bewegung des Chassidismus – jener ekstatische, mystische Zweig des Judentums – überdauerte die Jahrhunderte trotz aller Widerstände seitens der orthodoxen religiösen Führer. Wie leicht hätte dieser bemerkenswerte Mann namens Baal Schem Tov ein Eremit bleiben können, der die Wildnis durchstreifte und in Höhlen herumsaß, wenn nicht der eine entscheidende Augenblick gewesen wäre, in dem die Stimme Gottes ihn als Diener in die Welt rief. Seine Lehre des ekstatischen Gebets und sein Vorbild eines Lebens voll freudigen, hingebungsvollen Dienstes haben heute immer noch die gleiche Bedeutung wie zur damaligen Zeit.

Leichter als Luft:

Die außergewöhnlichen Levitationen eines fliegenden Mönchs

Wenn es um das Thema Levitation geht, nehmen die meisten Menschen ähnlich wie bei dem der Religion einen von drei Standpunkten ein: Entweder sie sind Gläubige oder Ungläubige oder Agnostiker. Natürlich haben wir alle schon Menschen »fliegen« gesehen – in Unterhaltungsfilmen, auf der Bühne oder in unseren Träumen. Doch nur wenige haben schon einmal mit eigenen Augen beobachtet, daß ein sterblicher Mensch sich von der Erde erhoben hat und schweben oder fliegen konnte. Für den empirisch geprägten Menschen genügt es nicht, darüber zu lesen – man muß es sehen, um es zu glauben. Andererseits scheint uns die Tatsache nicht aus der Fassung zu bringen, daß wir noch nie Elektrizität oder Atome gesehen haben (und erst recht keine Quarks oder Neutrinos) und auch unsere Großtante Ethel oder den lieben Gott nicht.

Unser Glaube trifft eine Auswahl – wir können an alles mögliche glauben –, doch wenn es um Levitation geht, werden die Anhänger des Gesetzes der Schwerkraft vielleicht nur skeptisch die Arme verschränken und süffisant lächeln. Physikalische Gesetze sind schließlich physikalische Gesetze, nicht wahr? Und glauben wir etwa heute noch an die Newtonschen Gesetze oder eher an die Quantentheorie? Dem Evangelium der Quantentheorie zufolge sind wir Energie, Licht und Materie zugleich. Und zwei von diesen drei Dingen – das weiß jedes Kind – sind leichter als Luft.

Die Frage lautet also nicht, wie wir fliegen können sollen, sondern eher, warum wir *nicht* fliegen können!

Wir wollen uns nun einmal mit dem Fall Josef von Copertinos beschäftigen, der zu seinen Lebzeiten als »fliegender Mönch« berühmt wurde. Von allen bekannten Fällen von Levitation wurden keine von so vielen Augenzeugen beobachtet und dokumentiert wie die Josef. Josef kam 1603 als Sohn eines Zimmermanns zur Welt und war bereits in jungen Jahren ein sehr religiöser Mensch. Schon im Alter von acht Jahren erlebte und beschrieb er Zustände mystischer Verzückung. Und mit 16 war er bereits Mönch in einem Kapuzinerorden. Viele Jahre lang aß Josef nur an zwei Tagen in der Woche – donnerstags und samstags. An den anderen Tagen, so sagte er, ernähre er sich vom »Brot der Engel«.

Doch aus dem Kloster wurde Josef wegen seiner weltfremden, unpraktischen Art bald fortgeschickt. Er trat in ein anderes Kloster in der Nähe der Stadt Copertino ein, wo er im Alter von 25 nach vielen Jahren strenger Entsagung Priester wurde.

Bald nach seiner Priesterweihe begann Josefs legendäre Karriere als fliegender Mönch mit einem Rundflug in einer Kirche in Neapel, wohin er geschickt worden war, um sich vor einem Kirchentribunal gegen eine Anklage wegen Ketzerei zu verteidigen. Während Josef dort in Anwesenheit eines anderen Mönchs und mehrerer Nonnen die Messe las, erhob er sich plötzlich in die Luft, schwebte quer durch die Kirche, landete für ein paar Sekunden auf dem Boden, erhob sich dann wieder und flog zurück an die Stelle, von wo er gestartet war. Die Anklage der Ketzerei gegen Josef wurde fallengelassen – ob wegen seiner Levitation oder aus anderen Gründen, ist nicht überliefert.

Auf dem Rückweg von Neapel – kurz nach seinem ersten Flug – besuchte Josef Rom, um Papst Urban VIII. seine Aufwartung zu machen. Als er niederkniete, um ihm die Füße zu küssen, wurde er wieder in die Luft emporgetragen, wo er buchstäblich über dem erstaunten Papst und seinem Gefolge schwebte.

Josefs nächste Zwischenstation war ein Kloster in Assisi; dort erhob er sich viereinhalb Meter hoch in die Lüfte und schwebte dann über die Köpfe Dutzender erstaunter Kirchenbesucher hinweg, um die Füße eines Gemäldes der Jungfrau Maria hoch oben an der Wand der Kapelle zu küssen.

Sicherlich lesen sich solche Berichte von einem menschlichen Wesen, das fliegen kann, wie ein Unterhaltungsroman – sie erinnern an *Peter Pan* oder Filme wie *Superman*, die höchstwahrscheinlich von Josefs Leben inspiriert worden sind.

Doch haben Hunderte von Menschen – darunter einige der angesehensten Männer und Frauen seiner Zeit – diese wunderbaren, ekstatischen Flüge höchstpersönlich beobachtet und bezeugt, daß sie wirklich stattgefunden haben, darunter Juan Alfonso Henriquez de Cabrera, der spanische Botschafter in Rom; Johann Friedrich, der Herzog von Brunswick; der Sohn von Cosimo II. von Österreich, der später unter Papst Klemens IX. Kardinal werden sollte; und natürlich Papst Urban VIII. und sein Gefolge – lauter Männer von Rang und Namen.

Mehr als einmal wurden Anwesende, die versuchten, Josef auf der Erde festzuhalten, mit in die Luft emporgehoben.

Johan Friedrich, der Herzog von Brunswick, war zwar kein Katholik, reiste aber trotzdem im Jahr 1651 extra nach Assisi, um eine von Josefs damals schon legendären Levitationen mitzuerleben. Nachdem er zwei spontane Flüge mit angesehen hatte, von denen einer eine ganze Viertelstunde dauerte, war Friedrich von so ehrfürchtigem Staunen ergriffen, daß er vom Luthertum zum Katholizismus übertrat, was damals ungefähr so ungewöhnlich war, wie den Glauben eines feindlichen Landes anzunehmen.

Josefs spektakulärste Wundertat fand im Garten seines Klosters statt, wo er eines Tages mit einem befreundeten Priester, Mönch Antonio Chiarello, spazierenging. Ohne sich etwas dabei zu denken, gab Mönch Antonio den Anstoß zu dieser Levitation, indem er etwas von der Schönheit des Himmels sagte, den Gott geschaffen habe. In diesem Augenblick stieß Josef einen Schrei aus, verfiel in Ekstase, erhob sich in die Luft und landete auf einem dünnen Zweig hoch oben in einem Olivenbaum. Dort blieb er eine halbe Stunde lang in Ekstase versunken sitzen. Bruder Antonio berichtete, daß der zerbrechliche Zweig dabei kaum unter Josefs Gewicht erzitterte. Als der fliegende Mönch schließlich wieder zu sich kam, konnte er nicht von dem Baum heruntersteigen – Bruder Antonio mußte eine Leiter holen und ihm hinunterhelfen.

Im Jahr 1653 bewogen Josefs weitverbreiteter Ruhm und die Aufregung, in die seine vielen wunderbaren Flüge und Heilungen die Menschen versetzten, Papst Innozenz X. dazu, den Mönch in ein abgelegenes Kloster auf dem Berg Carpegna zu versetzen, wo er nur mit den anderen Mönchen Kontakt haben durfte.

In dem 1000seitigen Vatikanbericht über Josef ist von über 70 Levitationen die Rede, die viele Menschen in Copertino miterlebten, ganz zu schweigen von weiteren Levitationen, die während der täglichen Messe in Anwesenheit seiner Klosterbrüder stattfanden, sowie den zahlreichen Levitationen, die im Lauf der Jahre auf seinen Reisen von vielen Leuten beobachtet wurden.

Dr. Scott Rogo schreibt in seinem Buch *Miracles*: »Das Beweismaterial, das die Levitationen des heiligen Josef belegt, ist erstaunlich. [Sie wurden] in aller Öffentlichkeit sowohl von seinen Freunden als auch von völlig Fremden beobachtet; wir haben zahlreiche Augenzeugenberichte darüber; und sie fanden auch nicht im geheimen statt, sondern häufig an öffentlichen Orten; sie sind uns also nicht nur durch die Aussagen des heiligen Josef selbst überliefert. Kurzum: Das Beweismaterial hinsichtlich der Levitationen des heiligen Josef ist nicht durch die gleiche Art von Kritik angreifbar wie die Levitationen der heiligen Theresia.«

Aufgrund der zahlreichen Aussagen, die seine wunderbaren Fähigkeiten bezeugen, wurde Josef von Copertino im Jahr 1753 von Papst Benedikt XIV. seliggesprochen.

Unglück ist der beste Lehrmeister:

Vom Elend eines Gefangenenlagers zum heroischen Dienst an der Menschheit

Die Beziehung des jungen Laurens zu den Buschmännern im afrikanischen Veld hat seinen Charakter, seine Wertvorstellungen und sein Schicksal tief beeinflußt. Diese Buschleute haben ihn großgezogen, sich um ihn gekümmert und ihm vieles beigebracht. Laurens staunte über ihre innige Verbundenheit mit der Natur und der Welt der Geister. Er liebte ihre Erzählungen von Wundern und Magie und nahm ihre Sicht der Welt als mythisches Reich, in dem die Menschen mit geheimnisvollen Mächten konfrontiert werden und Geschichten entdecken, die dem Leben einen Sinn geben, begierig in sich auf. Auch nahm er sich die Erkenntnis zu Herzen, wie wichtig es ist, für sich selbst eine solche »Geschichte« zu finden, die die eigene Identität definiert. So beschloß er, sein Leben – wie sie – aus seinen Träumen heraus zu erschaffen.

Jede Kindheit schließt Elemente der Magie und des Geheimnisvollen in sich ein; Laurens *lebte* diese Elemente. Ein Buschmann erklärte dem kleinen Laurens einmal: »Weißt du, alles ist sehr schwierig und unvorhersehbar, denn es gibt einen Traum, der uns träumt.« Da Laurens unter solchen Menschen aufwuchs und von ihrer alles verzaubernden Sichtweise der Realität geprägt wurde, ist es kein Wunder, daß in seinem Charakter Realismus, Idealismus und eine gehörige Portion Heldenmut miteinander verschmolzen.

Später begann der Krieg den Bauernsohn Laurens zu faszinieren. Er war zehn Jahre lang Soldat und führte in Abessinien (Äthiopien), Nordafrika und dem Fernen Osten Guerilla-Kommandotruppen hinter die feindlichen Linien. Doch eines Tages wurden er und seine Männer von den Japanern gefangengenommen und in ein Arbeitslager gebracht. Dort traten sie in jene Zwielichtzone extremer Situationen ein, welche die Buschmänner die »Zeit der Hyäne« nennen – »einen Zustand des Wahnsinns«, schrieb Laurens, »des unerträglichen Unglücks (...) in dem nicht nur das Licht des eigenen Verstandes von der eindringenden Dunkelheit bedroht, sondern auch das Leben selbst vom Herannahen des (...) Todes überschattet wurde.«

Sie wurden gefoltert, mußten hungern und zusehen, wie man ihre Kameraden wegen geringfügiger Vergehen hinrichtete. Und doch begegnete Laurens inmitten dieses Wahnsinns jener Macht, welche die Buschmänner als »Ursprung der Existenz« in ihr Leben integrierten. Er sah sich mit jenem Geheimnis konfrontiert, das er schon als Kind in ihrer Lebensweise gespürt hatte. »Wir fürchteten schon, auf dem Weg zu unserer eigenen Hinrichtung zu sein«, schrieb Laurens, »doch die Japaner zwangen uns, die äußerst brutale Exekution anderer Menschen mit anzusehen. Während dieses Schauspiels, dem wir gezwungenermaßen beiwohnten, knickte ein Offizier, der zwischen mir und meinem Freund Nick stand, auf seinen dünnen, zitternden Beinen ein und fiel in Ohnmacht. Nick und ich halfen ihm auf und stützten ihn; dabei faßten wir uns alle an den Händen. Ich erschrak, denn plötzlich strömte durch meinen ganzen physischen Körper etwas hindurch, was ich nur als Elektrizität beschreiben kann. Doch es war nicht einfach nur eine Energie, sondern es war mit einem Gefühl der Hoffnung, der Gewißheit, des Dazugehörens und immerwährenden Lebens aufgeladen.

Da wußte ich – und dieses Wissen ist seither nicht verblaßt, sondern immer stärker geworden –, daß das der Sinn und die Bestimmung unseres Fleisches und Blutes ist. Wäre diese Erleuchtung nicht gewesen, ich weiß nicht, wie ich in den darauffolgenden Jahren mein Lebensschiff hätte auf Kurs halten sollen. (...) Die Nachkriegswelt schien hartnäckig entschlossen zu sein, jene Einheit allen Lebens zu verleugnen und zu zerstören, die unsere gemeinsame Bestimmung ist.«

Dieser plötzliche prometheische Geistesblitz im Angesicht des Todes hatte weitreichende Konsequenzen. Filmemacher Mickey Lemle erzählt, wie Laurens seine restlichen Tage im Arbeitslager zubrachte: »Laurens schuf eine behelfsmäßige Universität (...) die einmal sogar 144 Kurse pro Woche anbot. Die Gefangenen schrieben ihre eigenen Lehrbücher auf Toilettenpapier, und nach dreieinhalb Jahren erhielten sie ihr Abschlußdiplom – ebenfalls auf Toilettenpapier.«

»Nach dem Krieg«, erzählte Laurens dem Filmemacher, »bekamen sechs Leute aufgrund ihrer Toilettenpapier-Diplome eine Stellung im auswärtigen Dienst in Großbritannien.« Billy Griffiths, ein Mitgefangener, der im Krieg beide Hände und beide Augen verloren hat, erklärt, er habe es Laurens zu verdanken, daß er am Leben blieb, »als ich nicht mehr leben wollte. ›Durchhalten, Billy, durchhalten‹, sagte Laurens immer zu mir. ›Im Leben geht es um mehr als nur um Hände und Augen.‹ Und er hatte recht.«

Die beiden blieben fast 50 Jahre lang Freunde.

Wie andere Menschen vor ihm überlebte Laurens Not und unmenschliche Greueltaten, indem er Licht in der Dunkelheit und Sinn im Wahnsinn entdeckte. Und was noch wichtiger ist: Er fand einen Weg, seinen Mitgefangenen und anderen Menschen auf der ganzen Welt diesen Sinn zu vermitteln. Laurens' Erlebnisse in dem Gefangenenlager und sein inneres Erwachen machten sein Leben zu einer eindringlichen Suche nach Sinn, einer Beschäftigung mit den grundlegenden Fragen des Lebens – einem »ständigen Streben nach Selbsterkenntnis«, wie er schreibt.

Nach dem Krieg führte das Leben ihn wieder zu den Wurzeln seiner Kindheit zurück. Laurens war einer der ersten, die erkannten, daß die Buschmänner, die er liebte, bei denen er geboren und aufgewachsen war, unter dem europäischen Kolonialismus von der Vernichtung bedroht waren. Und er war auch einer der ersten, die handelten: Er begann das verborgene Afrika zu erforschen, entschlossen, »einen letzten Versuch zu unternehmen, den Buschmann und seine Kultur inmitten dessen zu bewahren, was ich die verlorene Welt der Kalahari nenne. Ich wollte versuchen, dieser jahrhundertealten Geschichte der Verfolgung und Vernichtung Einhalt zu gebieten.« Laurens überzeugte die britische Regierung, ihm dabei zu helfen. »Ich wollte nichts weiter als eine Anerkennung der Menschlichkeit (des Buschmanns) und seiner Wertvorstellungen – zum Teil sehr kostbarer Qualitäten, die wir in uns selbst auf unsere Gefahr vernachlässigt hatten; und eine Anerkennung seines Rechts auf sein angestammtes Land, wo ihm Sicherheit garantiert wurde, damit er genug Zeit hatte, seinen eigenen Weg in die Welt der Zukunft zu finden.«

Diesem Ziel widmete Laurens einen großen Teil seiner Schriften und der Lebensjahre, die ihm noch verblieben. Aus seinen Expeditionen in die Wüste Kalahari und seinen langjährigen heroischen Bemühungen, die Buschmänner vor der Ausrottung zu bewahren, sind zahlreiche Bücher und mehrere Dokumentarfilme hervorgegangen; am bekanntesten wurde der Film *The Lost World of the Kalahari*.

Kurz vor seinem Tod im Alter von 90 Jahren teilte Sir Laurens van der Post seinem Freund Mickey Lemle folgende Erkenntnis mit: »Ein Sinn verklärt alles. (…) Sobald das, was du lebst, und das, was du tust, für dich einen Sinn hat, spielt es gar keine Rolle mehr, ob du glücklich oder unglücklich bist. Du bist zufrieden. Du bist in deinem Geist nicht allein. Du gehörst dazu.«

Erscheinung der unbefleckten Empfängnis:

Das Leben einer Visionärin – ein Kind wird zur Heiligen

Bernadette Soubirous und ihre Familie lebten in Lourdes, Frankreich in einem einzigen Zimmer eines ehemaligen Gefängnisses namens le Cachot – der Kerker. Trotz der Armut ihrer Familie war Bernadette ein Kind wie viele andere, die zu jener Zeit in diesem Land lebten. Doch eines Wintertages im Jahr 1858, am 11. Februar, um genau zu sein, als die 14jährige Bernadette, ihre Schwester und eine Freundin am Ufer des Flusses Gave Treibholz sammelten, änderte sich alles.

Sie hatte sich am Mühlbach niedergesetzt, um ihre Schuhe und Strümpfe auszuziehen, da hörte sie plötzlich »ein Rauschen wie von einem Sturm«. Sie sprang auf und schaute über den Bach hinweg zu einer kleinen Nische über einer Höhle in dem großen Felsblock Massabielle. Dort sah sie einen Rosenstrauch, der sich im Wind hin und her wiegte.

»Sonst war alles still«, erinnert Bernadette sich. »Aus der Höhle kam eine goldene Wolke und erfüllte die Nische mit einem strahlenden Glanz. Dann stand am Rande der Nische eine junge, schöne Frau (...) wie ich sie noch nie gesehen hatte (...) und winkte mich näher zu sich heran, als sei sie meine Mutter.«

Die hell leuchtende, weißgekleidete Dame trug einen Schleier auf dem Kopf und eine blaue Schärpe um die Taille, und über ihrem Arm hing an einer goldenen Kette ein Rosenkranz mit weißen Perlen. An jedem ihrer bloßen Füße trug sie eine goldene Rose. Bernadette fiel auf die Knie und betete. Als sie aufblickte, sah sie, wie die Dame lächelte und schweigend die weißen Perlen ihres Rosenkranzes durch die Finger gleiten ließ; dann verneigte sie sich und verschwand in der Nische. Die goldene Wolke verblaßte.

Als Bernadettes Eltern davon erfuhren, verboten sie ihr, zu dem Felsen Massabielle zurückzukehren, denn sie fürchteten, daß diese Erscheinung vielleicht nicht von Gott gekommen war. Doch am Sonntag bat Bernadette ihren Vater um Erlaubnis, wieder zu dem Felsen gehen zu dürfen. »Eine Frau mit einem Rosenkranz kann doch nicht böse sein«, überredete sie ihn. Berichten zufolge kehrte sie mit Weihwasser und einer kleinen Gruppe neugieriger, hoffnungsvoller Freunde zurück. Sie wurden nicht enttäuscht. Als Bernadette zu beten begann und den Rosenkranz durch die Finger gleiten ließ, erschien die Frau wieder in der Nische und lächelte.

»Ich versprengte etwas Weihwasser«, schreibt Bernadette später, »und sagte: ›Wenn du von Gott kommst, so bleibe bitte. Wenn nicht, dann geh fort!‹ Je mehr Wasser ich versprengte, um so mehr lächelte sie. Da kniete ich nieder und schaute sie liebevoll an.«

Plötzlich fiel Bernadette in Trance. Erschrocken liefen ihre Freunde davon und holten eine Madame Nicolau zu Hilfe, die die immer noch in göttlicher Ohnmacht daliegende Bernadette mit Hilfe ihres Sohnes Antoine zu sich nach Hause brachte. Doch in einer anderen Dimension war Bernadette bei vollem Bewußtsein. »Unterwegs«, berichtet sie später, »schwebte die Dame stets vor mir und etwas über mir. Erst als Antoine mich in das Haus seiner Eltern trug, verschwand sie. Da kehrte ich auf die Erde zurück.«

Bernadette nannte die Frau *Aquero*, was soviel bedeutet wie »Ehrfurcht in Gegenwart einer heiligen Realität«. Ihre nächste Begegnung mit Aquero, die an einem Donnerstagmorgen stattfand, beschreibt sie folgendermaßen: »Wieder erschien die Dame, ganz in Licht gehüllt. Ich ging in die Grotte hinein, und die Dame kam aus der Nische herab und stellte sich neben mich. ›Wenn du von Gott kommst‹, forderte ich sie auf, ›dann sage mir bitte, was du willst; sonst geh fort.‹ Bei den Worten

›von Gott kommst‹ lächelte sie. Als ich sagte ›Sonst geh fort‹, schüttelte sie den Kopf.«

Dann sprach sie. »Würdest du die Güte haben, zwei Wochen lang jeden Tag hierherzukommen?« fragte sie Bernadette und setzte hinzu: »Ich verspreche nicht, dich in diesem Leben glücklich zu machen, aber im nächsten. Geh und sage den Priestern, daß hier eine Kapelle erbaut werden soll.«

Die Neuigkeit von Bernadette und ihrer Vision sprach sich rasch herum. Bei ihrem sechsten Besuch knieten bereits Hunderte von Zuschauern neben Bernadette vor der Grotte. »Ich bemerkte sie kaum«, berichtet sie. »Das Licht rund um die Dame war heller und doch gleichzeitig sanfter als das der Sonne. Die Rosen an ihren Füßen waren strahlender als Gold – und als sie verschwand, war sie von Licht umgeben. Der strahlende Glanz verblaßte wieder, doch seine Wärme klang immer noch in meiner Seele nach.«

Bald kamen diese Begebenheiten dem Polizeipräsidenten Dominique Jacomet zu Ohren, der dahinter einen Schwindel vermutete und Bernadette der Überlieferung nach am Mantel packte und in sein Büro mitnahm, um sie über ihre Visionen zu befragen. Er schrieb ihre Geschichte nieder und las sie ihr anschließend vor. Sie bezeichnete seine Version als »verdreht, unwahr, unrichtig«. Als sie dagegen protestierte, schrie er sie wütend an.

»Am nächsten Tag in der Bibelstunde«, sagte sie, »gingen die Mädchen mir aus dem Weg wie einer Verbrecherin, und die Superiorin dankte Gott dafür, daß der Polizeipräsident mich wegen meines schlechten Benehmens festgenommen hatte. Eine Frau nannte mich eine freche Göre; eine andere schlug mir ins Gesicht.«

Diese Beschimpfungen schmerzten Bernadette sehr. Doch immer wenn sie mit Aquero sprach, war sie sichtlich verklärt. Bei einer der vielen dokumentierten Begebenheiten hielt ein Arzt ihr, während sie betete, eine volle Viertelstunde lang eine brennende Kerze unter die Hand. Sie spürte keinen Schmerz, und ihre Hand war hinterher auch kein bißchen verbrannt oder verletzt.

Am 25. Februar erschien Aquero wieder und forderte Bernadette auf, von einer Quelle zu trinken und sich darin zu waschen. Dabei zeigte sie auf eine schlammige Stelle unter dem Felsen. Gehorsam kratzte Bernadette die Erde weg, versuchte sich das Gesicht zu waschen, beschmierte es jedoch mit Schlamm. Die versammelten Menschen lachten höhnisch, weil sie sie für verrückt hielten, und ihre Tante ohrfeigte sie und schickte sie nach Hause. Doch als sie am Nachmittag wiederkam, sprudelte Wasser aus dem Loch, das sie in den Schlamm gegraben hatte. Als sie mit einem Stock darin herumrührte, begann das Wasser zu fließen; und ein paar Minuten später hatte es sich in eine kristallklare Quelle verwandelt, die weltberühmt werden sollte.

Die Menschen, die Bernadette vorher verspottet hatten, begannen jetzt von der Quelle zu trinken und sich darin zu waschen – und schon am nächsten Tag fand eine Wunderheilung statt. Louis Bouriette, der auf einem Auge fast blind war, gewann sein Augenlicht wieder, nachdem man Wasser aus der Quelle in seine Augen gegossen hatte. Als nächstes wurde ein zweijähriges Kind, das im Sterben lag, wieder gesund, nachdem seine Eltern es in die Quelle getaucht hatten.

Noch am selben Abend verhörte der kaiserliche Staatsanwalt Bernadette und ihre Mutter und drohte, sie beide ins Gefängnis zu stecken.

Am 4. März folgten 8000 Menschen Bernadette zu der Grotte. »Wir begannen den Rosenkranz zu beten«, schreibt Bernadette. »Kaum hatte ich das erste Gesetz gebetet, kam die Dame und hob mich in eine Welt empor, deren Sprache das Gebet und deren Umgebung der Himmel ist.« Nicht zum ersten Mal forderte Aquero Bernadette auf, den Priester, Pater Peyramale, dazu zu bringen, bei der Grotte eine Kapelle zu errichten. Bernadette hatte Peyramale schon darum gebeten.

Er gab immer die gleiche Antwort: »Sie muß ihren Namen nennen. Wenn ich wüßte, daß es die Heilige Jungfrau Maria ist, würde ich alles tun, was sie wünscht.«

Drei Wochen vergingen ohne einen Besuch von Aquero. »In der Zwischenzeit«, schreibt Bernadette, »plagten mich die Leute, die Polizei beobachtete mich, und der Staatsanwalt erdrückte mich fast mit seinen vielen Verhören. Was meine Eltern von den Beamten alles erdulden mußten, wird erst die Ewigkeit enthüllen; (...) Intrigen und Komplotte (...) der Bürgermeister und die Polizei beschuldigten mich (...) und drohten mir mit Gefängnis; (...) sie schienen nicht begreifen zu können, daß ich vor einer Dame gekniet hatte, die nur vom Himmel kommen konnte.«

Am 25. März erwachte Bernadette und fühlte sich wieder zu der Grotte hingezogen. »Es war noch dunkel, als ich Massabielle erreichte. Die Dame war da. (...) Ich kniete nieder, wir beteten zusammen den Rosenkranz. (...) Ich sagte ihr, wie sehr ich sie liebte.«

Dann fragte Bernadette Aquero viermal nach ihrem richtigen Namen. »Die Dame wandte die Hände zum Boden, erhob sie dann wieder und verschränkte sie über ihrem Herzen, hob die Augen, aber nicht den Kopf zum Himmel, lehnte sich sanft zu mir hinüber und sagte: ›Que soy era Immaculada Conceptiou‹ – ›Ich bin die unbefleckte Empfängnis.‹ Dann lächelte sie mich an und verschwand.«

Bernadette lief sofort zu Pater Peyramale und erzählte es ihm. »Aquero hat gesagt: ›Ich bin die unbefleckte Empfängnis.‹«

Der gute Priester stand da wie vom Donner gerührt. Plötzlich stammelte er: »Weißt du, was das heißt?«

Sie schüttelte den Kopf.

Totenbleich sagte Pater Peyramale: »Geh jetzt nach Hause, Kind.«

Danach schikanierten die Beamten Bernadette noch mehr. Die Grotte wurde geschlossen und verbarrikadiert, und es wurde ein Schild mit der Aufschrift »Betreten verboten« angebracht.

Die letzte Erscheinung fand am Tag des Festes Unserer Lieben Frau vom Karmel statt. Wieder wurde Bernadette nachts von der Dame gerufen, ging in die Grotte und kniete bei Kerzenlicht dort nieder. Aquero erschien. »Sie war noch schöner, als ich sie je zuvor gesehen hatte. Dies sollte das letzte Mal sein, daß ich sie hier auf dieser Erde sah. (...) Ich erkannte es an der Haltung ihres Kopfes, als sie mir Lebewohl sagte. Sie hat den Himmel in meinem Herzen zurückgelassen, und er ist seither immer dort geblieben.«

Doch irgendwie hatte das Blatt sich gewendet. Ganz Frankreich, vom einfachsten Bauern bis hin zu Kaiser Napoleon III. und seiner Frau (die sich persönlich mit der Angelegenheit befaßte), wußte von den wundersamen Ereignissen in der Grotte namens Lourdes und der jungen Visionärin, die wie Jeanne d'Arc von Maria als Mittlerin göttlicher Gnade auserwählt worden war.

Zwölf Tage später wurde ein Ausschuß gebildet, der die Erscheinungen untersuchen sollte. Der Bischof, der die Kommission leitete, schrieb: »Die Möglichkeit übernatürlicher Geschehnisse zu leugnen würde bedeuten, daß wir uns weiter in den eingefahrenen Gleisen der Skeptiker des letzten Jahrhunderts bewegen.«

Am 5. Oktober öffnete der Bürgermeister von Lourdes die Grotte wieder. Bernadette, die das öffentliche Aufsehen scheute, zog sich in ein Kloster zurück. Mit 22 Jahren legte sie ihr Gelübde ab und wurde Nonne. Sie lebte noch 16 Jahre in Zurückgezogenheit, geliebt von allen Menschen, die sie kannten, und von ganz Frankreich.

Am 16. April 1879 starb Bernadette im Alter von 35 Jahren. Die Dorfbewohner waren untröstlich über die Nachricht von ihrem Tod. Weinend liefen sie zum Kloster und riefen: »Die Heilige ist tot! Die Heilige ist tot!« Sie wurde in einem versiegelten Sarg in der Josephskapelle im Klostergarten beigesetzt. 1908 wurde der Sarg von einer Kommission exhumiert, die ihren Körper, ihr Leben und ihren Charakter erforschen sollte. Ihr Leichnam war vollkommen unversehrt – weder das Fleisch noch die inneren Organe waren verwest. Im Juni 1925 wurde sie offiziell seliggesprochen. Und am 8. Dezember 1933 wurde Bernadette Soubirous heiliggesprochen.

Lourdes ist nun schon seit über einem Jahrhundert Schauplatz Tausender von Wunderheilungen.

Vom Schreiberling zum Genie:

Die wundersame Wandlung des Walt Whitman

Am 31. Mai 1819 wurde auf Long Island (New York) ein Kind geboren, das sich von einem ganz gewöhnlichen jungen Mann zu einem literarischen Genie entwickeln sollte. In seiner ersten Lebenshälfte war von Walts späterer Größe noch nichts zu erkennen. Damals konnte man nicht einmal ahnen, daß solche Möglichkeiten in ihm steckten. Und das ist das Rätselhafte an unserer Geschichte.

Walt, ein abenteuerlustiger Junge, wuchs in einem Bauernhaus auf, das sein Vater selbst gebaut hatte, auf einer Farm mit Hühnern, Schweinen und Apfelplantagen. In der Nähe grasten Schafe und Viehherden. Walt überlebte die Choleraepidemie, die Anfang der dreißiger Jahre des 19. Jahrhunderts Millionen Todesopfer forderte. Mit zwölf Jahren trat er eher durch einen Zufall ins journalistische Gewerbe ein: Er begann als Schriftsetzerlehrling bei einer Zeitung zu arbeiten.

Mit der Zeit verliehen Walts Erfahrung im Zeitungsgewerbe und auch seine physische Größe und Kraft ihm eine natürliche Autorität und großes Selbstbewußtsein – sowie ein aufbrausendes Temperament. Von seinem 20. bis 30. Lebensjahr arbeitete Walt als Journalist, Drucker und Herausgeber im harten amerikanischen Zeitungsgewerbe, das damals gerade erst im Entstehen war. In einer Zeit, in der die Herausgeber rivalisierender Zeitungen in ihren Artikeln heftige verbale Kämpfe austrugen, stürzte Walt sich kampflustig mitten ins Getümmel und machte sich viele Freunde und Feinde. Er verleumdete und verfolgte seine Gegner und posaunte seine Ansichten vom Podium seiner Leitartikel herab. Wie Justin Kaplan in seinem Buch *Walt Whitman: A Life* schreibt, konnte man des öfteren beobachten, wie der junge Journalist »einen Politiker die Treppe hinunterwarf, einen Kirchendiener derb anfaßte oder sich mit irgendeinem dubiosen Senator herumprügelte, der ihn beleidigt hatte«.

Obwohl der Journalismus vieles für sich hatte, sehnte Walt sich nach Erfolg auf dem Gebiet der Dichtung und Belletristik. Doch die Früchte der ersten 15 Jahre seiner schriftstellerischen Laufbahn waren durch und durch mittelmäßige Machwerke, die heute zu Recht vergessen sind – schwülstige, drittklassige Gedichte, schnulzige Kurzgeschichten, unbeholfene romantische, moralisierende Erzählungen und abgedroschene Abenteuerromane –, die überreife Ernte eines Geistes ohne jede Originalität und Inspiration. Sein Biograph Kaplan beschreibt sie als »voll von billigem Drama, Sentimentalität und Versatzstücken aus der Trickkiste der Schauerromane; (...) moralisierende und schulmeisterhafte Plagiate, triefend vor Rührseligkeit, Klischees und melodramatischer, konstruierter Handlung.«

Seine Einschätzung der Werke Whitmans aus jener Zeit hat bei den Literaturwissenschaftlern einmütige Zustimmung gefunden.

Niemand hätte damals das Genie und die Originalität vorausahnen können, die in seinem Versepos *Grashalme*, das er mit 35 Jahren nach fast fünfjährigem literarischem Schweigen verfaßte, praktisch aus dem Nichts hervorbrachen und ganz plötzlich in voller Blüte standen.

Obwohl Whitmans Dichtung – erdverbunden und transzendent zugleich – von seinen Erleuchtungen spricht und reichlich Hinweise auf göttliche Inspiration enthält, hat Walt niemals direkt erklärt, was im Laufe dieser fünf Jahre – oder über Nacht – mit ihm geschehen war. Wir wissen nur, daß sein Werk plötzlich von einer ganz neuen Energie durchdrungen war – einer poetischen Stimme, die uns tiefe Erkenntnisse über Leben und Tod, Sexualität und Menschlichkeit, Liebe, den Körper und die

Ewigkeit aus der Sichtweise eines erleuchteten Mystikers vermittelt.

Richard Bucke, Whitmans Arzt und Schüler und Autor des Buches *Die Erfahrung des kosmischen Bewußtseins*, kommentiert Whitmans rätselhafte Wandlung vom mittelmäßigen Schreiberling zum erleuchteten Genie folgendermaßen: »Die Trennlinie zwischen den beiden Whitmans ist messerscharf; (...) auf völlig wertlose Schriften folgten *unmittelbar* jene Seiten, auf denen in Buchstaben aus himmlischem Feuer (...) so bedeutende Sätze stehen, wie sie in der Menschheitsgeschichte insgesamt keine zehnmal geschrieben wurden.«

Jetzt brachte Walt Whitman in seinen Gedichten ewige Wahrheiten zum Ausdruck, und das mit einer überwältigenden Lebendigkeit, Originalität und Aussagekraft, die kein westlicher Schriftsteller vor ihm erreicht hat, ausgenommen vielleicht Shakespeare – eine Offenbarung des Göttlichen, das allem irdischen Leben, allen Dingen und Menschen innewohnt.

Im Gegensatz zu vielen anderen Mystikern trennten Walts Visionen ihn nicht von der Welt; statt dessen ließen sie ihn für die Welt, seinen Körper, seine irdischen Begierden und sein Menschsein erwachen. Im folgenden Gedicht beschreibt Whitman den Augenblick göttlicher und fleischlicher Gnade, als seine unsterbliche Seele von seinem sterblichen Wesen Besitz ergriff, ihn aus der Mittelmäßigkeit zur Genialität emporhob und ihn mit einer leidenschaftlichen Sinnlichkeit und erhabenen Erotik ins Leben schleuderte, die für das viktorianische Zeitalter schockierend, für ihn aber etwas Heiliges war.

Ich glaube an dich, meine Seele
Ich denke daran, wie wir einst beieinander lagen,
an einem so lichten Sommermorgen;
wie dein Kopf auf meinen Hüften ruhte
und du dich sanft auf mich legtest,
das Hemd über meiner Brust öffnetest
und deine Zunge in mein offen daliegendes
  Herz tauchtest; ...
da entfalteten sich um mich herum plötzlich jener Friede,
jene Freude und jenes Wissen, die alle Kunst

und alle Argumente dieser Erde übersteigen;
und ich weiß, daß die Hand Gottes
meine eigene Verheißung ist,
und ich weiß, daß der Geist Gottes
mein eigener Bruder ist;
und daß alle Männer, die je geboren wurden, auch meine
Brüder sind, und alle Frauen meine Schwestern
und Geliebten ...

Mit seinen ekstatischen Hymnen in einem Ton und Versmaß, wie man sie noch nie zuvor gelesen hatte, in einer allgemeingültigen und doch typisch amerikanischen Sprache, reihte Whitman sich mit einem Schlag in die illustre Gesellschaft der unsterblichen literarischen Genies ein. Seine geheimnisvolle Erleuchtung verwandelte nicht nur sein Werk, sondern auch seine Identität und seinen Charakter – eine Veränderung, die sogar auf Fotos von ihm zu erkennen ist.

Während des amerikanischen Bürgerkrieges half Walt im Alter von über fünfzig Jahren noch freiwillig als Pfleger in den Krankenlagern am Rande der Schlachtfelder mit und widmete sich während dieses ganzen grauenvollen Krieges der Aufgabe, das Leid der Soldaten auf *beiden* Seiten der Front zu lindern. Sein Biograph schätzt, daß Walt über 600 Krankenhäuser besucht und sich um fast 100 000 kranke und verwundete Soldaten gekümmert hat.

Die jungen, oft schwer verwundeten Soldaten, deren Leben er berührte und veränderte, liebten ihn sehr. Die meisten behielten ihn ihr Leben lang in Erinnerung, und viele korrespondierten noch Jahre nach Ende des Krieges mit ihm.

Was den Zeitpunkt und die Art seiner Erleuchtung angeht, sind wir auf bloße Spekulationen angewiesen; aber seine Werke bezeugen, daß sie tatsächlich stattgefunden hat – denn selbst im grausamen Gemetzel des Krieges konnte er sagen: »Ich sehe in jeder der 24 Stunden des Tages und in jedem Augenblick etwas von Gott. In den Gesichtern von Männern und Frauen sehe ich Gott und in meinem eigenen Gesicht im Spiegel. Ich finde Briefe von Gott auf der Straße, und jeder ist mit Gottes Namen unterschrieben.«

Dank seines verwandelten Wesens und seiner starken Ausstrahlung flogen ihm die Menschenherzen zu, wie Blumen sich der Sonne entgegenrecken. Im Alter war er von vielen Menschen umgeben, die ihn als ihren geliebten Lehrer betrachteten. Richard Bucke beschreibt Whitman folgendermaßen: »Sein äußeres Leben, seine innere spirituelle Existenz und seine Dichtung waren eins; (...) kein Mensch, der je auf der Welt gelebt hat, mochte so viele Dinge und hatte an so wenigem Mißfallen. (...) Für jung und alt hatte der Kontakt mit ihm einen Zauber, der sich nicht beschreiben läßt. Wenn man diesen Zauber begreifen könnte, würde er das ganze Rätsel dieses Mannes erklären und die Frage beantworten, wie er so erstaunliche Wirkungen nicht nur bei Gesunden, sondern auch bei den Kranken und Verwundeten erreichen konnte.« Dann beschreibt Bucke Whitmans kurze Begegnung mit einem der Menschen, die seine Nähe suchten: »Whitman sprach insgesamt nur etwa hundert Worte zu ihm, die ganz banal und alltäglich waren; doch kurz nachdem der Mann Whitman verlassen hatte, wurde er von einem geistigen Hochgefühl ergriffen, das sechs Wochen lang anhielt. (...) Ich sollte vielleicht noch hinzufügen, daß dieser Kontakt das ganze Leben des Mannes (...) außerordentlich verändert hat.«

Auch heute noch lesen vielleicht manche Liebespaare am Ufer eines gemächlich dahinplätschernden Baches oder auf einer Bergwiese laut die Worte Walt Whitmans, jenes amerikanischen Vagabunden aus der Arbeiterklasse, der zum Heiligen wurde und dessen geniales Evangelium der irdisch-göttlichen Liebe auch heute noch »über den Dächern der Welt« erklingt.

Die Berufung der Jungfrau von Orléans

Vom göttlichen Schicksal einer himmlischen Heldin

1425 tobte der Hundertjährige Krieg schon seit 88 Jahren. Die englischen Armeen hielten den größten Teil Frankreichs besetzt. Dauphin Karl, den Heinrich V. aus Paris und von seinem rechtmäßigen Thron vertrieben hatte, war nach Borges in Südfrankreich geflohen. Für die Franzosen schien es keine Hoffnung mehr auf Befreiung zu geben.

Damals wußte noch niemand etwas von einem 13jährigen Bauernmädchen, das in der Nähe des Dorfes Domrémy lebte und dessen Name, als sie das 18. Lebensjahr erreichte, bereits eine Legende sein sollte. Bis zum Jahre 1425 war Jeanne genauso gewesen wie die meisten anderen Dorfmädchen, die im Krieg aufwuchsen – sehr fromm und an große Not und Armut gewöhnt.

Da trat eines Sommernachmittags im Garten ihres Vaters das Göttliche ins Leben der jungen Jeanne: Sie begann Stimmen von Engeln und Heiligen zu hören und sah ein Licht, das nicht von dieser Welt war. »Selten vernehme ich es, ohne diesen strahlenden Glanz zu sehen«, sagte sie, »normalerweise ist es ein großes Licht. (...) Ich wußte, daß es die Stimme eines Engels war. Und diese Stimme sagte mir zwei- oder dreimal in der Woche, ich, Jeanne, müsse fortgehen (...) ich solle die Belagerung der Stadt Orléans beenden (...) außerdem solle ich mich zu Hauptmann Robert de Baudricourt in der Festung Vaucouleurs aufmachen. (...) Ich antwortete, ich sei nur ein armes

Mädchen, das nicht reiten und auch keine Schlacht anführen könne.« Eine treffende Antwort eines ungebildeten Bauernmädchens auf eine körperlose Stimme, die ihr befahl, eine große, von den Engländern belagerte Stadt zu retten – als sei sie ein General und hätte die Armeen Frankreichs unter ihrer Befehlsgewalt. Und doch forderten die Stimmen des heiligen Michael, der heiligen Margarete und der heiligen Katharina drei Jahre lang genau das von ihr.

Im Alter von 16 Jahren gab Jeanne schließlich nach und machte sich unter einem Vorwand nach Vaucouleurs auf, um ihre göttliche Mission zu erfüllen. Dort angekommen, erzählte sie Durand Laxart, dem Vetter ihrer Mutter, warum sie gekommen war. Die leidenschaftliche Inbrunst ihres Glaubens überzeugte Laxart davon, daß sie es ernst meinte und bei klarem Verstand war, und er brachte sie zu Baudricourt, dem Hauptmann der Armee des Dauphins.

Skeptisch und ungerührt hörte der Hauptmann sich ihre Geschichte an, schickte sie dann wieder fort und empfahl Laxart, das dreiste Mädchen mit einer Tracht Prügel zur Vernunft zu bringen. Noch zweimal ging Jeanne zu Baudricourt; jedesmal weigerte er sich, sie zu empfangen. Doch die Stimmen der Heiligen ließen sie nicht aufgeben. Als Baudricourt sie Anfang des Jahres 1429 zum dritten Mal abwies, begann sie den Bürgern von Vaucouleurs ihr Anliegen vorzutragen.

Jeannes Reinheit und die leidenschaftliche Eindringlichkeit ihrer Worte überzeugte viele Menschen davon, daß sie zwar vielleicht wahnsinnig, aber doch zumindest von göttlichem Wahnsinn besessen war. Sie sammelte eine treue Gefolgschaft um sich, darunter zwei Adlige, die sich für ihre Sache einsetzten. Schließlich gab Baudricourt nach. Nachdem er sie gezwungen hatte, sich einer Teufelsaustreibung zu unterziehen, traf er sich mit ihr und schickte sie nach Chinon zum Dauphin Karl.

Dort untersuchten drei Hofdamen Jeanne, um sich von ihrer Jungfräulichkeit zu überzeugen; anschließend wurde sie von einem geistlichen Komitee befragt, um ihren Glauben zu prüfen. Nachdem sie beide Prüfungen bestanden hatte, wurde sie in einen großen Saal geführt, wo der Dauphin sich in einer Menschenmenge versteckt hielt, um ihre Fähigkeiten zu testen.

Jeanne ging sofort auf ihn zu; dann zogen sie sich zu einer geheimen Unterredung zurück.

Als sie zurückkehrten, war klar, daß etwas Außergewöhnliches geschehen war. »Nachdem der König sie angehört hatte«, sagte ein Augenzeuge bei Hof, »schien ein Strahlen von ihm auszugehen.« Die 16jährige Jeanne hatte den Dauphin von ihrer göttlichen Mission überzeugt – seine Heere in die Schlacht zu führen, die Engländer aus Frankreich zu vertreiben und den Königsthron wieder zu besteigen.

Doch der Dauphin hatte nicht Jeannes innere Stärke und auch nicht ihre Gewißheit. Er zögerte noch wochenlang und ließ sie von seinen Geistlichen ins Kreuzverhör nehmen. Inzwischen verlor die französische Armee eine Schlacht nach der anderen, bis der endgültige Sieg Englands nahe schien. In ihrer Frustration diktierte Jeanne eigenmächtig ein Ultimatum an den englischen König Heinrich VI., in dem unter anderem stand: »Jesus-Maria, König von England (...) der Ihr Euch Herrscher des Königreichs Frankreich nennt (...) folgt dem Aufruf des Himmlischen Königs. Händigt der Jungfrau, die von Gott, dem Himmlischen König, hierher gesandt worden ist, die Schlüssel all der guten Städte aus, die Ihr in Frankreich erobert und entweiht habt. Sie ist dem Willen Gottes gefolgt und hierher gekommen, um den Herrscher von königlichem Geblüt wieder auf seinen Thron zu setzen.«

Dann warnte das Bauernmädchen mit dem Herzen einer Löwin König Heinrich noch, wenn seine Soldaten nicht flohen, werde sie »sie alle töten lassen«, denn deren Kraft könne es nicht mit der Macht aufnehmen, die Gott ihr verleihen werde.

Wahrscheinlich fand König Heinrich diesen Brief sehr amüsant.

Der Dauphin von Frankreich zögerte noch sechs Wochen; dann übergab er Jeanne endlich die Befehlsgewalt über seine Armee.

Nun forderten Jeannes Engelsstimmen sie auf, einen Boten zur Kapelle der heiligen Katharina in Ferbois zu senden. Er solle unter dem Altar nach einem Schwert graben, das Gott dort für sie in die Erde gelegt habe und das sie während der

Schlachten tragen müsse. Der Bote wurde geschickt und das Schwert genau an der beschriebenen Stelle gefunden. Und so legte Jeanne am 27. April 1429 die Rüstung eines Soldaten an, schnallte sich ihr heiliges Schwert an die Seite und führte ihre Truppen nach Orléans, um die Belagerung zu brechen.

Orléans beherrschte die wichtige Brücke über die Loire. Wenn Orléans fiel, würde ganz Frankreich fallen, denn dann konnten die Engländer ihre Heere ungehindert in den Süden Frankreichs führen. Als Jeanne und ihre Soldaten die Loire erreicht hatten, erklärte ihr Dunois, der Kommandant der Truppen des Dauphins, sie könne die Brücke, die die Engländer besetzt hielten, nicht überqueren und auch nicht mit dem Boot über den Fluß setzen, da der Wind in die falsche Richtung wehte. Um ihrer eigenen Sicherheit willen mahnte er sie zur Vorsicht.

»Der Rat (...) Gottes ist weiser und sicherer als der Eure«, erwiderte Jeanne.

»Im selben Augenblick«, bezeugte Kommandant Dunois später, »änderte der Wind, der die Boote vorher daran gehindert hatte, stromaufwärts zu fahren, seine Richtung.« Und er setzte hinzu: »Mir scheint, daß Jeanne – und alles, was sie im Krieg und in der Schlacht vollbrachte – eher von Gott als von den Menschen kam.«

Noch am selben Tag lieferte Jeanne der Stadt Orléans lebenswichtige Vorräte. Und am Abend ritt sie neben Dunois auf ihrem weißen Kavalleriepferd in die befreite Stadt ein.

Eines Nachmittags, als Jeanne sich hinlegte, um ein wenig zu schlafen, empfing sie ihren Ruf. Sofort stand sie auf, legte ihre Rüstung an, verkündete, daß nun der Zeitpunkt für die Schlacht gekommen sei, und führte ihre Armee zu einem Stützpunkt der Engländer. Ihre Ankunft führte zu einer wilden Schlacht. Tapfer griff Jeanne die Engländer an, rief ihren Männern ermutigende Worte zu und führte sie mitten ins Kampfgetümmel. Von ihrer Anwesenheit und ihrem Mut inspiriert, kämpften ihre Soldaten, als seien sie von einer göttlichen Macht beseelt. Schließlich gaben die Engländer ihre Festung auf und flohen. Jeanne hatte sie in ihrer stärksten Hochburg besiegt.

Zwei Tage später nahm Jeannes Armee eine andere wichtige englische Festung ein. Anschließend verkündete Jeanne ihrem Beichtvater Jean Pasquerel: »Morgen wird über meiner Brust Blut aus meinem Körper fließen.« Am nächsten Tag führte sie ihre Truppen in eine andere große Schlacht und wurde tatsächlich an der Schulter verletzt. Aber sie verband ihre Wunde rasch und kehrte wieder in die Schlacht zurück, die bis spät in die Nacht hinein dauerte.

Einen Tag später versammelte sie ihre Armee bei Sonnenaufgang gegenüber dem englischen Heer vor den Mauern von Orléans. Da es Sonntag war, befahl sie ihren Truppen, nicht anzugreifen, sondern sich nur zu verteidigen, wenn sie angegriffen würden. Die beiden Heere standen einander gegenüber, bereit zur Schlacht. Da machten die Engländer plötzlich und unerwartet kehrt und flohen. Orléans war nun wirklich frei.

Innerhalb einer guten Woche hatte Jeanne das Geschick des Hundertjährigen Krieges gewendet und dem demoralisierten französischen Volk seinen Mut und Optimismus zurückgegeben. Die unschlagbaren Engländer waren besiegt, gedemütigt und in die Flucht geschlagen worden.

Jeanne, die Jungfrau von Orléans und Gottes rächender Engel, wurde zur Nationalheldin Frankreichs.

Weitere triumphale Siege folgten. Dennoch zauderte der Dauphin nach wie vor, den Siegeszug auch wirklich anzutreten, für den Jeanne ihm den Weg bereitet hatte. Am 17. Juli wurde Dauphin Karl in der Kathedrale von Reims dennoch zum König gesalbt. Trotzdem sagte er immer noch Schlachten ab, schloß Waffenstillstände und unnötige Kompromisse und ignorierte Jeannes göttlichen Rat. Jeanne drängte weiter, in der Hoffnung, Paris zu befreien – die letzte Hochburg der Engländer. Wieder wurde sie verwundet. »Die Stimmen der heiligen Katharina und der heiligen Margarete« hatten ihr gesagt, daß sie bald gefangengenommen würde. Und tatsächlich geriet sie im Mai 1430 nach einer zweitägigen Schlacht in die Hände der Engländer.

Die inzwischen 19 Jahre alte Jeanne wurde nach Paris geschickt und mußte sich einer Inquisition der englischen Kirche stellen. Man verweigerte ihr einen Anwalt. Jeanne, ein ungebildetes Bauernmädchen in Eisenketten, trat einer Gruppe englischer Kirchengelehrter gegenüber, die in der Kunst der theologischen Debatte geschult waren – und behauptete sich hervorragend. Ihre Erwiderungen auf die strategischen Fragen der Geistlichen erinnern an die Antworten, die Jesus den listigen Pharisäern gab und mit denen er stets den Spieß umdrehte. Um sie in Verlegenheit zu bringen, forderte der Leiter der Prüfungskommission, Bischof Pierre Cauchon, sie auf, das Vaterunser und das Ave Maria aufzusagen. »Das will ich gern tun, aber nur, wenn Ihr mir die Beichte abnehmt«, entgegnete Jeanne und brachte damit ihrerseits Cauchon in Verlegenheit. Denn wenn er ihr die Beichte abnahm, verlor er das Recht, sie zu verurteilen; und wenn er sich weigerte, ihre Beichte zu hören, verletzte er seine heilige Pflicht als Priester. Sofort zog er sein Ansinnen zurück. Als nächstes fragte er Jeanne, ob der heilige Michael ihr nackt erschienen sei – ein ordinärer Versuch, ihre Reinheit in den Schmutz zu ziehen, der sie aber nicht aus der Fassung brachte.

»Glaubt Ihr, daß Gott es sich nicht leisten kann, ihn zu bekleiden?« erwiderte sie ruhig.

Als ein schlauer Richter Jeanne fragte, ob sie glaube, daß Gott ihr gnädig sei, entgegnete sie: »Wenn nicht, dann hoffe ich, daß Er mir gnädig werden wird; wenn ja, so hoffe ich, daß Er mir gnädig bleiben wird.«

Der Mut, die Würde und die innere Reife, die Jeanne während dieser ganzen über drei Monate dauernden Kreuzverhöre zeigte, wären des Evangeliums würdig gewesen. Sie wurde oft krank, denn die Mißhandlungen ihrer Peiniger, die versuchten, sie durcheinanderzubringen und ihren Willen zu brechen, damit sie an ihren Stimmen und sich selbst zweifelte, zehrten an ihren Kräften. Die Geistlichen ließen ihr keine Minute Ruhe und versuchten ihr einzureden, sie sei eine irregeleitete Ketzerin, und die Stimmen, die sie hörte, kämen von Dämonen. Sie drängten sie, ihren »Irrtümern und Skandalen« abzuschwören.

Am 23. Mai erwiderte sie: »Ich werde auch in Zukunft bei meinen Worten bleiben, an denen ich während dieses ganzen Prozesses festgehalten habe. Und selbst wenn ich verurteilt werde und sehe, wie das Feuer entfacht wird und der Scharfrichter im Begriff ist, das Feuer zu schüren; ja selbst wenn ich mitten in dem Feuer stehe, werde ich nichts anderes sagen und an meiner Aussage in dem Prozeß festhalten, sogar bis zu meinem Tod.«

Am nächsten Morgen wurde Jeanne zum Friedhof von Saint-Ouen gebracht. Der Scharfrichter führte sie zu einem Schafott, wo das Brennholz tatsächlich schon aufgeschichtet war. Dann wurde eine lange, furchtbare Predigt gegen sie gehalten – bis sie schließlich zusammenbrach.

»Ich gehorche Gott und unserem Heiligen Vater, dem Papst«, sagte sie. Priester scharten sich um sie. Dann fand ein geheime Unterredung statt. Jeanne unterzeichnete eine Widerrufserklärung, wurde in Eisenketten ins Gefängnis zurückgeführt und zu lebenslanger Haft verurteilt. Ein Teil ihrer Abmachung bestand darin, daß sie nie wieder Männerkleidung tragen durfte – ein Verhalten, das für ihre Ankläger einem Sakrileg gleichkam. Und doch zog sie drei Tage später, am 27. Mai, wieder ihre Soldatenuniform an. Bischof Cauchon fragte sie, warum sie das getan habe.

»Ich habe die Kleider wieder angelegt«, so erklärte Jeanne, »weil man sich nicht an das gehalten hat, was mir versprochen wurde – nämlich daß ich zur Messe gehen und den Leib Jesu Christi empfangen darf und daß man mir die Ketten abnimmt«. Dann verurteilte sie ihre eigene Widerrufserklärung mit bitteren Worten als einen Akt moralischer Feigheit. »Als ich auf dem Schafott vor dem Volk stand, sagten meine Stimmen mir, ich solle tapfer antworten (...) Es ist wahr, daß Gott mich geschickt hat. Seitdem haben meine Stimmen mir gesagt, daß ich mit meinem Widerruf ein großes Unrecht begangen habe. (...) Alles, was ich gesagt und widerrufen habe (...) tat ich nur aus Angst vor dem Feuer.«

Jeanne wußte, daß sie mit diesen Worten den Scheiterhaufen selbst entzündet hatte.

Am Morgen des 30. Mai 1431 wurde Jeanne zur »rückfällig gewordenen Ketzerin und aus der Kirche Verbannten« erklärt und zu einem öffentlichen Schafott in Rouen gebracht. Dort band man sie auf dem Scheiterhaufen fest. Jeanne bat den französischen Offizier Jean Massieu um ein Kreuz. Er gab ihr zwei zu einem Kreuz zusammengebundene Holzstäbe. Sie küßte sie und drückte sie an ihr Herz. Dann bat sie Massieu, ein Kreuz aus der Kirche zu holen und es so zu halten, daß sie es sehen konnte bis sie tot war.

»Noch in den Flammen«, bezeugt Massieu später, »hörte sie bis zum Schluß nicht auf, laut den heiligen Namen Jesu vor sich hin zu sprechen.« Zeugen sahen den Namen Jesus Christus sogar in den Flammen stehen. Und als Jeanne starb, beobachteten viele Menschen, wie eine weiße Taube aus dem brennenden Scheiterhaufen emporflog. Gleich darauf wurde die Asche von Jeannes Körper in die Seine geworfen.

Im Jahr 1920 – fünf Jahrhunderte nachdem Jeanne in die Schlacht geritten war – wurden drei ihr zugeschriebene Wunder endlich für echt erklärt. Jeanne d´Arc wurde offiziell heiliggesprochen.

Ergebung in Gottes Willen:

Die heilende Mission eines Alkoholikers

Wohl kein Name ist enger mit dem Alkohol verbunden als der von Bill Wilson – ausgenommen vielleicht »Jack Daniels«. Die Ironie des Schicksals wollte es, daß Bills Geschichte im Hinterzimmer einer Bar begann, wo er am 26. November 1895 in East Orson, Vermont, das Licht der Welt erblickte.

Bill betete seinen Vater an. Er war Direktor eines Marmorsteinbruchs und spielte nach der Arbeit oft mit Bill Fußball. Doch eines Tages, als Bill zehn Jahre alt war, veranstaltete seine Mutter mit ihm und seiner Schwester ein Picknick und eröffnete den beiden bei dieser Gelegenheit, daß ihr Vater sie für immer verlassen hatte. Bill hatte sich nicht einmal von ihm verabschieden können.

Er sollte seinen Vater erst nach neun Jahren wiedersehen. Obwohl er innerlich am Boden zerstört war, sprach er niemals über dieses Ereignis. Auf der Suche nach einem Ventil für seinen inneren Aufruhr stürzte er sich mit aller Macht auf den Sport und die Musik und entwickelte dabei einen ausgeprägten Ehrgeiz. So brachte er es auf beiden Gebieten zu hervorragenden Leistungen.

Mit 16 Jahren verliebte Bill sich heftig in Bertha, die Tochter eines Pfarrers aus seiner Gegend. Das war das glücklichste Jahr seines Lebens – bis zum Abend seines 17. Geburtstags, als der Rektor der Schule den versammelten Schülern eröffnete, daß Bertha bei einer kleinen Operation unerwartet gestorben war. Bill versank in eine tiefe Depression. Vorher war er ein Spitzenschüler gewesen; jetzt versagte er in den Prüfungen und schaffte das Abitur nicht.

Zwei Jahre später lernte er eine junge Frau namens Lois kennen, die auf ihre Weise dazu beitragen sollte, sein Schicksal zu prägen. Sie glaubte an ihn und half ihm auch, wieder an sich selbst zu glauben. Seine Depression verschwand, und er gewann den Elan zurück, den er durch den Tod seiner ersten Liebe verloren hatte.

Im Jahr 1915 war Bill wieder auf die Füße gekommen. Nach seinem Collegeabschluß nahm er an einem militärischen Ausbildungsprogramm in Virginia teil und wurde mit 21 Jahren Leutnant. Da er nun Offizier war, schickte man ihn nach Fort Rodman in Massachusetts, wo er bei den angesehensten Leuten der Stadt zu Dinnerpartys eingeladen wurde. Bei einem dieser festlichen Anlässe nahm Bill den ersten Drink seines Lebens.

Er war in Gesellschaft stets befangen und unbeholfen. Doch bald merkte er, daß der Alkohol seine Persönlichkeit veränderte – er schien ihm seine Hemmungen zu nehmen, die Zunge zu lösen und ihm Energie und Charme zu verleihen. Wenn er etwas getrunken hatte, fühlte er sich mit allen anderen Menschen verbunden. Dieser scheinbare Zaubertrank machte Bill zum Mittelpunkt einer jeden Party. Aber er trank zuviel; oft lag er am Ende der Party bewußtlos am Boden.

1918 heiratete Bill seine geliebte Lois und schiffte sich dann nach England ein, um im Ersten Weltkrieg mitzukämpfen. Doch als er in Frankreich ankam, ging der Krieg schon wieder dem Ende zu. Da er es nie bis zur Front geschafft hatte, kehrte Bill mit dem festen Entschluß nach Hause zurück, auf irgendeinem anderen Gebiet erfolgreich zu sein. In den nächsten drei Jahren studierte er Jura, trank aber weiter. Er war töricht genug, betrunken zu seiner Abschlußprüfung zu erscheinen, und fiel prompt durch. Aber Bill landete wieder auf den Füßen und begann ein wenig an der Wall Street herumzuspekulieren. Ob es nun Intuition oder reines Glück war – jedenfalls brachten seine Investitionen ihm beträchtliche Gewinne ein. Als er feststellte, daß er ein wohlhabender junger Mann geworden war, begann er sich ernsthaft mit dem Markt zu beschäftigen, und nun floß der Profit in Strömen in seine Taschen. Bill hatte seine Nische entdeckt – im Jahr 1926 stellte eine angesehene Wall-Street-Investmentfirma ihn zu einem stattlichen Gehalt mit Spesenkonto und einem Kredit von 1000 Dollar zum Kauf von Aktien ein. Doch mit seinem Vermögen wuchs auch Bills Trunksucht und erschütterte das Fundament seiner Ehe. Auf dem Höhepunkt der wilden zwanziger Jahre schien Alkohol ein Symbol der Befreiung zu sein, und viele Menschen meinten, daß Bill damit lediglich seine Erfolge feiere. Nur er und Lois wußten, daß er ein Problem hatte.

Bill war ein erfolgreicher Trinker – dank seines Geldes und seines Charmes erschien seine Labilität den anderen nur als liebenswertes Laster. Solange er dabei gesund und munter war, sah seine Firma in ihm einen Wunderknaben, der sein Körpergewicht in Gold wert war. Für seine Freunde war er ein Energiebündel, ein prima Kumpel.

Doch im Jahr 1927 erkannten Bill und Lois, daß er einen Kampf um Leben und Tod kämpfte; er schrieb Eide der Enthaltsamkeit in die Familienbibel, hielt sich aber nie lange daran. Bills Leben verlief nach dem Muster eines typischen Alkoholikerdaseins: Auf Abstinenzschwüre folgten Alkoholexzesse und dann Anwandlungen vernichtender Schuldgefühle. Der ständige Kampf mit der Flasche zerstörte sein Selbstvertrauen. Bill stürzte in immer tiefere Verzweiflung, und seine Arbeitgeber und Kollegen schauten mit hochgezogenen Augenbrauen auf ihn.

Dann kam 1929 der Börsenkrach. Bill Wilson war nun auch finanziell ruiniert und zeigte sich seiner Umwelt als der Mann, der er tatsächlich war: ein Verzweifelter, den eine schreckliche Krankheit im Griff hatte. Er, der schon meinte, dazu ausersehen zu sein, ein wirtschaftliches Imperium zu regieren, hatte nun 60 000 Dollar Schulden – er war bettelarm und nicht in der Lage, mit dem Trinken aufzuhören, um wenigstens sein Leben zu retten.

Nun glitt er in die dämonische Phase des Alkoholismus hinein und terrorisierte Freunde und Fremde mit seinem irrsinnigen Verhalten: Im Alkoholrausch bekam er Tobsuchtsanfälle, warf eine Nähmaschine quer durchs Zimmer nach Lois, torkelte grölend durch das Haus und trat Türfüllungen ein. Mit seinen wiederkehrenden Alkoholexzessen verscherzte er sich auch noch die letzte Chance, wieder ins Geschäftsleben einzusteigen.

Während seiner Anwandlungen volltrunkenen Wahnsinns hatte Lois Angst vor ihm. Doch in seinen nüchternen Augenblicken sah sie ihn von Gewissensbissen niedergebeugt und voller Kummer über das, was aus ihm geworden war. Dann liebte sie ihn und hatte Mitleid mit ihm. Sie wußte, daß Bill tief in seinem Inneren ein guter Mensch war, ein ehrlicher, fleißiger Mann, dem seine Mitmenschen am Herzen lagen. Doch weder Lois noch Bill verstanden sein Problem – damals wußte man noch nicht, daß Alkoholismus eine Krankheit ist.

Ende des Jahres 1933 hatten sie beide auch noch das letzte Fünkchen Hoffnung verloren. Die selbstzerstörerische Tortur, zu der Bills Leben geworden war, schien unaufhaltsam auf einen frühen Tod hinzusteuern. Im Jahr 1934 trug er sich bereits mit Selbstmordgedanken und war nach seinen Exzessen immer tagelang geistig verwirrt. Als die Ärzte erste Anzeichen eines Gehirnschadens diagnostizierten, ängstigte ihn die Aussicht, verrückt zu werden, so sehr, daß er mehrere Monate lang nüchtern blieb. Eine Zeitlang schien seine Willenskraft wieder zum Leben erwacht zu sein.

Sein erneuter Niedergang begann am Jahrestag des Waffenstillstands vom 11. November 1918. Auslöser war ein Drink zur Feier des Tages »auf Kosten des Hauses«, den ein patriotischer Barkeeper spendierte. Lois fand Bill um fünf Uhr morgens bewußtlos auf der Straße; er blutete aus einer Wunde am Kopf.

Das war der Tropfen, der für Bill das Faß zum Überlaufen brachte. Er hatte genug vom Leben.

Die nächsten Monate verbrachte er in einem ununterbrochenen Alkoholrausch, der nur im Grab enden konnte; er verkroch sich in seinem Zimmer und ließ sich in seinen letzten Alkoholexzeß hineinsinken wie in einen bequemen, abgeschabten alten Sessel. So fand ihn Ebbie T., ein alter Schulfreund und Trinkkumpan, der dem Alkohol abgeschworen hatte.

Als Bill ihn fragte, warum er nicht mehr trank, antwortete Ebbie: »Ich habe jetzt die Religion.« Normalerweise hätte Bill dieser Aussage keine große Bedeutung beigemessen – für ihn war Religion nichts weiter als eine gesellschaftliche Konvention. Aber Ebbies Nüchternheit beeindruckte ihn. Bill wußte, daß sein alter Freund ein genauso großes Alkoholproblem gehabt hatte wie er selbst. Ebbie erzählte Bill von einer Gruppe heruntergekommener Männer, darunter auch einige Alkoholiker, die sich zusammengetan hatten, um ihr Problem zu überwinden – mit Gottes Hilfe.

Der Begründer der Gruppe, ein Priester namens Rowling, war früher selbst Alkoholiker gewesen und hatte sich von dem großen Psychologen C. G. Jung höchstpersönlich behandeln lassen. Als Rowling rückfällig wurde, erklärte Jung ihm, das einzige, was ihm helfen könne, sei eine spirituelle Erweckung. Rowling protestierte, er glaubte doch schon an Gott. Doch Jung sagte, nur eine direkte Gotteserfahrung könne einen neuen Menschen aus ihm machen. Er riet Rowling, nach einer religiösen Gruppe zu suchen, die ihn bei dieser Suche unterstützen könne.

Jungs Ratschlag erwies sich als prophetisch – Rowling wurde tatsächlich nach einer mystischen Gotteserfahrung von seiner Trunksucht geheilt. Im Anschluß daran gründete er die Oxford-Gruppe, die sich auf frühchristliche Lehren der Reinheit, mystische Gebete und die Hingabe an Gott stützte. Dort war Ebbie von seiner Abhängigkeit von der Flasche befreit worden und erlebte einen Seelenfrieden und ein Glück, wie er es noch nie zuvor gekannt hatte. Ebbies Worte weckten auch in Bill den Wunsch, trocken zu werden. Sein Vorbild war ein Hoffnungsschimmer für ihn. Jetzt brauchte Bill nur noch zu beten und sein Leben in Gottes Hand zu legen.

Die Sache hatte nur einen Haken – Bill glaubte nicht an Gott. Also trank er weiter und begann seinem unvermeidlichen Tod ins Auge zu sehen – bis er eines Tages verzweifelt und ohne ein Fünkchen Glauben aufschrie: »Wenn es einen Gott gibt, dann soll Er sich zeigen!«

»Plötzlich«, so erinnert er sich später, »erstrahlte mein Zimmer in einem unbeschreiblichen weißen Licht. Mich überkam ein unglaublich intensives Gefühl der Ekstase. Jede Freude, die ich in meinem Leben gekannt hatte, verblaßte daneben. (...) Eine Zeitlang nahm ich nichts anderes wahr. Dann (...) war plötzlich ein Berg da. Ich stand auf dem Gipfel des Berges, wo ein heftiger Wind wehte. Aber es war kein Wind aus Luft, sondern aus Geist. Er blies mit großer, reiner Kraft direkt durch mich hindurch. Und dann zuckte blitzartig der Gedanke in mir auf: ›Du bist ein freier Mann.‹ Ganz deutlich nahm ich die Gegenwart eines Wesens wahr – ein ganzes Meer lebendigen Geistes. Ich lag am Ufer einer neuen Welt; das Absolute schien von mir Besitz ergriffen zu haben, und ich war von der seltsamen Überzeugung durchdrungen, daß es letzten Endes keinen Zweifel an der Richtigkeit von Gottes Universum geben konnte, so verkehrt auch alles zu laufen schien. (...) Zum ersten Mal in meinem Leben hatte ich das Gefühl, wirklich dazuzugehören. Ich wußte, daß ich geliebt wurde und diese Liebe erwidern konnte.«

Danach rührte Bill Wilson nie wieder einen Tropfen Alkohol an. Als Lois nach Hause kam und ihn sah, wußte sie, »daß etwas Überwältigendes geschehen war. Seine Augen waren von Licht erfüllt. Sein ganzes Wesen drückte Hoffnung und Freude aus. Von diesem Augenblick an teilte ich sein Vertrauen in die Zukunft.«

Bills Erleuchtung erfüllte ihn mit einer tiefen Dankbarkeit für das Leben, das ihm geschenkt worden war, und dem dringlichen Wunsch, anderen Menschen zu helfen, um die Gnade, die ihm zuteil geworden war, an andere weiterzugeben. In seinen Gedanken nahm die Idee einer Bewegung von Alkoholikern Gestalt an, die sich gegenseitig helfen sollten – einer Bewegung, die sich so weit ausbreiten sollte, daß sie »jeden Alkoholiker auf der Welt erreichte, der ehrlich genug sein konnte, seine eigene Niederlage einzugestehen«, sagte er.

Bill Wilson hatte seine Lebensaufgabe gefunden.

Bald wurde ihm klar, daß Alkoholiker Predigten nicht ausstehen können. Er brauchte eine Methode, die genau dem Temperament eines Alkoholikers entsprach – eine Methode, die ihre ablehnende Haltung durchbrach, sie zur Selbsterkenntnis hinführte und sie der Gnade Gottes zugänglich machte. So entstand das *12-Schritte-Programm*.

Aus seiner schicksalhaften Begegnung mit einem anderen Alkoholiker, Dr. Robert Smith (den alle Dr. Bob nannten) entstand dann schließlich die Bewegung der Anonymen Alkoholiker. Die dauerhafte spirituelle Partnerschaft der beiden Männer trug dazu bei, Millionen von Alkoholikern aus ihrer Sucht zu erretten und vor dem Tod zu bewahren – ebenso wie das Buch *Alcoholics Anonymous*.

Im Jahr 1939 erschien die erste Auflage von 300 000 Exemplaren – inzwischen haben Millionen Menschen das Buch gelesen. Heute treffen sich Tag für Tag in großen und kleinen Städten auf der ganzen Welt Gruppen der Anonymen Alkoholiker. Bill Wilsons 12-Schritte-Programm, das er nach seinem Erleuchtungserlebnis entwickelt hat, beruht auf den Prinzipien der Selbsterkenntnis, des göttlichen Willens und des Dienstes an anderen und hat unzähligen Menschenseelen geholfen, die verschiedensten Formen von Suchtverhalten in den Griff zu bekommen.

Im Jahr 1971, an seinem und Lois´ 53. Geburtstag, verstarb Bill Wilson nach vielen Jahren der Liebe und des Dienstes. Er ließ eine liebende Frau und ein Vermächtnis zurück, das für immer weiterleben wird.

Eine schlummernde Begabung erwacht:

Offenbarungen eines bescheidenen Propheten

Edgar kam 1877 auf einer Farm in Kentucky als Kind frommer, aber ungebildeter Eltern zur Welt. Auch er selbst brachte es nicht weiter als bis zur neunten Schulklasse. Er war ein stiller, sehr religiöser, ein wenig weltfremder Junge; bis zu seinem neunten Lebensjahr kamen »kleine Leute«, die nur er und seine Freundin Anna sehen konnten, aus dem Wald, um mit ihnen zu spielen. Einer dieser kleinen Knirpse erklärte ihnen einmal: »Wir leben in den Blumen und in der Musik.«

»In was für einer Musik?« fragte Anna.

»In der Musik von allem«, erwiderte der kleine Mann.

Im Winter jenes Jahres starb Anna. Im Frühjahr suchte ein einsamer Edgar zusammen mit den kleinen Leuten in den Blumen nach ihr. Aber er fand sie nie wieder.

Mit zehn Jahren schwor Edgar, für jedes Jahr seines Lebens einmal die Bibel von vorn bis hinten durchzulesen. Im Lauf der nächsten drei Jahre las er die Bibel tatsächlich 13mal. Als er eines Tages in einem geheimen Versteck im Wald in seine Bibellektüre vertieft war, spürte er in seiner Nähe die Gegenwart eines Wesens. Als er aufblickte, stand über ihm eine schöne Frau mit schattenhaften Anhängseln am Rücken, welche die Form von Flügeln hatten. Ihre Stimme war sanft und melodisch. »Deine Gebete sind erhört worden«, erklärte sie Edgar. »Sage mir, was du dir am meisten wünschst, damit ich es dir schenken kann.«

Nach kurzem Zögern nahm er all seinen Mut zusammen und sagte: »Am meisten möchte ich anderen Menschen helfen, vor allem kleinen Kindern, wenn sie krank sind.«

Die Frau verschwand genauso plötzlich wieder, wie sie gekommen war.

Den ganzen nächsten Tag über war Edgars Geist wie umnebelt. Sein Lehrer hatte seinem Vater von seinen schlechten Leistungen in der Schule berichtet. Edgars Vater war ein ernster, strenger Mann, den alle »den Junker« nannten. Beschämt fragte der Junker Edgar an jenem Abend aus seinen Schulbüchern ab. Frustriert über die scheinbare Dummheit seines Sohnes ohrfeigte er Edgar und warf ihn zu Boden. Da hörte Edgar wieder die sanfte, melodische Stimme des Engels, der ihm erschienen war: »Wenn du ein Weilchen schläfst, können wir dir helfen.«

Edgar bat seinen Vater, sich ausruhen zu dürfen, und versprach ihm, die Lektion zu können, sobald er wieder aufwachte. Nachdem sein Vater in die Küche gegangen war, rollte Edgar sich in seinem Sessel zusammen, schob sich das Schulbuch unter den Kopf und schlief fest ein.

Als der Junker seinen Sohn ein paar Minuten später weckte, um ihn wieder abzufragen, stellte er zu seinem Erstaunen fest, daß Edgar jetzt alle Fragen auf jeder Seite des Buches beantworten konnte, obwohl er einen großen Teil davon noch gar nicht gelesen hatte. Von da an schlief Edgar immer mit seinen Schulbüchern unter dem Kopfkissen, und am nächsten Morgen wußte er alles, was darin stand – er sah die Seiten vor seinem geistigen Auge. Bald konnte er in der Schule eine Klasse aufrücken.

Zwei Jahre später traf ein Baseball Edgar an der Wirbelsäule. Als er nach Hause kam, fantasierte er und benahm sich sehr merkwürdig. Nachdem seine besorgten Eltern ihn ins Bett gebracht hatten, schlief er ein und begann im Schlaf zu sprechen. Mit ruhiger, deutlicher Stimme erzählte er seinen Eltern von seiner Wirbelsäulenverletzung und beschrieb genau, was für einen Umschlag sie ihm auflegen sollten, um ihn zu kurieren. Sie befolgten seine Anweisungen und schon am nächsten Morgen waren seine Beschwerden verschwunden. Seine verletzte Wirbelsäule war geheilt! Doch Edgar konnte sich nicht mehr an den vorangegangenen Tag und seine im Schlaf gestellte Diagnose erinnern.

Jahre vergingen. Edgar wuchs auf, verließ die elterliche Farm und zog in eine nahe gelegene Stadt. Er arbeitete in einer Buchhandlung, wo er seine zukünftige Frau Gertrude kennenlernte. Sie sollten später drei Söhne miteinander haben. Edgar wurde Fotograf und ein angesehenes Mitglied seiner Kirche und Gemeinde. Er schien in jeder Hinsicht ein ganz normaler Mann zu sein – abgesehen von seiner geheimen Begabung, die in regelmäßigen Zeitabständen zutage trat.

Die große Wende in seinem Leben kam, als Edgar sich mit Hilfe eines Amateur-Hypnotiseurs namens Lane durch Selbsthypnose von einer schweren Halskrankheit heilte. Lane begann mit Edgar zu experimentieren und stellte fest, daß dieser in Trance in der Lage war, mit unheimlicher Treffsicherheit die Krankheiten anderer Menschen zu diagnostizieren, selbst wenn sie weit von ihm entfernt waren. Edgar besaß keinerlei medizinische Kenntnisse; und doch benutzte er in Trance sehr präzise medizinische Begriffe, die er im Wachzustand nicht kannte, und verordnete den Patienten die verschiedensten Arzneien, die sich als erstaunlich wirksam erwiesen.

Im Schlaf war dieser junge Mann offenbar ein sehr begabter Arzt.

Doch Edgar mißtraute seinen seltsamen Fähigkeiten. Erst nachdem Lane ihn lange überredet und er selbst sein Gewissen gründlich erforscht hatte, erklärte er sich einverstanden, davon Gebrauch zu machen. Als er sah, daß die Menschen, die zu ihm kamen, geheilt wurden, konnte er nicht mehr nein sagen. Aber er nahm niemals Geld an. Wenn sein Talent eine Gabe Gottes war – und er betete darum, daß es so sein möge –, dann konnte er nicht guten Gewissens Gewinn daraus schlagen.

Oft wehrten die Ärzte sich heftig gegen Edgars medizinische Ratschläge – sie behaupteten, seine unkonventionellen Behandlungen würden katastrophale, vielleicht sogar tödliche Folgen für die Patienten haben, denen sie selbst nicht hatten helfen können. Manchmal fürchtete auch Edgar selbst das Schlimmste und litt unter quälenden Selbstzweifeln. Er wußte, daß er ruiniert wäre, wenn auch nur einer seiner Patienten starb. Aber als er sah, wie viele Menschen geheilt wurden, faßte er Zutrauen zu seinen Fähigkeiten und den Mut, sie einzusetzen.

Einige der Ärzte, die ihn anfangs als Quacksalber angeprangert hatten, überzeugten seine erstaunlichen Heilerfolge, und sie schlugen ihm vor zusammenzuarbeiten in der Hoffnung, dadurch Karriere zu machen und reich zu werden. Doch Edgar lehnte stets ab. Einem dieser einstigen Gegner, die nun plötzlich unternehmerische Ambitionen entwickelten, sagte er: »Genau wie all die anderen Ärzte, die mich kritisch unter die Lupe genommen haben, sind Sie zu dem Schluß gekommen, daß ich kein Schwindler bin. Wenn Sie mich jetzt auch davon überzeugen könnten, daß *Sie* nicht alle Schwindler sind, dann würde ich vielleicht gemeinsame Sache mit Ihnen machen.«

Als eine Pressezentrale einen Artikel über diesen Jungen vom Lande mit seiner wundersamen Begabung in mehreren Zeitungen der Vereinigten Staaten veröffentlichte, eilten die Menschen in Strömen zu ihm: Gläubige, die auf eine Wunderheilung hofften, Hausierer, die aus seiner Fähigkeit Kapital schlagen wollten, und Skeptiker, die darauf spekulierten, ihn als Betrüger zu entlarven. Und es kam auch eine Flut verzweifelter Briefe mit Bitten um Hilfe. Oft stellte Edgar in Trance detaillierte Diagnosen als Antwort auf Briefe, die noch gar nicht angekommen waren!

Edgar Cayce wurde unter dem Namen »der schlafende Prophet« bekannt. Mehr als einmal wurde er festgenommen; man warf ihm Betrug, Wahrsagerei und unerlaubte ärztliche Praxis vor. Doch letzten Endes wurde er immer wieder freigesprochen. Kein einziger Mensch, dem er eine Diagnose stellte, hat sich je beklagt, und keiner, der seine Therapien anwandte, ist daran gestorben. Cayce heilte nachweislich einen höheren Prozentsatz seiner Patienten als die Ärzte seiner – oder unserer – Zeit.

Eines Tages kam ein Mann, der sehr an metaphysischen Dingen interessiert war, zu Edgar. Als Edgar in Trance fiel, stellte der Mann ihm viele metaphysische Fragen, und die Sitzung nahm eine ganz neue Wendung. Edgar sprach nun von Reinkarnation, Karma und der »Akasha-Chronik« – einer Bibliothek in einer anderen Dimension, in der alles Wissen und alle Informationen dieser Welt gespeichert seien. Aus diesen Aufzeichnungen, so sagte Edgar, stammten die Informationen, die er den Menschen im Trancezustand gab.

Als Edgar aufwachte und erfuhr, was er im Schlaf gesagt hatte, verlor er die Nerven und bekam es sogar mit der Angst zu tun. Diese Dinge, die er niemals in seiner Bibel gelesen hatte, stellten plötzlich seine Welt auf den Kopf. Wieder begann er an seinen Fähigkeiten zu zweifeln. Kamen sie von Gott oder vom Teufel? War er vielleicht von Dämonen besessen? Wie konnte er das alles wissen? Die Begebenheit stürzte ihn in einen tiefen Gewissenskonflikt, denn er sah seine heiligsten religiösen Überzeugungen bedroht. Nach langen Überlegungen und Gebeten beschloß er, die Frage nach seiner Begabung mit Hilfe biblischer Weisheit zu entscheiden. »An ihren Früchten sollt ihr sie erkennen« – er würde nachprüfen, was für Auswirkungen die Sitzungen bei ihm auf das Leben der Menschen hatten, die zu ihm kamen. Wenn ihnen dadurch wirklich geholfen wurde, dann mußte es sich um eine Gabe Gottes handeln. Dann wäre es eine Sünde, den Menschen seine Diagnosen vorzuenthalten.

Eines Tages zündete sein Sohn Hugh einen Haufen Zündpulver auf dem Fußboden an, und es explodierte direkt in sein Gesicht hinein und verbrannte ihm beide Augen. Die Ärzte eröffneten Edgar, man werde seinem Sohn ein Auge entfernen müssen, um sein Leben zu retten. Und auf dem anderen Auge würde er wahrscheinlich blind bleiben. Aber der kleine Hugh erklärte den Ärzten, sein Vater könne ihn heilen. »Wenn mein Papa einschläft, ist er der beste Arzt der Welt«, sagte er. Dann bat er seinen Vater, ihm zu helfen. In Trance ordnete Edgar an, einen Verband mit Gerbsäure auf Hughs verbrannte Augen zu legen. Die Ärzte waren dagegen. Aber da Hugh ohnehin bereits erblindet war, war das Ganze eine rein theoretische Frage. Also wurde der Verband angelegt – und Hugh gewann sein Augenlicht wieder!

Im Lauf der Jahre half Edgar mit seinen Diagnosen Tausenden von Patienten – er heilte sie nicht nur physisch, sondern schenkte ihnen auch neuen Glauben. In seinen Sitzungen führte er die Menschen stets zum Sinn der Existenz hin: ihrer Beziehung zu anderen Menschen und zu Gott. Edgar mißtraute metaphysischen Enthusiasten, die mit übersinnlichen Phänomenen herumexperimentierten, um des Nervenkitzels willen oder um sich wichtig zu machen. Er fürchtete, daß solche Leute einen Kult aus seiner Arbeit machen würden, und davon wollte er nichts wissen.

Edgars Geist war zwar auf den Kosmos eingestimmt, doch er stand jetzt mit beiden Beinen fest auf der Erde. Er wußte, daß er den Menschen mit seinem Wissen eine konkrete Hilfe sein mußte, sonst war es nicht viel wert. Ihm ging es nie um bloße faszinierende Informationen. »Etwas zu wissen und es nicht zu tun ist Sünde«, sagte er in seinen Sitzungen oft. Die Wahrheit war nur dann etwas wert, wenn man sie lebte, statt nur an sie zu glauben.

Im Lauf der Jahre übermittelte Edgar der Menschheit in seinen Trancesitzungen einen großen Schatz medizinischer und metaphysischer Weisheiten. Sie kamen aus den Tiefen eines universalen Geistes, zu dem er das Tor zu sein schien. Er sagte viele künftige Ereignisse voraus, unter anderem die Bürgerrechtsbewegung und die Ermordung der beiden Kennedy-Brüder sowie Martin Luther Kings. Außerdem prophezeite er eine spirituelle Renaissance im letzten Viertel des 20. Jahrhunderts. Immer noch studierte er täglich die Bibel und las sie jedes Jahr einmal von vorn bis hinten durch, wie er es in seiner Kindheit geschworen hatte.

Im Jahr 1943 erschien Thomas Sugrues Biografie *There is a River (Edgar Cayce. Die Geschichte eines schicksalhaften Lebens)*. Sie löste eine wahre Lawine von Briefen aus, in denen Menschen Edgar um Hilfe baten. Um der gestiegenen Nachfrage Herr zu werden, hielt Cayce jetzt täglich dreimal so viele Sitzungen ab wie vorher. Aber diese Belastung war zuviel für ihn, und mit seiner Gesundheit begann es rapide bergab zu gehen. Seine Freunde und Angehörigen ermahnten ihn, kürzer zu treten und sich zu schonen. Doch das Leid der Menschen, die ihn in ihren Briefen um Hilfe baten, rührte ihn; er konnte ihnen nicht den Rücken zukehren. In seinen Trancezuständen ermahnte Cayce sich manchmal sogar selbst, sich sofort Ruhe zu gönnen. Auf die Frage »Wie lange soll Edgar sich ausruhen?« antwortete der schlafende Prophet in der dritten Person: »So lange, bis es ihm wieder gutgeht oder bis er tot ist.« Ein Prophet bis zum Ende seines Lebens.

Am 3. Januar 1945 starb Edgar Cayce. Seine letzten Worte lauteten: »Wie sehr die Welt Gott heutzutage braucht!« Drei Monate später, am Ostersonntag, folgte seine Frau Gertrude ihm in den Tod. Ein außergewöhnliches Leben ist zu Ende gegangen, nachdem es viele andere Leben bereichert hat. Im Lauf seines Lebens hat Edgar direkt über 30000 Menschen geholfen. Die Protokolle seiner Sitzungen, die alle aufgezeichnet wurden, werden jetzt von der Association for Research and Enlightenment in Virginia Beach, Virginia, aufbewahrt.

Das Leben des Edgar Cayce verweist uns auf eine märchenhafte Realität, in der geflügelte Engel in einsamen Wäldern die Gebete einfacher kleiner Jungen erhören; in der kleine Leute den Kindern von der »Musik« erzählen, »die in allem liegt«, und in der schlichte, bescheidene Seelen zu Menschen heranwachsen, die mit ihren außergewöhnlichen Fähigkeiten zur Heilung der Welt beitragen. Doch was noch viel wichtiger ist: Das Leben und Wirken Edgar Cayces erinnert uns daran, daß die Welt, in der wir leben, geheimnisvoller ist, als wir ahnen, und daß die spirituellen Kräfte, die er an den Tag gelegt hat, vielleicht auch in jedem von uns schlummern und nur darauf warten, erweckt und für den Dienst an anderen Menschen eingesetzt zu werden.

Wiedergeburt einer Verrückten:

Die Auferstehung der Byron Katie

Die plötzliche innere Wandlung Byron Katies ist ein erstaunlicher Beweis für die Kräfte der spirituellen Regeneration, die wir alle besitzen.

Byron Kathleen Reid wurde im Jahr 1942 in Breckenridge, Texas, geboren und wuchs nach dem Zweiten Weltkrieg in der kalifornischen Kleinstadt Needles auf. Ihre Mutter, eine Hausfrau, und ihr Vater, ein Bahnarbeiter, erlebten, wie Byron sich von einem stillen, nachdenklichen Mädchen zu einem aggressiven, ehrgeizigen Teenager entwickelte. In allem, was sie tat, wollte sie die Beste sein. Sie war eine hervorragende Studentin, spielte Klavier und sang in einem Chor mit. Da Byron schön, voller Energie und für jeden Spaß zu haben war, wurde sie beim Schülerball ihres Gymnasiums zur Partykönigin gewählt.

Mit 19 Jahren heiratete sie Robert, mit dem sie schon in der Schule befreundet gewesen war. Sie zogen nach Fresno und bekamen zwei Söhne und eine Tochter. Robert und Byron gründeten gemeinsam eine Firma. Als ihre Ehe in eine Krise geriet, wie es bei so vielen Menschen der Fall ist, litt Byron als typische Perfektionistin und Karrierefrau unter dem Gefühl, nicht zu genügen. Sie begann nach den üblichen Symbolen des Glücks und der Sicherheit zu streben: Geld, Schönheit, Talent und Erfolg.

Sie investierte ihren gemeinsamen Verdienst in Immobilien.

Innerhalb von ein paar Jahren besaßen sie und Robert Anteile an zahlreichen Gebäuden im Geschäftsviertel von Needles. Sie kauften sich ein großes Haus am Ufer des Flusses und gaben üppige Partys, zu denen sie die Elite ihrer Stadt einluden – lauter einflußreiche Leute. In den siebziger Jahren war Byron bereits Millionärin.

Jetzt hatte sie ihren Erfolg, nach dem sie so lange gestrebt hatte. Sie machte lukrative Geschäfte, hatte eine Familie, lebte auf großem Fuß. Aber das alles war ihr nicht genug; nichts konnte sie mehr erfreuen oder befriedigen. In ihrer immer frustrierteren und letzten Endes vergeblichen Suche nach Glück durch Geld und Macht hatte Byron, wie sie heute selbst sagt, alle, selbst ihren Mann und ihre Kinder »tyrannisiert, eingeschüchtert und geplagt«, um zu erreichen, was sie wollte. Doch während sie alles hatte und immer noch mehr wollte, schlug ihr leidenschaftlicher Lebenshunger allmählich in Verzweiflung um. Ihre Ehe mit Robert wurde zu einem Kampf, in dem jeder seinen Willen durchzusetzen versuchte; ihr Familienleben war nur noch eine endlose Serie von Streitereien. Alle litten darunter, besonders die Kinder. »Wenn ich meinen Willen nicht bekam«, erzählt Byron, »verließ ich das Haus und nahm die Kinder mit.«

Als sie das zum dritten Mal tat, suchte Robert sich eine andere Frau.

Das war eine schlimme Zeit für Byron und die Kinder, aber der Grundstein dazu war schon lange gelegt. Jahrelang hatte Byron ihre innere Leere und Düsternis mit Hilfe von Essen, Alkohol, Nikotin und dem ständigen Streben nach immer neuen Dingen verdrängt. Doch diese Strategie rächte sich jetzt – der immer weiter voranschreitende Verfall ihrer Persönlichkeit äußerte sich in Wutanfällen, Alkoholmißbrauch und Verfolgungswahn. Eines Tages kaufte sie sich eine Pistole und bewahrte sie geladen unter ihrem Bett auf. Zum Schluß hatten sogar die Kinder Angst vor ihr. Als ihre Ehe 1976 endgültig in die Brüche ging, landete sie mit ihren Kindern ohne einen Pfennig Geld in Barstow, Kalifornien.

Im Jahr 1979 heiratete Byron Paul, einen alten Freund, der 15 Jahre älter war als sie. Als Paul 19 und Byron vier Jahre alt gewesen war, hatte er die Straße gepflastert, in der sie wohnte. Sie erinnerte sich noch daran, wie sehr sein Lachen sie immer fasziniert hatte; eigentlich hatte sie ihn schon damals geliebt. Byron und Paul begannen nun alte Häuser aufzukaufen, instand zu setzen und wieder zu verkaufen und waren bald ziemlich gut situiert – dafür hatte Byron immer noch ein untrügliches Geschick. Wieder hatte sie Geld, Freunde, eine erfolgreiche Karriere und eine Familie, die sie liebte. Doch irgendwie hatte ihre Existenz ihren Sinn verloren. Sie hatte das Gefühl, innerlich abzusterben.

Paul war ein guter Mensch; er hatte Byron geheiratet, als sie ihre besten Jahre bereits hinter sich hatte. Er hatte auch schon bei einigen seiner Freunde Nervenzusammenbrüche mit ansehen müssen. Aber so etwas wie Byrons grauenhaften inneren Verfall hatte er noch nie erlebt.

Früher hatte sie es mit der ganzen Welt aufgenommen, hatte mit ihrem Charme Menschen bezaubert, Geschäfte abgeschlossen, viel Geld verdient. Jetzt fürchtete Byron sich davor, das Haus zu verlassen. Wochenlang badete sie nicht, zog sich nicht um und putzte sich auch nicht die Zähne. Sie blieb tagelang im Bett – trank, rauchte, tobte, schluckte Kodeintabletten, aß pfundweise Eis. Innerhalb kurzer Zeit wog sie über 200 Pfund. Ihr Leben bestand nur noch aus Wutanfällen und seelischen Qualen.

»Nichts gab mir mehr ein gutes Gefühl, nichts machte mich glücklich, nichts brachte mir Frieden. Zum Schluß war ich fettleibig und trotzdem am Verhungern. (...) Ich hatte solche Schmerzen, und die Tabletten wirkten nicht. Ich war wie wahnsinnig – eine Tote, die unbegreiflicherweise immer noch atmete (...)«

Ihre Kinder gingen ihre eigenen verrückten Wege; sie flüchteten vor dieser Mutter, die im Bett herumlag und wie ein Zyklon herumtobte. Byron wurde jetzt hauptsächlich von Paul versorgt – er wurde zum Puffer zwischen ihr und der Welt, die sie inzwischen fürchtete. In den ersten sieben Jahren ihrer Ehe erlitt Paul vier Herzinfarkte – die Pflege seiner Frau ging über seine Kraft und brachte ihn buchstäblich um. Die letzten zwei dieser Jahre verbrachte Byron im Bett; oft klebte die

Kleidung, die sie nicht mehr wechselte, an ihrem Körper, und das ungewaschene Haar hing ihr in verfilzten Strähnen vom Kopf.

1986, nach seinem vierten Herzinfarkt, brachte Paul die inzwischen 43jährige Byron in eine offene Anstalt. Dort wohnte sie in einer Dachkammer, schlief auf dem Boden und wollte nur noch sterben.

Doch als Byron Katie eines Morgens aufwachte, war sie ein neuer Mensch – und das ohne erkennbaren Anlaß.

Die bloßen Fakten können dieses Ereignis nicht im mindesten erklären oder die ungeheure Wirkung veranschaulichen, die es auf Byron hatte. Der Morgen dämmerte, und Byron erwachte wie immer auf dem Fußboden. Sie schlug die Augen auf und sah eine Kakerlake über einen Menschenfuß kriechen. In diesem Augenblick war ihr nicht bewußt, was ein Fuß war; eigentlich wußte sie überhaupt nichts. Alles war ein Rätsel.

Und doch erfüllte der Anblick des Insekts, des Fußes, des Beins und des Zimmers Byron mit Freude und Ehrfurcht. Sie war wie neugeboren und schaute das Leben mit staunenden Augen an. »Es war das Verblüffendste, was ich je erlebt habe«, erinnert sie sich. »Ich betrachtete den Fuß und das Bein und hatte noch nie etwas so Schönes und Wunderbares gesehen. Und genauso erging es mir mit dem Fußboden, der Kakerlake und dem Licht, ich sah das alles zum ersten Mal; (…) und die Entfaltung dieser Dinge vor meinen Augen war so unglaublich (…) absolute, totale Freude (…)«

Die Welt war neu für sie. Sie war aus »einem Traum aus grauer Vorzeit« erwacht. Alles, was ihren Blick vorher für die dem Leben innewohnende Vollkommenheit getrübt hatte, war verschwunden. Nun sah sie die Realität von Sekunde zu Sekunde genau so, wie sie war, und nahm sie voller Freude in sich auf. Alles, worauf sie ihren Blick richtete, erstrahlte in glanzvollem Leben.

Kein Mensch wird je herausfinden, was diesen schlichten und doch totalen Umschwung in ihrer Wahrnehmung und ihrem Bewußtsein herbeigeführt hat. Aber eines stand fest: Katie hatte sich über Nacht aus einem restlos verzweifelten Zustand zu ekstatischer Freiheit aufgeschwungen. Die Verrückte war nicht mehr da. An ihre Stelle war ein wunderschönes unschuldiges Kind getreten.

Niemand – am allerwenigsten Byron selbst – begriff, was da geschehen war. Ihre Tochter Roxann glaubte zuerst, daß ihre Mutter sich nur verstelle. Und doch sah sie einen neuen Menschen nach Hause kommen. »Ihr Gesicht hatte sich völlig verändert«, berichtet Roxann. »Ihre Augen waren ganz klar. Sie war nicht mehr dieselbe Frau wie vorher.«

Verständlicherweise fürchtete Roxann, daß die Wahnsinnige, als die sie ihre Mutter vorher gekannt hatte, wieder zum Vorschein kommen würde. Doch die Veränderung, die mit Byron Katie vorgegangen war, hielt an und verstärkte sich mit der Zeit sogar noch. Ihre Vergangenheit hatte sie hinter sich gelassen, ihre Zukunft mußte sich erst noch entfalten, und so lebte sie nun in einer ewigen Gegenwart. Ihr Kontakt mit der Alltagsrealität – mit Menschen, Gegenständen und Situationen – erfüllte sie weiterhin mit Freude, auch wenn das Ganze manchmal sehr verwirrend für sie war.

Eine Zeitlang führte Roxann ihre Mutter, die immer noch in einem Zustand kindlichen Staunens versunken war, an der Hand herum. Manchmal umarmte Byron spontan Menschen auf der Straße – Freunden, Fremden, Obdachlosen fiel sie mit der gleichen Begeisterung um den Hals. Und erstaunlicherweise ließen viele es sich gefallen; vielleicht spürten sie ihre bedingungslose, alles akzeptierende Liebe.

Nach diesem inneren Erwachen wurden ihr sieben Jahre lang innere Offenbarungen zuteil, die sie in Worte zu fassen und anderen Menschen mitzuteilen versuchte: »Es gibt nur Liebe; (...) es gibt keine Zeit; (...) wir müssen alles, was wir gelernt haben, wieder vergessen (...)« Aber sie war über einen Abgrund des Bewußtseins gesprungen, und keine Erklärung oder Beschreibung der Welt konnte jenen Menschen eine Brücke bauen, die nicht sahen, was auf der anderen Seite war. »Ich war wild vor Liebe, verrückt vor Liebe«, so beschreibt Byron jene Zeit. Aber mit Worten ließ sich das nicht vermitteln. Sie mußte ihre Erkenntnis leben, um sie verkraften zu können.

Schließlich gab sie ihren Versuch auf, den Menschen etwas zu erzählen, wonach sie gar nicht gefragt hatten, und begann einfach nur zu lieben – die Menschen, die sie gekannt hatte, die Menschen, denen sie Schaden zugefügt hatte, und auch die Menschen, die sie jetzt erst kennenlernte. Sie erwartete von niemandem mehr, daß er sie verstand, daß er ein guter Mensch war, daß er ihre Liebe erwiderte oder daß er irgend etwas anderes war als er selbst. Die Wahrheit zu leben hatte nichts damit zu tun, andere Menschen umzukrempeln. Wer sie waren und was sie taten, war ihre eigene Angelegenheit, war Gottes Angelegenheit. Ihr ging es nur darum, sie bedingungslos zu lieben. Dadurch, daß sie so lebte, gewann Byron Katie allmählich das Vertrauen ihrer Familie zurück, die sie beinahe zerstört hätte – und trug dazu bei, die zerrütteten Familienverhältnisse wieder in Ordnung zu bringen.

Eines Nachts, sechs Monate nach ihrem inneren Erwachen, erlebte Byron eine Art spiritueller Seelenqual, die aus der ständigen inneren Anspannung ihrer Bemühungen erwuchs, in einer Welt zu leben und zu lieben, die noch nicht begriff oder akzeptierte, wer sie war. Da erschien ihr eine alte Frau, die auf einem Stuhl neben ihrem Bett saß, »eine wunderbare alte Dame von sinnlicher Schönheit, die ihr Haar zu einem Knoten zusammengebunden hatte«. Byron wurde eins mit dieser Frau und sah die Welt plötzlich durch uralte Augen. In diesem verwandelten Zustand sah sie sich und Paul als zwei Urwesen, die noch nicht begriffen hatten, daß sie nicht zu leiden brauchten. Das Leben entfaltete sich ganz von selbst auf vollkommene Weise.

Von diesem Tag an erschien die wunderbare alte Frau Katie sieben Jahre lang, um sie innerlich zu führen. »Inzwischen weiß ich«, sagt Byron heute, »daß diese Frau eine Projektion von mir ist. (...) so wie man ein Bild auf eine Kinoleinwand projiziert (...) und zwar als Reaktion auf die schmerzlichen Beschränkungen, die ich in dieser Dimension erlebte. Wir geben uns gegenseitig genau das, was wir brauchen. Wir verabreichen uns unsere eigene Medizin. (...) Inzwischen warte ich nicht mehr auf Engel. Der Engel, den ich erwartet hatte, bin stets ich selbst, und auch ihr seid eure eigenen Engel. Das, worauf es ankommt, ist nicht da draußen, sondern hier drin. (...) Manche Menschen projizieren Jesus Christus, andere

Krishna. (...) Und ich habe eben eine dicke alte Frau mit einem Haarknoten projiziert, die ein Kaschmirkleid trug – das war das Wesen, zu dem ich Vertrauen haben konnte. Inzwischen vertraue ich Allem. Ich erwachte mit dem Wissen, daß Gott alles ist (...) und das ohne Ausnahme.«

Natürlich stellte sich der übliche alte Strom ihrer Gedanken irgendwann wieder ein, wie Gedanken es nun einmal tun – und mit diesen Gedanken kamen Werturteile, Ängste und Erwartungen. In solchen Augenblicken spürte Byron, wie sie aus der Freiheit ihres inneren Erwachens in den Intellekt zurückfiel, der nur Leiden bringt. Doch jedesmal, wenn das geschah, bahnte sie sich ihren Weg zurück in den Zustand der Befreiung und zwar mit Hilfe einer mitfühlenden inneren Wachsamkeit, die alle Gedanken, Überzeugungen und falschen Glaubenssätze, die sie von anderen Menschen trennten und gegen das Leben aufbrachten, einer genauen Prüfung unterzog. Durch diese innere Arbeit, die sie sich zur ständigen Gewohnheit machte, konnte sie problemlos wieder in das reine Bewußtsein ihrer ursprünglichen Erleuchtung zurückgleiten.

Dank dieses inneren Prozeßes und ihrer rückhaltlosen Lebensbejahung schloß Byron Katie Frieden mit jedem Augenblick und mit jedem Ereignis, gleichgültig, ob es der Vergangenheit oder der Zukunft angehörte. »Alles, was ich durchgemacht habe – jeder Atemzug«, sagt sie, »war notwendig, damit ich endlich aufwachen konnte. Letzten Endes lernen wir aus allem, zu lieben. Alles, was wir brauchen, wird uns gegeben. (...) Jede Lebenserfahrung hat nur diesen einen Zweck.«

Heute unternimmt Byron weite Vortragsreisen und teilt ihr Lebenswerk – die Früchte ihrer vergangenen Kämpfe und ihres plötzlichen inneren Erwachens – großzügig mit anderen Menschen.

Ein moderner Wunderheiler:

Die außergewöhnlichen Kräfte des Padre Pio

Nach der heiligen Therese Neumann ist Padre Pio vielleicht der bekannteste Heilige der westlichen Welt, der göttliche heilende und regenerierende Kräfte bewiesen hat. Die ersten Vorboten seiner außergewöhnlichen Fähigkeiten zeigten sich ganz unerwartet am 20. September des Jahres 1918. Da blieb der damals 31jährige Kapuzinermönch nach der Messe allein in der Klosterkapelle sitzen und betete. Plötzlich hörte Padre Leone von draußen einen Schrei und stürzte in die Kapelle. Padre Pio lag bewußtlos auf dem Boden und blutete heftig aus den fünf Wunden Jesu Christi.

Ein paar Mönche hoben ihn auf und trugen ihn in seine Zelle, wo er sie bat, seinen Zustand geheimzuhalten. Aber die Begebenheit sprach sich doch herum. Rasch erlegte die Kirche Padre Pio ein Schweigegebot auf, denn sie fürchtete, daß es sich bei diesem noch völlig ungeprüften Mönch vielleicht nur um einen Hysteriker handeln könnte. Sie verbot ihm, sich in der Öffentlichkeit mündlich oder schriftlich zu äußern – und doch sollte Padre Pio in den nächsten fünf Jahrzehnten zu einem der erstaunlichsten Heiligen der westlichen Welt werden.

Wie die heilige Therese Neumann trug Padre Pio sein Leben lang Stigmata, die niemals verheilten. Und Tausende von Menschen – von einfachen italienischen Bauern und Pios geistlichen Brüdern bis hin zu hohen Beamten und Pilgern aus aller

Welt – beobachteten und bezeugten seine Fähigkeiten der Telepathie, Weissagung und Levitation, seine heilenden Kräfte und seine Gabe, an zwei Orten gleichzeitig anwesend zu sein.

Obwohl Padre Pio die Stadt San Giovanni Rotondo, Italien, in den letzten 50 Jahren seines Lebens nicht mehr verließ, erschien er notleidenden Menschen häufig an weit von seinem physischen Körper entfernten Orten, um sie zu belehren, zu ermahnen, zu trösten und zu heilen. Zahlreiche Zeugenaussagen in Form von Telegrammen, Briefen, Aufzeichnungen von Telefongesprächen und persönlichen Berichten belegen, daß Padre Pio tatsächlich an fernen Orten erschien, an denen er sich niemals physisch aufgehalten hat – in ganz Italien, Österreich, Uruguay, ja sogar in Milwaukee, wo er, wie er selbst zugab, am 25. Juni 1950 auftauchte, um beim Tod des Vaters eines befreundeten Mönchs anwesend zu sein. Als man ihn nach seiner Fähigkeit befragte, an zwei Orten gleichzeitig zu erscheinen, erwiderte Padre Pio: »Wenn Jesus Christus die Anzahl der Brote und Fische vervielfachen konnte, warum sollte er dann nicht auch mich vervielfachen können?«

Und auch der Veilchenduft, den er oft verströmte, stieg den Menschen, die zu ihm beteten, häufig in die Nase und wurde von Zeugen an jenen Orten wahrgenommen, wo er auf wundersame Weise erschienen war.

Seine wunderbaren Heilkräfte sind zweifelsfrei erwiesen – er heilte viele Kranke, die die Ärzte für unheilbar hielten, und schenkte mehr als einmal Blinden das Augenlicht wieder. Die am besten belegte und erstaunlichste Heilung dieser Art wurde einem blinden kleinen Mädchen namens Gemma di Giorgi aus Ribera, Sizilien, zuteil, das ohne Pupillen zur Welt gekommen war. Im Jahr 1947 unternahm die Großmutter der Kleinen mit ihr die weite Reise zu Padre Pio. Gemmas Großmutter, die den Heiligen glühend verehrte, glaubte daran, daß er ihrer Enkelin das Augenlicht schenken könne, obwohl die Ärzte ihr erklärten, es sei medizinisch unmöglich, daß ein Mensch ohne Pupillen sehen könne.

An jenem Morgen kamen Gemma und ihre Großmutter in Padre Pios Dorf an und reihten sich wartend in die riesige Menschenmenge ein, die sich stets versammelte, wenn Padre Pio die Messe las. In dem Schweigen nach der Messe hörten alle, wie eine Stimme rief: »Gemma, komm her!« Gemmas Großmutter führte die Kleine durch die Menschenmenge zu Padre Pio, und sie knieten zu seinen Füßen nieder. Nachdem Padre Pio Gemma die Beichte abgenommen hatte, spendete er ihr liebevoll die erste Kommunion und strich ihr dann sanft über die Augen. Ehe die beiden fortgingen, verabschiedete Padre Pio sich von ihnen und sagte: »Die Heilige Jungfrau Maria segne dich, Gemma. Sei ein braves Mädchen.«

In diesem Augenblick stieß Gemma in Anwesenheit der vielen Zeugen einen Schrei aus: Zum ersten Mal in ihrem Leben konnte sie sehen – ein Wunder, das bis zum Ende ihres langen Lebens andauern sollte. Viele Ärzte, die Gemma später untersuchten, gestanden ihre Verblüffung ein. Nach allen bisherigen Kenntnissen der Wissenschaft war es unmöglich, daß sie sehen konnte, obwohl ihren Augen die dazu erforderliche Ausstattung fehlte.

Die erstaunlichen Zeugnisse solcher Wunderheilungen und die Beweise für Padre Pios übernatürliche Fähigkeiten füllen Bände. Und von Jahr zu Jahr werden mehr Bücher über diesen großen Heiligen der Neuzeit geschrieben.

Am 23. September 1968 legte Padre Pio seine sterbliche Hülle ab; und am 26. September kamen über 100 000 Menschen aus der ganzen Welt nach San Giovanni Rotondo, um an seiner Beerdigung teilzunehmen. Viele Tausende beweinten ihn, denn die Liebe, die seine Güte und Heiligkeit in den Herzen der Menschen erweckt hatte, war noch größer als die Ehrfurcht, die er ihnen mit seinen wunderbaren Fähigkeiten eingeflößt hatte.

»Daß er sein Leben lässet für seine Freunde ...«:

Ein Seelenretter in den Straßen von Chicago

Ehe Jesus Christus von einem Altargemälde der Saint Joseph´s Church in Chicago herab zu Bill Tomes sprach, hatte der ein relativ normales, wenn auch etwas abenteuerliches Leben geführt. Er stammte aus einer Familie der Mittelschicht in Evanston, Illinois, war ein begabter Maler, leidenschaftlicher Fußballspieler und studierte an der Notre Dame University Englisch, Philosophie und praktische Psychologie. Bill lebte sein Leben in vollen Zügen: Er widmete sich seiner Kunst, hatte Freundinnen und sprach auch gern mit seinen Freunden dem Alkohol zu. Neunmal reiste er durch Europa und besuchte dabei insgesamt 28 Länder, sammelte Antiquitäten und interviewte als Vorbereitung auf seine Dissertation verschiedene Psychiater.

Da führte ihn eines Tages im Jahr 1980 ein im Grunde ganz banales Dilemma vor den Altar der Saint Joseph´s Church. Ihm waren zwei verschiedene Stellungen angeboten worden, die beide ein gutes Gehalt boten: eine Arbeit als Therapeut in einem Krankenhaus und eine vielversprechende Position bei einer großen Fluggesellschaft.

»Als ich in der Hoffnung auf göttliche Führung niederkniete«, berichtet Bill, »wurde plötzlich alles um mich herum dunkel und verschwommen – bis auf das Gesicht Jesu Christi auf einem Gemälde am Altar.«

Dann befahl ihm eine Stimme, die Bill für die Jesu hielt:

»Liebe! Es ist dir verboten, irgend etwas anderes zu tun als das.«

Bill, der kein sonderlich religiöser Mensch war, staunte darüber – sein Leben in den letzten 45 Jahren hatte ihn nicht auf ein solches Erlebnis vorbereitet. Als nächstes wurde sein Gebet mit der Frage, welche Stellung er annehmen sollte, beantwortet – dieselbe Stimme sagte dreimal: »Ich führe, du folgst« und dann: »Habe niemals Angst!« Zum Schluß sagte sie noch fünfmal hintereinander: »Dein ganzes Vertrauen.«

Verblüfft und doch innerlich tief getroffen besuchte Bill den Altar und das Gemälde im Lauf der nächsten Monate noch etliche Male. Später gab Christus ihm an einem anderen Ort weitere Befehle; er sagte: »Du mußt allen Menschen alles verzeihen.« Und: »Richte nicht, auf daß du nicht gerichtet werdest!«

Mehrere Monate vergingen. Bill bemühte sich, den Sinn seines Erlebnisses und dieser Gebote zu verstehen – und herauszufinden, wie er sie ausführen sollte. Er begann die Bibel und andere religiöse Bücher zu lesen – einmal stieß er in drei verschiedenen Büchern hintereinander auf den Satz: »Nimm nichts mit dir auf die Reise«, bis er eine persönliche Bedeutung für ihn gewann. Nachdem er sich eine Zeitlang gegen den Sinn dieser Aufforderung gewehrt und einen Priester zu Rate gezogen hatte, gab Bill schließlich nach – und verschenkte fast alle seine Besitztümer. Er behielt nur seine Kleidung, zog bei einem Freund im Keller ein, schlief auf Pappkartons und begann manuelle Arbeiten anzunehmen, für die er sich nur mit Essen entlohnen ließ – er nahm kein Geld an.

Bis zum Jahr 1978 hat Bill als Berater für Catholic Charities, eine wohltätige Organisation seiner Gemeinde, gearbeitet. Dann hat er sich der Kunst und anderen Dingen gewidmet, und im Jahr 1983 wurde ihm schließlich eine Stellung als geistlicher Jugendberater angeboten, bei der er mit Straßenbanden in Chicago arbeiten sollte. Er nahm die Stellung an. Sein erster Besuch in den Slums rief die unterschiedlichsten Reaktionen hervor – manche Jugendliche verhielten sich gleichgültig, andere bewarfen ihn mit Gegenständen. Er betrachtete die Herausforderung, mit diesen jungen Menschen zu arbeiten, als Prüfung – so konnte er beweisen, daß es ihm mit seinem Engagement ernst war. Nach Bills zweitem Besuch – so erfuhr er später – traf eine Straßenbande zusammen, um zu beraten, ob man ihn umlegen sollte oder nicht. Sie kamen zu dem Schluß, daß er ein anständiger Kerl war, daß man ihm erlauben sollte, alles zu tun, was er für richtig hielt, und daß sie ihn »beschützen« würden – das bedeutete, jeden zu töten, der ihm etwas Böses wollte. Bill erhob Einspruch gegen diese Art von Schutz.

Nach und nach lernte er die Bandenmitglieder kennen, deren Leben voller Probleme war, und machte ihr Revier zu seinem eigenen. Auf Kardinal Bernardins Bitte begann er nach und nach auch andere Stadtbezirke zu betreuen, in denen Straßenbanden ihr Unwesen trieben. Bald war er von einer großen Schar gefährdeter Jugendlicher umgeben: Außenseitern und Ausgestoßenen, die ständig mit einem Fuß im Grab standen – viele würden früher oder später dem Gesetz der Gewalt zum Opfer fallen, das ihrem Leben zugrunde lag.

Bruder Bill, wie sie ihn bald nannten, wurde auf tragische Weise Zeuge dieser Gewalt – zum Beispiel, als er einen jungen Bandenanführer sterbend in einem Treppenhaus fand, die Brust von vier Kugeln durchbohrt. Bruder Bill war untröstlich und wußte keinen anderen Rat, als den 21jährigen in die Arme zu nehmen und ihm ins Ohr zu flüstern: »Gott hat dich erschaffen. Er liebt dich. Er möchte, daß du für immer bei ihm bist.«

Diese Begebenheit ist nur eines von vielen Beispielen, die zeigen, mit welchem Ernst und Engagement Bill Tomes in den letzten 15 Jahren den persönlichen Befehl Jesu Christi ausgeführt hat, »andere Menschen zu lieben, ohne sie zu beurteilen«.

Vielleicht empfindet Bill diese Liebe nicht immer, aber er zeigt sie seinen Mitmenschen trotzdem auf spürbare Weise – durch sein Tun. Er behandelt sämtliche Menschen, denen er begegnet, mit aller Güte und allem Mitgefühl, das er aufbringen kann. Auch scheinbar wenig liebenswerten Seelen zeigt er Liebe, indem er seine Zeit mit ihnen verbringt, mit ihnen Basketball spielt oder Fußballspiele besucht und ihnen hilft, Arbeit zu finden, wenn sie arbeiten wollen – durch unzählige einfache Akte der Güte und Großzügigkeit, die er anderen Menschen anbietet, ohne irgendwelche Bedingungen daran zu knüpfen. Bruder Bill hat begriffen, daß Taten auf diese jungen Männer mehr wirken als Worte und daß schlichte Güte mehr bewirkt als Predigten. Und deshalb predigt er nicht; seine geistliche Betreuung besteht in Liebe und Unterstützung sowie dem Glauben, daß jene himmlische Macht, die viele Menschen als Gott bezeichnen, schon irgendwie in die Herzen und Seelen der Menschen eindringen wird, die seiner Obhut anvertraut sind.

In einem Artikel in der Zeitschrift *Time* schrieb Ron Stodghill über Bill: »Er glaubt, daß Gangster sich nicht einfach nur aus Angst vor dem Gefängnis ändern oder weil man ihnen den Köder einer Ausbildung oder Anstellung vor die Nase hält (...) sondern nur, wenn sie sich selbst im Lichtstrahl eines göttlichen Wesens wahrnehmen. (...) Seine Verletzlichkeit und Bereitschaft, sein Leben auf Spiel zu setzen, die Art, wie er andere Menschen bedingungslos akzeptiert und ihnen verzeiht, versetzen diese Männer und Jungen, die in einer Atmosphäre des Hasses und der Ablehnung groß geworden sind, immer wieder in Erstaunen.«

»Für mich ist er ein Engel«, sagt ein 22jähriger Angehöriger einer Jugendbande. »Ich glaube wirklich, daß Gott ihn hierhergeschickt hat.«

Aber Bill hat seine Liebe und den Mut, der hinter seinen Überzeugungen steckt, auch noch durch die Befolgung eines anderen Gebotes Jesu Christi bewiesen: »Niemand hat größere Liebe denn die, daß er sein Leben lässet für seine Freunde.«

In den letzten 15 Jahren hat Bill Tomes sich 53mal in die Schußlinie zwischen zwei einander bekämpfende Banden gestellt, bis sie das Feuer einstellten. Sie hörten tatsächlich jedesmal auf zu schießen, wenn auch manchmal nur widerwillig. Oft verraten ihm Bandenmitglieder unter dem Siegel der Verschwiegenheit, »was als nächstes abgeht«. Seine Informationsquellen sind breit gestreut – sie reichen vom jungen Rowdy, der einen Schlag gegen eine gegnerische Bande ausführen soll und sich davor scheut, bis hin zum Jungen, der eigentlich nicht an einer Schießerei teilnehmen möchte, aber vor seinen Freunden keinen Rückzieher machen kann. Was auch immer der Grund ist – sie rufen Bill um Hilfe. Und er kommt immer – oft erst dann, wenn die Schießerei schon begonnen hat. Er tritt vor und stellt sich mitten in den Kugelhagel. Und wenn sie ihn anschreien, er solle aus dem Weg gehen, erwidert er, daß er das nicht tun werde, weil er sie liebt. Sie können es in seinen Augen sehen, an seiner Haltung und dem Engagement, mit dem er stets zur Stelle ist. Gibt es einen größeren Liebesbeweis? Vielleicht hören sie deshalb auf zu schießen.

Über 150 seiner »Schäfchen« sind in den letzten 15 Jahren gestorben – an Drogen, Schlägereien, Messerstichen und Schüssen. Einige dieser Opfer waren nur unschuldige Passanten, die dadurch, daß sie in dieser Gegend wohnten, natürlich auch immer wieder in die Schußlinie gerieten. Eine Frau kritisierte Bruder Bill, weil er sich so für diese Menschen aufopfert, die den anderen Bewohnern ihres Stadtviertels nur Kummer und Probleme bereiten. Er hatte zwar Verständnis für ihren Standpunkt, erklärte aber, er müsse höhere Anweisungen befolgen. Die Bandenführer sagen, daß durch das göttliche Eingreifen von Bill Tomes, der sich unermüdlich für den Frieden auf den Straßen einsetzt, schon mindestens 500 Menschenleben gerettet worden sind.

Jesus Christus, der auch unter Ausgestoßenen lebte und sagte: »Ich bin gekommen, zu rufen die Sünder zur Buße und nicht die Gerechten«, ist Bill Tomes´ Vorbild und Inspirationsquelle, sein Kommandant auf einem spirituellen Schlachtfeld, wo wirkliche Menschenleben auf dem Spiel stehen, richtige Kugeln durch die Luft fliegen und echtes Blut fließt. Bruder Bill betreut eine Herde verlorener Söhne. Und er ruft sie mit seiner Liebe zurück nach Hause.

Glück im Unglück

Wenn Pech zum Segen wird

Danny wurde Ende der vierziger Jahre in Südkalifornien geboren und wuchs in der seligen Ahnungslosigkeit einer Familie der Mittelschicht auf – mit fleißigen Eltern, einer älteren Schwester, einem Hund und zwei Katzen. Seine Kindheit spielte sich in der scheinbar fantastischen Welt der fünfziger Jahre ab – einer Welt der Schulhöfe, Freunde, Spiele und Sportveranstaltungen, in der am Wochenende im Kino immer zwei Filme hintereinander gespielt wurden. Danny tat alles, was von ihm erwartet wurde: Er arbeitete hart, benahm sich gut und erfüllte die Wünsche seiner Eltern.

Danny war klein und drahtig; er hatte die Klugheit seiner Mutter und die physische Kraft seines Vaters geerbt. Er kletterte gern auf Bäume, schwang sich von Ast zu Ast wie Tarzan und sprang mit einem Fallschirm, den er sich aus einem alten Bettlaken gebastelt hatte, vom Garagendach. Dann gründete ein Lehrer der Mittelschule, die er besuchte, eine Gruppe für Trampolin und Bodenturnen. In diesem Jahr erwachte Danny zu einem ganz neuen Leben – er hatte seine Leidenschaft entdeckt.

Mit 14 Jahren hatte er bereits die Trampolinmeisterschaft des Staates Kalifornien gewonnen. Noch als Schüler siegte er in der US-Meisterschaft und trat in Europa auf. Und während seines ersten Studienjahrs in Berkeley gewann er die erste Trampolin-Weltmeisterschaft in London. Da begann Danny für einen Platz im olympischen Kunstturnerteam der Vereinigten Staaten zu trainieren. Sein bisheriges Leben hatte ihn gelehrt, daß er sein Schicksal in der Hand hatte, solange er das Richtige tat und hart arbeitete. Doch nun hielt das Leben eine ganz andere Lektion für ihn bereit.

Im Spätsommer, vor Beginn seines letzten Studienjahres, das er voraussichtlich mit Glanz und Gloria abschließen würde, packte Danny seine Koffer für eine Reise nach Jugoslawien, wo der Kunstturnerbund der Vereinigten Staaten ihn als Spitzenturner und möglichen Kandidaten für die Olympischen Spiele hinschickte, um mit den besten Turnern dieses Planeten für die Weltmeisterschaft zu trainieren – das letzte Sprungbrett zur Olympiaqualifikation und schließlich zu den Olympischen Spielen selbst. Es schien, als sei sein ganzes Leben nur eine Vorbereitung auf dieses Ziel gewesen.

Seinen letzten Abend vor dem Abflug verbrachte Danny in Los Angeles bei seiner Schwester. Als er mit seinem Triumph-Motorrad nach Hause fuhr, veränderte sich von einer Sekunde zur anderen sein ganzes Leben durch den Eingriff eines Schicksals, das alles andere als göttlich zu sein schien. Es gab keine Visionen, keine beglückenden Offenbarungen und auch keine Engelsstimmen – nur das dumpfe Krachen von Metall gegen Metall, das Geräusch von zersplitterndem Glas und ein grauenhaftes Knirschen in seinen Knochen. Und dann ein unglaublicher Schmerz.

In seinem Buch *Der Pfad des friedvollen Kriegers* erzählt Autor Dan Millman, was damals geschah: »Ich fuhr in eine Zukunft hinein, die noch heller zu strahlen schien als die Scheinwerfer der Autos, die mir entgegenkamen. Ich achtete auf die Geschwindigkeitsbegrenzung, trug einen Helm und fuhr vorsichtig. Doch bald sollte ich lernen, daß es manchmal gar keine Rolle spielt, ob man ein guter Mensch ist und das Richtige tut oder nicht.«

Der Fahrer des schon etwas älteren weißen Cadillacs, der ihm an der Kreuzung gegenüberstand und darauf wartete, nach links abzubiegen, wußte nichts von seinen Zukunftsplänen. Als Dan herangefahren kam, trat er, der ihn nicht kommen sah, auf das Gaspedal und bog direkt vor ihm ab.

Dan hatte genau eine halbe Sekunde Zeit, zu entscheiden, was er tun sollte – sollte er nach rechts ausweichen? Dann würde er frontal mit dem Auto zusammenstoßen. Oder das Lenkrad nach links herumreißen, mitten in den entgegenkommenden Verkehr hinein, den er nicht einschätzen konnte? Oder sollte er sich mitsamt seinem Motorrad zu Boden werfen? Dann wurde er vielleicht unter den Rädern des Cadillacs zermalmt. Statt dessen traf er eine Entscheidung, die er in den kommenden Tagen immer wieder vor seinem geistigen Auge rekapitulierte: Er trat mit aller Macht auf die Bremse in der Hoffnung, seine Fahrt so verlangsamen zu können, daß er bei dem Zusammenprall nicht schwer verletzt wurde. Doch das reichte nicht aus.

Dan krachte in die rechte Stoßstange des Wagens hinein, und sein Oberschenkelknochen zersplitterte in fast 40 Stücke. Dem Bericht eines Augenzeugen zufolge flog sein Körper in einem anderthalbfachen Salto über den Cadillac hinweg und landete dann auf dem Asphalt. Als Dan wieder zu sich kam und aufblickte, sah er einige dicht zusammengedrängte Köpfe, die sich über ihn beugten. In diesen ersten Sekunden registrierte er nur, daß er noch lebte, daß er sich bewegen konnte und noch im Besitz aller seiner Gliedmaßen war. Dann hörte er Sirenengeheul, das immer näher kam. Er sah etwas Weißes aus seinem zerfetzten Freizeitschuh herausragen – alle Zehen seines rechten Fußes waren gebrochen und verdreht. Entsetzt fragte er den Fahrer des Krankenwagens: »Ist das Weiße, was da aus meinem Schuh herausschaut, einer meiner Knochen?«

»Ja«, sagte der Fahrer, der nichts für Motorradfahrer übrig hatte. Dann setzte er mit einem Blick auf Dans rechtes Bein hinzu: »Aber um Ihre Zehen würde ich mir an Ihrer Stelle die geringsten Sorgen machen.« Da kamen Dan plötzlich seine brennenden Schmerzen zu Bewußtsein. Alles andere, was er jetzt noch wahrnahm, ging in einem Schleier ununterbrochener, pochender Höllenqual unter: die Unfallstation; ein übermüdeter Arzt, der eine Schraube durch Dans rechtes Knie bohrte, nachdem er ihm vorher nur eine lokale Betäubungsspritze gegeben hatte; seine kreidebleichen Eltern. Dan, der immer noch unter Schock stand, fragte den Arzt, ob sein Bein bald heilen würde, da er in ein paar Tagen zu einem Training nach Jugoslawien müsse. Der Arzt antwortete nicht einmal.

Und die ganze Zeit über dachte ein Teil seines Ichs: »Das kann doch nicht wahr sein.«

Am nächsten Morgen erwachte Dan in einem Streckverband in seinem Krankenzimmer, und ihm dämmerte die Erkenntnis, daß er nicht zur Weltmeisterschaft fliegen, in diesem Semester keine Kurse belegen, wahrscheinlich auch nicht an den Olympischen Spielen teilnehmen und vielleicht sogar nie wieder richtig würde laufen können. Seine Karriere als Turner – die große Leidenschaft seines Lebens und eine wichtige Basis seiner Identität – war allem Anschein nach zu Ende.

Niemand, am allerwenigsten Dan Millman selbst, hätte jemals geahnt, daß das Göttliche in Gestalt eines weißen Cadillacs in sein Leben treten würde – oder daß zersplitterte Knochen und zerbrochene Träume ihm Tore zu einer neuen Zukunft eröffnen konnten, von der der junge Danny damals noch keinen blassen Schimmer hatte.

Drei Wochen später, nach einer schweren Operation und einer Knochentransplantation – nach einem verzweifelten Kampf in einem Meer von Schmerzen zwischen Morphiumspritzen –, verließ ein anderer Dan Millman das Krankenhaus: ruhiger, nachdenklicher, mitfühlender und um 20 Pfund leichter. Langsam humpelte er auf seinen Krücken zu dem wartenden Auto eines Freundes, der Dan zu einem Aufenthalt bei seiner Familie in der Nähe des Strandes von Santa Monica eingeladen hatte, damit er dort den langwierigen Prozeß seiner physischen Genesung beginnen konnte.

Bei seiner Einlieferung ins Krankenhaus war Dan ein unersättlicher Fleischesser gewesen; als er das Krankenhaus wieder verließ, war er Vegetarier und sollte es auch bleiben. Als Kind war er ein vorlauter kleiner Junge gewesen, der die anderen Menschen stets mit einem Redeschwall überfiel; jetzt beobachtete er mehr und hörte nachdenklich zu, wenn jemand sprach. Als er schließlich ans College zurückkehrte, zu einer intensiven Rehabilitation – zuerst auf Krücken und dann auf einen Stock gestützt, bis er schließlich wieder gehen konnte und nur noch leicht hinkte –, verharrte Dan in jener inneren

Dimension des Nachdenkens. Während er sich einen schmerzhaften Zentimeter nach dem anderen in sein normales Leben zurückkämpfte – durch wiederholte Rückschläge in seinem Genesungsprozeß, Selbstzweifel und schwere Depressionen –, erkannte Dan deutlich, wie er sein ganzes Leben lang in atemberaubendem Tempo eine einzige Richtung verfolgt hatte: mit hoher Konzentration, aber auch mit Scheuklappen vor den Augen. Nie hatte er aufgeblickt und sich gefragt, wo er eigentlich hinwollte oder worum es im Leben ging. Nun begann er sich einige der grundsätzlicheren Fragen des Lebens zu stellen – Wer bin ich? Was für einen Sinn hat das Leben? –, Fragen, die ihm früher nie in den Sinn gekommen waren, zumindest nicht mit dieser Eindringlichkeit. Dan begann über den Tod nachzudenken, dem er in jener Nacht vor ein paar Monaten, als er sich noch nahezu unbesiegbar gefühlt hatte, mit knapper Not entronnen war. Und er grübelte auch über Gott und die spirituellen Traditionen des Ostens und des Westens nach. Für die Welt waren diese Fragen keineswegs neu, aber für ihn.

»Während dieser bitteren Zeit der Selbsterforschung«, sagt Dan heute, »humpelte ich eines Tages spätabends noch in eine Texaco-Tankstelle in der Nähe unseres Universitätsgeländes und stieß auf einen alten Mann namens Socrates. Manchmal frage ich mich, ob ich ihm wohl auch dann begegnet und zu meinem jetzigen Leben als Schriftsteller und Lehrer erwacht wäre, wenn ich mir damals nicht das Bein gebrochen hätte. Ich weiß nur, daß dieser Unfall eine Art Katalysator war, der mich zu diesem jetzigen Augenblick hingeführt hat – zu meiner Frau, meinen Kindern und meiner Berufung.«

Erstaunlicherweise trug Dan ein gutes Jahr später mit seinen sportlichen Leistungen entscheidend dazu bei, daß seine Mannschaft die nationale College-Weltmeisterschaft gewann und wurde zum Senior-Athleten des Jahres gewählt. Im Lauf der Jahre wurde er Gymnastiktrainer an der Stanford-Universität, lehrte später am Oberlin-College und wurde schließlich Athlet der Hall of Fame von Berkeley und Hall-of-Fame-Kunstturner der USA.

Doch da hatte Dan schon lange begriffen, daß all diese Leistungen nur eine Vorbereitung auf einen ganz anderen Weg waren: den Weg des Lehrens und Schreibens und des Dienstes an der Menschheit.

Irgendwie hatten die Schmerzen dieses Unfalls und der qualvolle Prozeß seiner Genesung ihn geläutert und für eine andere Dimension der Realität geöffnet, die hinter jener Welt verborgen lag, die ihm vorher vertraut gewesen war. »Manchmal fällst du in ein dunkles Loch und mußt hart kämpfen, um wieder herauszukommen. Wenn du dann schließlich aus dem Loch kletterst, sieht es so aus, als stündest du immer noch an derselben Stelle wie vorher – bevor du hineingefallen bist. Aber du stehst *nicht* mehr an derselben Stelle, denn du bist nicht mehr derselbe Mensch; du hast dich während dieses Prozesses verändert. Du bist stärker, weiser, mitfühlender geworden – du hast etwas über dich und das Leben gelernt.

Dieser Unfall«, setzt Dan hinzu, »hat mir eine neue Perspektive eröffnet, die ich sonst vielleicht nicht gesehen hätte. Er hat mir die tieferen Zusammenhänge und die göttliche Realität hinter den Kulissen meines Lebens offenbart. Ich habe auch schon andere spirituelle Erlebnisse gehabt – beglückende Offenbarungen und mystische Enthüllungen –, doch dieser ›Unfall‹ erwies sich als eines der besten Dinge, die mir je widerfahren sind. Das heißt natürlich nicht, daß ich Knochenbrüche als Methode der spirituellen Erweckung empfehle. Doch wenn das Unglück dich heimsucht – und du infolgedessen Schmerzen, Kummer, Enttäuschungen oder einen Verlust hinnehmen mußt –, ist es gut, auch die verborgenen Geschenke und die überraschende Gnade wahrzunehmen, die dieses Unglück mit sich bringen kann, je nachdem, wie man darauf reagiert und ob man auf seine Lektionen achtet oder nicht.

Ich habe vor kurzem ein Zitat gelesen, das sich direkt auf meinen Unfall und meine spätere Entwicklung zu beziehen scheint. Max Cleland hat einmal geschrieben: ›Ich habe nicht immer daran geglaubt, daß Kraft auch in einem Menschen wachsen kann, den das Schicksal zerbrochen hat, oder daß der rote Faden göttlicher Absicht sich auch in tragischen Ereignissen erkennen läßt. Aber inzwischen glaube ich es.‹«

Immer wenn ein Traum stirbt, wird ein anderer geboren: Während seiner Genesung und in den Jahren danach begann

Dan Millman zu schreiben. Inzwischen ist der ehemalige Athlet zum Bestsellerautor geworden, dessen Werke weltweit in über 20 Sprachen erschienen sind, und zu einem international anerkannten Lehrer der praktischen Spiritualität, der die Lektionen des sportlichen Trainings mit spirituellen Gesetzen kombiniert. So ist der *Pfad des friedvollen Kriegers* entstanden – ein universaler Weg zu erweitertem Bewußtsein, tieferem Sinn und tieferer spiritueller Kraft im täglichen Leben.

Schlußwort

Fasse Mut:
Die menschliche Rasse ist etwas Göttliches.
PYTHAGORAS

Diese Geschichten vom Eingreifen Gottes in das Leben der Menschen lehren uns, daß jeder Heilige eine Vergangenheit und jeder Sünder eine Zukunft hat. Auf unserer spirituellen Reise in die Welt des Geheimnisvollen schlagen wir unterschiedliche Wege ein, aber sie führen alle zum selben Ziel.

Wenn wir uns nach innen wenden, zu den stummen Tiefen unserer eigenen göttlichen Natur, finden wir die Antworten, nach denen wir suchen, und uns wird eine Ernte der Wunder beschert. Und wenn wir uns nach außen wenden, uns jedem Augenblick widmen, der sich vor uns auftut, können wir einem höheren Wohl in unserer Welt dienen. Wir selbst sind das Tor zwischen den Welten. Und wenn Engel uns besuchen, kehren sie in Wirklichkeit nur nach Hause zurück, um ihren eigenen Brüdern und Schwestern einen Besuch abzustatten.

Thomas Merton hat einmal geschrieben: »Wir leben in einer transparenten Welt, und in jedem Augenblick schimmert das Licht Gottes durch (...) überall, in allem. Wir können gar nicht ohne Gott sein. Es ist unmöglich (...) Vielleicht hat Gott Männer und Frauen erfunden, weil Gott Geschichten liebt.«

Wir möchten dieses Buch mit der von Herzen kommenden Erinnerung beschließen, daß jede menschliche Lebensgeschichte etwas Göttliches ist und daß Sie in diese Welt hineingeboren wurden, um *Ihre* Geschichte zu leben, so wie nur Sie sie leben können.

Die allerwichtigste Geschichte:

Eine Einladung an unsere Leser

Nachdem Sie nun einige Beispiele göttlichen Eingreifens in menschliche Leben kennengelernt haben, möchten wir Sie dazu einladen, einmal darüber nachzudenken, ob es nicht auch in Ihrem Leben oder im Leben eines Ihnen nahestehenden Menschen einen solchen außergewöhnlichen Wendepunkt gegeben hat. Was ist damals geschehen? Wie hat es Ihr Leben beziehungsweise das Leben dieses Menschen geprägt oder ihm eine neue Richtung gegeben?

Benutzen Sie die letzten Seiten dieses Buches als Ihr Tagebuch.

Die letzte und wichtigste Geschichte in unserem Buch ist Ihre eigene.

Tagebuchseite

Tagebuchseite

Tagebuchseite

Anhang

Danksagung

Wir möchten uns bei allen Menschen bedanken, die direkt oder indirekt zur Entstehung dieses Buches beigetragen haben. Unserer ersten Redakteurin Karen Kelly danken wir für das Vertrauen und die gute Urteilsfähigkeit, die sie bewiesen hat, als sie unser Buch für den Verlag Daybreak erwarb, sowie für ihre ungeheuer wertvollen Anregungen und Vorschläge; Redakteur Ken Winston Caine, der das Projekt später übernahm, sagen wir danke dafür, daß er durchgehalten hat bis zum Schluß. Ganz herzlichen Dank auch an unsere Agentin Candice Fuhrman für ihren guten Instinkt, ihre Integrität und Objektivität sowie ihre stetige Unterstützung in vielerlei Hinsicht; an die freiberufliche Redakteurin Nancy Grimley Carleton für ihre Hilfe bei der Einleitung; und an Elsa Dixon für ihre hervorragende administrative Unterstützung während der Entstehung dieses Buches.

Unser Dank gebührt auch den Biographen, den Menschen, die für uns recherchiert haben, und anderen, deren Arbeit den Grundstein und Ausgangspunkt für unsere Erkundungsreisen ins Reich der göttlichen Fügungen gelegt hat – beispielsweise dem Astrophysiker, Forscher und Autor Dr. Jacques Vallee (viele halten ihn für das Vorbild der Figur des französischen Wissenschaftlers in dem Film *Unheimliche Begegnung der dritten Art*); Mario und Hedy Baldassarrini, die uns Forschungsergebnisse über die unverweslichen Leichname der Heiligen geliefert haben; und Ervin Jindrich, dem Leichenbeschauer, der in Marin County für die Untersuchung ungeklärter Todesursachen zuständig ist und uns Erkenntnisse vermittelt hat, die auf seiner 30jährigen Erfahrung als Pathologe beruhen.

Sehr herzlich danken wir auch allen, die uns ihre Geschichte erzählt oder in schriftlicher Form zur Verfügung gestellt haben oder uns genehmigten, sie in diesem Buch abzudrucken: Carol Benjamin, Jaia-Sun Childers, Si Tai Gong, Chris Griscom, Don Trent Jacobs, Allison James, Sean Kilcoyne, Andy Lakey, Jean Munzer, Irene Opdyke, Malidoma Patrice Some, Ann und John Rush, Richard Sabinski, Jack und Lois Schwarz, Nancy Siscoe, Ed Spielman, Bruder Bill Tomes und Valerie Vener.

Ganz besonderen Dank an die folgenden Leser unseres Manuskripts, die bereit waren, unseren Kuchen zu kosten, bevor er fertig war, und uns Verbesserungsvorschläge für das Rezept lieferten: Reneé Brewer, Brenda Brown, Holly Demé, Elsa Dixon, Barry Elkin, Candice Fuhrman, Dawn Michelle Glanzman, Karen Pierce Gonzalez, Isa Howard-Cohen, Allison James, Dave Kraft, Chuck Marco, Julia Marrero, Christine McDermott, Joy Millman, David Moyer, Sandra Nadalin, Dwight und Celeste Parcel, Terry Patton, Heather (und Madeleine) Picard, Sharon Root und Beth Wilson.

Und schließlich möchten wir unseren Lebensgefährtinnen Joy Millman und Jaia-Sun Childers – den göttlichen Fügungen in unserem eigenen Leben – unseren ewigen Dank aussprechen.

Literarische Quellen

Die Geschichten, die Sie in diesem Buch gelesen haben, beruhen auf göttlichen Fügungen, die in verschiedenen Ländern der Welt, in den verschiedensten Kulturen und Zeitaltern stattgefunden haben. Nur in seltenen Fällen konnten wir persönlich mit den Hauptfiguren dieser Geschichten sprechen. Also mußten wir uns auf literarische Quellen stützen. In den meisten Fällen fanden wir zwei oder mehr Quellen, die wir benutzten und der Exaktheit halber miteinander verglichen. Wir bedanken uns bei den Autoren folgender Quellen, die den notwendigen Hintergrund für unsere Arbeit lieferten – Schultern, auf die wir uns stützen konnten, um unseren Lesern diese Geschichten von göttlicher Magie präsentieren zu können, von Wundern, die wirklich stattgefunden haben und Menschenleben veränderten.

Atwater, P. M. H. *Beyond the Light: What Isn't Being Said about the Near-Death Experience.* New York: Carol Publishing Group, 1994.

Anonymer Verfasser. *Alcoholics Anonymous.* New York: Alcoholics Anonymous World Services, 1976.

Anonymer Verfasser. *Pass It On: The Story of Bill Wilson and How the A. A. Message Reached the World.* New York: Alcoholics Anonymous World Services, 1984.

Basham, A. L. *The Wonder That Was India.* New York: Taplinger Publishing Company, 1967.

Carrel, Alexis. *Das Wunder von Lourdes.* Stuttgart: Deutsche Verlagsanstalt, 1951 (nicht mehr lieferbar).

Carty, Reverend Charles Mortimer. *Padre Pio: The Stigmatist.* Rockford, Illinois: Tan Books, 1989.

Chaney, Sheldon. *Men Who Have Walked With God.* USA/Kanada: The Ryerson Press, 1945.

Cruz, Joan Carroll. *The Incorruptibles.* Rockford, Illinois: Tan Books, 1974.

Cunneen, Sally. *In Search of Mary.* New York: Balantine, 1976.

Dana, Barbara. *Young Joan.* New York: HarperTrophy, 1991.

David-Neel, Alexandra. *Heilige und Hexer. Glaube und Aberglaube im Lande des Lamaismus.* Leipzig: Brockhaus, 1931 (nicht mehr lieferbar).

Durham, Michael S. *Miracles of Mary.* San Francisco: HarperCollins, 1995.

Green, Arthur und Barry Holtz. *Your Word is Fire: The Hasidic Masters on Contemplative Prayer.* Woodstock, Vermont: Jewish Lights Publishing, 1993.

Hatch, Alden. *Buckminster Fuller: At Home in the Universe.* New York: Crown Publishers, 1974.

Jacobs, Don Trent. *Primal Awareness.* Rochester, New York: Inner Traditions, 1998.

James, William. *Die Vielfalt religiöser Erfahrung.* Frankfurt: Insel, 1997.

Johnson, Francis. *Our Lady of Guadalupe.* Rockford, Illinois: Tan Books, 1981.

Jung, C. G. *Erinnerungen, Träume, Gedanken.* Zürich: Walter, 1997.

Kaplan, Justin. *Walt Whitman: A Life.* New York: Simon & Schuster, 1980.

Kapleau, Philip. *Die drei Pfeiler des Zen.* Bern: Scherz, 1979.

Kasich, John. *Courage is Contagious.* New York: Doubleday, 1998.

Ke Yun Lu. »New Century«, *October Magazine.* Peking, China, 1991.

Long, Haniel. *The Marvelous Adventures of Cabeza de Vaca.* Clearlake, Kalifornien: Dawn Horse Press, 1992.

Lowenkopf, Anne N. *The Hasidim: Mystical Adventurers and Ecstatics.* Los Angeles: Sherbourne Press, 1973.

Melton, J. Gordon. *New Age Encyclopedia.* New York: Gale Research, 1990.

Monroe, Robert A. *Der Mann mit den zwei Leben. Reisen außerhalb des Körpers.* München: Droemer Knaur, 1992.

Monroe, Robert A. *Über die Schwelle des Irdischen hinaus. Die Erfüllung des menschlichen Schicksals im grenzenlosen Universum reinen Bewußtseins.* München: Ludwig, 1997.

Monroe, Robert A. *Der zweite Körper. Astral- und Seelenreisen in ferne Sphären der geistigen Welt.* München: Ludwig, 1996.

Morse, Melvin und Paul Perry. *Verwandelt vom Licht. Über die transformierende Wirkung von Nah-Todeserfahrungen.* München: Droemer Knaur, 1994.

Opdyke, Irene Gut und Jennifer Armstrong. *In My Hands: Memories of a Holocaust Rescuer.* New York: Alfred A. Knopf, 1999.

Pastrovicchi, Pater Angelo, O. M. C. *Joseph of Copertino.* Rockford, Illinois: Tan Books, 1980.

Pilgrim, Peace. *Peace Pilgrim: Her Life and Work in Her Own Words.* Santa Fe, New Mexiko: Ocean Tree Books, 1994.

Praeger, David Daiches. *Moses: The Man and His Vision.* New York: Praeger Publishers, 1973.

Ronner, John. *The Angels of Cokeville and Other True Stories of Heavenly Intervention.* Murfreesboro, Tennessee: Mamre Press, 1995.

Rossman, Doreen Mary. *A Light Shone in the Darkness: The Story of Stigmatist and Mystic Therese Neumann.* Santa Barbara: Queenship Publishing Company, 1997.

Schulberg, Lucille. *Historic India: Great Ages of Man.* New York: Time-Life Books, 1968.

Spear, Percival. *India.* Michigan: University of Michigan Press, 1961.

Spielman, Ed. *The Spiritual Journey of Joseph L. Greenstein: The Mighty Atom.* New York: 1st Glance Books, 1998.

Steiger, Brad. *Revelation: The Divine Fire.* New Jersey: Prentice Hall, 1973.

Sugrue, Thomas. *Edgar Cayce. Die Geschichte eines schicksalhaften Lebens.* München: Doemer Knaur, 1992.

Terrell, John Upton. *Journey into Darkness: A True Account of Cabeza De Vaca's Remarkable Expedition across the North American Continent.* New York: William Morrow and Company, 1962.

Underhill, Evelyn. *Mystik. Eine Studie über die Natur und Entwicklung des religiösen Bewußtseins im Menschen.* Bietigheim-Bissingen: Lorber-Verlag & Turm-Verlag, 1973.

Vallée, Jacques. *Passport to Magonia.* Chicago: Contemporary Books, 1969.

van der Post, Laurens. *About Blady.* New York: William Morrow and Company, 1991.

van Dusen, Wilson. *The Presence of Other Worlds.* New York: Swedenborg Foundation, 1974.

Wakefield, Dan. *Expect a Miracle.* San Francisco: HarperCollins, 1995.

Walsh, William Thomas. *Our Lady of Fatima.* New York: Image Books, Doubleday, 1990.

Weber, Christin Lore. *A Cry in the Desert: The Awakening of Byron Katie.* Barstow, Kalifornien: The Work Foundation, 1996.

Wiesel, Eli. *Noah oder ein neuer Anfang. Biblische Portraits.* Freiburg: Herder, 1994.

Yogananda, Paramahansa. *Autobiographie eines Yogi.* Bern: Scherz, 1995.

Kurzbiographien

Einige Geschichten in diesem Buch handeln von Menschen, die heute noch leben. Manche haben uns Kurzbeschreibungen ihres Lebens geliefert, die wir hier abdrucken möchten. Falls auch Kontaktadressen genannt sind, können Sie sich direkt mit den betreffenden Personen in Verbindung setzen. (Wenn eine unserer Geschichten eine besondere Bedeutung für Sie hat, möchten Sie sich vielleicht näher mit den Büchern, Dienstleistungen oder sonstigem Infomaterial der Hauptperson dieser Geschichte befassen.)

Carol Benjamin (»Denk an die Musik«): Carols Adresse lautet: c/o Alta Physical Therapy, 1790 30th Street, Suite 314, Boulder, CO 80301, USA.

Joseph L. Greenstein (»Sieg des Geistes über die Materie«): Joe starb in den achtziger Jahren des 20. Jahrhunderts. Sein Freund und Biograph Ed Spielman hat Joes erstaunliche Lebensgeschichte in seinem Buch *The Spiritual Journey of Joseph L. Greenstein* aufgezeichnet. Diese faszinierende Biografie können Sie über den amerikanischen Buchhandel beziehen oder direkt bei Mr. Spielman (c/o Eastwind One Corporation, 17411 Lahey Street, Granada Hills, CA 91344, USA) bestellen.

Chris Griscom (»Lektionen des Todes«) ist Heilerin, Buchautorin, Vortragsreisende und Begründerin des Light Institute in Galisteo, New Mexico, und der Nizhoni-Schule für Globales Bewußtsein. Als liebevolle Mutter von sechs Kindern widmet Chris ihre Tätigkeit und ihre heilenden Fähigkeiten hauptsächlich der Geburtshilfe. Sie hat eine international anerkannte Akupunkturtechnik (»Windows to the Sky«) entwickelt, die ihrer Arbeit im Light Institute zugrunde liegt. Chris veranstaltet Seminare auf der ganzen Welt. Nähere Informationen über ihre Arbeit erteilt das Light Institute, Tel. 001/505/466-1975; Internet: www. lightinstitute.com

Don Trent Jacobs (»Eine schamanistische Initiation«) ist Doktor der Psychologie und Pädagogik. Er hat insgesamt neun Bücher über Wellness, Management, klinische Hypnose, Erziehung, Pferdedressur und die Psychologie zwischenmenschlicher Beziehungen geschrieben. In dem Buch *Primal Awareness* vermittelt er seine Erkenntnisse über das Wesen des Lernens und der inneren Wandlung, die auf seinem Nahtoderlebnis auf dem Fluß Urique im Zentrum Mexikos beruhen. Don hat ein bewegtes Leben hinter sich: Er war Pilot beim Marineinfanteriekorps, hat als Cowboy an Rodeos teilgenommen, als medizinisch-technischer Notfallassistent bei der Feuerwehr, als Pianist und Sportpsychologe gearbeitet. Im Jahr 1996 wurden er und sein Mustang Brio ins US-Team für Pferde-Ausdauersport aufgenommen. Momentan leitet Don die Kultusabteilung am Oglala Lakota College im Pine-Ridge-Indianerreservat in South Dakota. Ein Video, das die Geschichte seiner Initiation zeigt, kann man unter der Nummer 001/800/232-4576 bestellen. Der Erlös aus dem Verkauf dieser Videos kommt der Sierra Madre Alliance zu.

Byron Katie (»Wiedergeburt einer Verrückten«): Byrons beratende Tätigkeit besteht hauptsächlich in einer mitfühlenden Erforschung der Überzeugungen und Wertvorstellungen ihrer Patienten; damit hilft sie ihnen, ihre eigene Wahrheit zu finden und ihr Leiden zu beenden. »The Work«, wie sie ihre Organisation nennt, zeigt den Menschen, wie ihr Denken ihre Erlebnisse und Erfahrungen prägt, damit sie zu größerer Freiheit und innerem Frieden finden können. Schon viele Patienten haben dadurch eine Linderung ihrer chronischen physischen, psychischen oder spirituellen Leiden erfahren. Byron bietet diese Beratung weltweit in Schulen, Kirchen, Firmen, Gefängnissen, Krankenhäusen und auch für Privatpersonen an. Für ihre Seminare und Intensivkurse nimmt sie keine Bezahlung, sondern lediglich Spenden an. Das Zentrum ihrer Beratungsorganisation liegt in Barstow, Kalifornien. Sie bietet auch Ausbildungskurse an, die mit einem Zertifikat abgeschlossen werden können. Nähere Informationen erhalten Sie unter der Telefonnummer 001/877/584-3976 oder auf der Website www.thework.org.

Robert Monroe (»Unerwartete Reisen«): Das Monroe-Institut hat Hunderttausende genau aufgezeichneter Experimente zur Erforschung verschiedener Hirnwellen und der damit verbundenen psychischen Zustände durchgeführt und Tausenden von Menschen beigebracht, sich gezielt in andere Bewußtseinszustände zu versetzen. Mittlerweile wird die Technologie, die das Institut entwickelt hat, in den verschiedensten Bereichen eingesetzt: zum Beispiel für die Astralreisen-Forschung und zur Tiefenentspannung, zum schnelleren Lernen, zur Beschleunigung von Heilungsprozessen bei Krankheiten, Verletzungen und nach Operationen. Sie ermöglicht es Menschen – auch Todkranken –, sich auf den Prozeß des Sterbens am Ende ihres physischen Lebens vorzubereiten und ihn zu akzeptieren. Das Monroe-Institut befindet sich in Faber (Virginia) und ist unter der Telefonnummer 001/804/361-1252 zu erreichen.

Jean Munzer (»Großmutters Rat«), die diese wunderschöne Geschichte über ihre Mutter und ihre Großmutter zu unserem Buch beigetragen hat, leitet seit 1978 das Metaphysical Center von New Jersey, eine gemeinnützige Organisation, die Kurse zu esoterischen Themen anbietet. Außerdem stellt Jean ihre Gabe der Intuition als Medium in Sitzungen zur Verfügung und betreibt eine Hypnotherapie-Praxis in Oakland (New Jersey). Nähere Informationen über das Metaphysical Center und Jeans Arbeit bekommen Sie unter der Nummer 001/201/337-6274 oder unter der Adresse 10 Pequot Path, Oakland, NJ 07436 (USA).

Peace Pilgrim (»Eine ganz normale Frau wird zur Pilgerin«): Die Pilgerin des Friedens (Mildred Norman) ist am 7. Juli 1981 auf ihrer siebten Wanderung quer durch die USA verstorben. Ihre Schriften wurden in 26 verschiedene Sprachen übersetzt. Die »Friends of Peace Pilgrim«, eine gemeinnützige Organisation, verschickt ihre Bücher und Kassetten gratis, ist aber für eine Spende dankbar. Wer kostenlos ein Buch, Ton- und Videokassetten, einen Newsletter und die 32seitige Broschüre *Steps to Inner Peace* (Schritte zum inneren Frieden) zugeschickt bekommen möchte, wende sich an Friends of Peace Pilgrim,

43480 Cedar Avenue, Hemet, California 92544 (USA). Man kann die Organisation auch per Telefon oder Fax unter der Nummer 001/909/927-7678 oder per E-Mail unter peacepilgrim@znet.com erreichen.

Jack Schwarz (»Die Macht der Liebe«): Der Pädagoge, Philosoph, Schriftsteller und Philanthrop Jack Schwarz hat sich als international anerkannter Experte auf dem Gebiet menschlicher Energiesysteme und der bewußten Steuerung psychischer und physischer Vorgänge einen Namen gemacht. Er war an vielen internationalen Forschungsprojekten und Publikationen zu diesem Thema beteiligt und hält auch Vorträge darüber. Mr. Schwarz hat seine außergewöhnlichen Fähigkeiten als Autodidakt durch Experimente mit seinem eigenen Körper und seiner eigenen Psyche erworben. Er hat sieben Bücher geschrieben und ist Direktor des Aletheia-Instituts in Mendocino, Kalifornien. Das Institut ist unter der Nummer 001/707/937-0602 oder unter der E-Mail-Adresse Aletheia@mcn.org zu erreichen.

Bill Tomes (»Daß er sein Leben lässet für seine Freunde …«): Bruder Bill wuchs in Cleveland, Philadelphia und Evanston auf und studierte an der Loyola Academy und der Notre Dame University. Anschließend war er als Sozialarbeiter bei der Organisation »Catholic Charities« und als Berater einer Behörde für die Rehabilitation Straffälliger des Staates Illinois sowie für die »Catholic Charities« in Chicago tätig. Bill hat für seine Arbeit zahlreiche Auszeichnungen erhalten, und es wurde auch vielfach in den Medien über ihn berichtet – unter anderem im französischen Fernsehen, im BBC, in *Reader's Digest, Time, Der Spiegel* und anderen Zeitschriften. Quincy Jones hat die Rechte an der Verfilmung seines Lebens erworben. Bruder Bill widmet sich nach wie vor seiner Arbeit in den Straßen der Slums. Im Jahr 1985 gründete er die gemeinnützige Organisation »Brothers and Sisters of Love« – alle Spenden werden für wohltätige Zwecke eingesetzt und sind steuerlich absetzbar. Wenn Sie sich mit Bill in Verbindung setzen oder der Organisation etwas spenden möchten, wenden Sie sich an Brothers and Sisters of Love, P.O. Box 430, Evanston, Illinois 60204 (USA), Tel. 001/847/864-1672.

Valerie Vener (»Kapitulation in den Flammen«) ist spirituelle Lehrerin und Beraterin, Choreographin, Darstellerin und Begründerin/Leiterin von »Body & Sound: A Moving Spectrum of the Arts«. Mit Hilfe ihrer Erfahrungen im Heilen und in den darstellenden Künsten bringt Valerie, wie sie es ausdrückt, anderen Menschen bei, »das eigene Ich und das Leben trotz aller Ängste und begrenzter Selbstwahrnehmungen voll und ganz zu akzeptieren«. Sie hilft ihren Patienten, ihr Nervensystem umzustrukturieren, damit sie zu einer größeren physischen, emotionalen und spirituellen Freiheit gelangen können. Für sie war ihr Erlebnis in den Flammen eine sehr persönliche und doch gleichzeitig archetypische Lernerfahrung. Valerie bietet Kurse, Seminare, Paar- und Einzeltherapiesitzungen an und ist unter der Telefonnummer 001/510/658-2889 oder unter der E-Mail-Adresse vrvener@aol.com zu erreichen.

Themenregister

Engel: Erscheinungen aus dem himmlischen Reich

Göttliche Schöpfungen: Geschenke Gottes an die Wissenschaft, das Geschäftsleben und die schönen Künste

Göttlich inspirierte Führer: innere Wandlungen, die den Lauf der Geschichte veränderten

Heilige Magie: außergewöhnliche Menschen, Kräfte und Phänomene

Personenregister